中国社会科学院老年学者文库

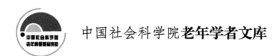

中国社会科学院**老年学者文库**

民族区域自治政策在
西藏的成功实践

降边嘉措/著

社会科学文献出版社

SOCIAL SCIENCES ACADEMIC PRESS（CHINA）

目　录
CONTENTS

绪　言
一个具有世界意义的伟大创造

民族区域自治制度是我国解决国内民族问题的一项基本的政治制度。这一政治制度已庄严地写进《共同纲领》和《中华人民共和国宪法》。新中国成立以来半个多世纪的实践证明，我国的民族区域自治制度符合马克思列宁主义关于民族问题的基本理论和基本原则，符合我国的基本国情，符合各族人民最根本、最长远的利益，因而受到各族人民的热烈欢迎和衷心拥护。

民族区域自治制度的形成与发展，是在中国共产党和毛泽东同志领导下，中国各族人民一个具有世界意义的伟大创造，是长期以来历史经验的科学总结，集中了全党、全国人民的智慧，是中国共产党人对马克思列宁主义理论宝库的一个重大贡献。同时也为世界提供了一个在统一的多民族的国家里，正确处理民族问题的成功典范。

我国是一个统一的、多民族的国家，幅员辽阔，人口众多，历史悠久，文化灿烂，多彩多姿，宗教活动多种多样，社会发展状况又极不平衡。就以西藏为例，解放前的西藏，处于政教合一的封建农奴社会，在某些方面，还带有奴隶制的残余。在一些边远地区，尤其在农牧区和山区，具有典型的部落社会的特征；在某些地区，阶级分化并不明显，带有原始社会末期的痕迹；在一些地方，还残存着酋长制统治的部落社会。在这样一个复杂的社会环境里，实行民族区域自治，使广大农奴获得翻身解放，使西藏人民行使当家做主的民主权利，这是一件具有重要现实意义和深远历史意义的事情。

早在新中国成立初期，毛主席就高瞻远瞩地指出："西藏人口虽不多，但国际地位极重要"。[①] 毛主席在做出进军西藏、解放西藏的战略决策的同时，明确提出："一定要把西藏的事情办好！"[②]

1951年5月，在党中央、毛主席亲切关怀下，在周总理直接指导下，以李维汉为首席代表的中央人民政府代表和以阿沛·阿旺晋美为首席代表的西藏地方政府代表，经过友好协商，取得谅解，达成协议，于5月23日上午在中南海勤政殿签订了《关于和平解放西藏办法的协议》。协议共17条，简称"17条协议"。

当天下午，毛主席立即接见李维汉和张国华，听取汇报。李维汉时任中央统战部部长、中央民族事务委员会主任，是主管统战、民族、宗教工作的最高领导人，在与西藏地方政府谈判时，任中央人民政府代表团首席代表；张国华时任18军军长、中央人民政府代表团代表，担负着率部进军西藏、解放西藏的重任。一见面，毛主席就高兴地说："好哇，你们办了一件大事，这是一个胜利。但这只是第一步，下一步要实现协议，要靠我们的努力。"

李维汉和张国华向毛主席汇报了协议的签订情况。毛主席又详细询问了进藏部队的有关情况。听了张国华的汇报，毛主席表示满意，并指示：部队要"一面进军，一面建设"。要坚持"进军西藏，不吃地方"的方针，不能增加藏族群众的负担。毛主席特别叮嘱张国华："你们在西藏考虑任何问题，首先要想到民族和宗教问题这两件事，一切工作必须慎重稳进。"[③]

汇报完毕，毛主席亲自送李维汉、张国华到大厅门口，张国华举手

---

① 《毛泽东军事文集》第6卷，军事科学出版社、中央文献出版社，1993，第71页。
② 转引自降边嘉措著《李觉传》，中国藏学出版社，2005，第141页。
③ 《中国共产党西藏历史大事记》（1949~2004），中共党史出版社，2005，第41页。

向毛主席敬礼，准备告辞。毛主席微笑着说："不用啦！不用啦！"用左手轻轻拍了拍张国华的肩头，又用右手紧紧握着张国华的手，亲切地说："我的江西老表，你们此去，山高水险，路途遥远，要多珍重！"

张国华激动得热泪盈眶，说不出话来。毛主席用慈祥的目光，看着张国华，再次用力握了一下张国华的手，像是嘱托，又像是期望："你们要把西藏的事情办好！"又转过脸，对着李维汉，重复了一遍："一定要把西藏的事情办好！"

毛泽东作为一位伟大的马克思主义者和伟大的无产阶级革命家，胸怀博大，高瞻远瞩，深谋远虑，抓住了西藏问题的根本和关键，即"民族和宗教"这两件事；在方式方法和实施过程中，又要"慎重稳进"。

毛主席在这里深刻地指出了西藏问题的关键和实质，也是"把西藏事情办好"的前提。几十年来正反两方面的经验教训告诉我们：什么时候我们遵照毛主席的教导，较好地处理了"民族和宗教这两件事"，在方式方法和实施过程中，采取"慎重稳进"的方针，我们的事业就顺利发展，繁荣兴旺，民族团结，社会稳定，经济发展，人民幸福；什么时候违背了毛主席的教导，没有处理好"民族和宗教这两件事"，在方式方法和实施过程中，主观主义，急躁冒进，或忽"左"忽右，我们的事业就会遭受挫折，民族不团结，社会不稳定，生产受影响，人民遭苦难，边疆也不巩固。

1959 年毛主席又提出了认真研究西藏的封建农奴制问题，并打算亲自进行研究。

1959 年 4 月 7 日，"3·10"事件发生不到一个月，毛主席亲笔给汪锋同志[①]写了一封信：

---

① 汪锋，陕西蓝田人，当时任中共中央统战部副部长、中央民族事务委员会副主任、中共宁夏回族自治区委员会第一书记。

汪锋同志：

我想研究一下整个藏族现在的情况。（一）金沙（江）以西，构成西藏本部昌都、前藏、后藏（包括阿里）人口据说有一百二十万人，是不是？（二）面积有多少平方公里？（三）农奴制度的内容，农奴与农奴主（贵族）的关系，产品双方各得多少？有人说二八开，有人说形式上全部归贵族，实际上农奴则瞒产私分度日，对不对？（四）共有多少喇嘛，有人说八万，对否？（五）贵族对农奴的政治关系，贵族是否有杀人权？是否私立审判，使用私刑？（六）喇嘛庙对所属农奴的剥削压迫情形。（七）喇嘛庙内部的剥削压迫情形，有人说对反抗的喇嘛剥皮、抽筋，有无其事？（八）西藏地方各级政府及藏军每年的广大经费从何而来？从农奴，还是从贵族来的？（九）叛乱者占总人口的百分比，有无百分之五？或者还要多些，或者少些，只有百分之一、二、三，何者为是？（十）整个剥削阶级中，左、中、右分子的百分比各有多少？左派有无三分之一，或者还要少些？中间派有多少？（十一）云南、四川、甘肃、青海四省各有藏人多少，共有藏人多少？有人说，四省共有二百多万至三百万，对否？（十二）这四个省藏人住地共有面积多少平方公里？（十三）青海、甘肃、四川喇嘛庙诉苦运动所表现的情况如何？有人说搜出人皮不少，是否属实？以上各项问题，请在一星期至两星期内大略调查一次，以其结果写成内部新闻告我，并登新华社的《内部参考》。如北京材料少，请分电西藏工委、青海、甘肃、四川、云南四个省委加以搜集。可以动员新华社驻当地的记者帮助搜集，并给新华总社以长期调查研究藏族情况的任务。

毛泽东

四月七日①

---

① 《建国以来毛泽东文稿》第8卷，中央文献出版社，第198~199页。

从这封信来看，当时毛泽东同志打算对西藏问题进行全面的、系统的调查研究。遵照毛主席的指示，汪锋带着一批干部亲自到西藏调查研究。在吴冷西领导下，新华总社及其各有关省、区的分支机构，也做了大量工作。

仅仅过了一个月，毛主席亲自指导、亲笔修改，经中央政治局集体讨论，1959 年 5 月 6 日，《人民日报》发表了《西藏的革命和尼赫鲁的哲学》这篇重要著作。

也就在这个月，4 月 27 日，在第二届全国人民代表大会第一次会议上，毛泽东辞去国家主席，选举刘少奇为国家主席。

按照毛泽东的本意，是要摆脱日常繁琐的事务性工作，集中精力考虑关系党和国家前途、命运的重大问题；探索建设有中国特色的社会主义，坚持走独立自主、自力更生的道路问题；研究关于国际共产主义运动的重大理论和实践问题。同时也研究中国的民族问题，研究西藏问题。

如果毛主席的这一愿望能够付诸实践，那么，无论是对中国的社会主义革命和社会主义建设事业，对国际共产主义运动，还是对西藏这样一个具体问题，都是一件非常有意义的事。对毛泽东本人来讲，也将攀登他革命生涯中新的高峰，创造新的辉煌。

毛泽东同志作为一个大党大国的领导人，作为当代最伟大的马克思主义者，作为国际共产主义运动众望所归的卓越领导人，能够花费那么多精力和时间研究西藏问题，关心藏族人民，这是全体藏族人民的光荣和幸福。在我们祖国大家庭 56 个兄弟民族当中，毛主席似乎对西藏问题给予更多的关注，给藏族人民更多的关怀。我想，这不是对藏族人民有所偏爱，更不是不关心其他兄弟民族，而是在欧洲中世纪式的黑暗的封建农奴社会，藏族人民的苦难太深重。同样，藏族人民对共产党、毛主席，对毛主席派来的亲人金珠玛咪和各族干部职工，怀着最真挚的兄弟情谊和最真诚的感激之情。

据汪锋介绍，他从西藏调查回来，不但没有机会向毛主席本人汇报，没有机会向刘少奇和主管统战、民族工作的周恩来、邓小平汇报，也没有机会向中央书记处汇报。连主管西藏工作的中央统战部部务会议，也未能认真听取他的汇报。刚回北京，全国已投入紧张的大跃进、人民公社化运动，有许多紧迫的事情亟待处理。作为第一书记，中央指示他立即回宁夏。

从那以后，直到毛泽东辞世，他老人家再没有时间和精力对西藏问题进行系统的研究。他对有中国特色的社会主义道路的探索，背离了正确的方向，最终导致了"文化大革命"这样全局性的严重错误。

毛泽东作为一位伟大的马克思主义者，作为一位劳动人民家庭出身的革命家，他与我国各族人民心连心，他始终与人民群众在一起，坚定地相信和紧紧地依靠群众的大多数。在西藏问题上，他对广大贫苦农奴和牧奴寄予最深厚的关怀和同情，关心他们的翻身解放。这是他研究和处理西藏问题最基本的出发点和最终的归宿。毛主席说："人民，只有人民，才是创造世界历史的动力。"[1] 毛主席教导全党和全国人民："我们应当相信群众，我们应当相信党，这是两条根本的原理。如果怀疑这两条原理，那就什么事情也做不成了。"

这是毛泽东同志的政治信仰，是毛泽东的政治原则。毛泽东教育全党要坚持这两条政治原则，他自己首先坚定不移地坚持这个政治原则。

早在井冈山时期，毛泽东即指出："国民党现在实行他们的堡垒政策，大筑其乌龟壳，以为这是他们的铜墙铁壁。同志们，这果然是铜墙铁壁么？一点也不是。……真正的铜墙铁壁是什么？是群众，是千百万真心实意地拥护革命的群众。这是真正的铜墙铁壁，什么力量也打不破的，完全打不破的。反革命打不破我们，我们却要打破反革命。在革命

---

[1] 《论联合政府》，《毛泽东选集》第 3 卷，第 1031 页。

政府的周围团结起千百万群众来，发展我们的革命战争，我们就能消灭一切反革命，我们就能夺取全中国。"①

这是 1934 年 1 月 27 日毛泽东在江西瑞金召开的第二次全国工农代表大会上的讲话。毛泽东讲这段话时，中国革命处于最困难的时期，蒋介石调动几十万大军，组织全国的反革命力量，对井冈山根据地发动第五次围剿。王明、博古这些完全不了解中国革命实际情况的留苏派学生掌握了党中央的领导权，将毛泽东排斥在中央领导核心之外，并剥夺了他对自己亲手创建的工农红军的指挥权。在"左"倾盲动主义的错误领导下，根据地日益缩小，革命力量遭受严重损失。就在毛泽东发表这篇讲话几个月后，红军不得不放弃中央苏区，实行战略转移，开始悲壮的长征。

就是在这样困难的情况下，毛泽东依然坚定地相信党，相信群众，对革命的前途充满信心："在革命政府的周围团结起千百万群众来，发展我们的革命战争，我们就能消灭一切反革命，我们就能夺取全中国。"

新中国成立以后，1958 年 12 月 21 日，毛泽东在整理他的诗稿时，写了这样一段话：

鲁迅 1927 年在广州，修改他的《古小说钩沉》，然后说道：于是云海沉沉，星月澄碧，饕蚊遥叹，予在广州。从那时到今天，三十一年了，大陆上的蚊子灭得差不多了，当然，革命尚未全成，同志仍须努力。港台一带，饕蚊尚多，西方世界，饕蚊成阵。安得全世界各民族千百万愚公，用他们自己的移山办法，把蚊阵一扫而空，岂不伟哉！试仿陆放翁曰：人类今闲上太空，但悲不见五洲同。愚公尽扫饕蚊日，公祭无忘告马翁。②

---

① 《毛泽东选集》合订本，第 125 页。
② 《建国以来毛泽东文稿》第 7 卷，第 648 页。

这是多么博大的胸怀！多么高尚的情操！多么美好的理想！毛泽东的胸怀总是像大海一样宽广，涌动着四海的波涛，五洲的风雷。

毛泽东放眼世界，关怀着人类的前途和命运；环顾神州，规划着"超英赶美"、振兴中华的宏伟蓝图；遥望雪域，惦记着苦难中的藏族人民。

1958 年，人类已经上了太空；神州大地，热气腾腾，用喜饶嘉措大师的话说，东方巨龙，乘风破浪，在伟大舵手毛泽东的指引下，驶向美好的共产主义远方。然而，在我们祖国的土地上，"港台一带，饕蚊尚多"；"大陆上的蚊子灭得差不多了"。那"差一点"，差在什么地方？西藏。在西藏，还保留着最黑暗的封建农奴制度，那里的"饕蚊"——反动农奴主阶级尚未消灭。"革命尚未全成，同志仍须努力。"毛泽东怎么能不操心！怎么能不惦念！

我们在前面引用的毛泽东给汪锋的信，以及这一时期的许多指示，生动地说明了这一点。

中国社会科学院前院长胡绳在纪念毛泽东诞辰 100 周年时说：毛泽东在他的一生做了"两件大事"，"第一件大事是，领导党和人民，推翻了帝国主义、封建主义和官僚资本主义在中国的统治，完成了民主革命的任务。""第二件大事是，在以带有中国特色的方法完成了社会主义改造以后，努力探索中国的社会主义建设的道路。毛泽东是这种探索的开创者。……毛泽东作为这种探索的开创者的历史功绩应当用最浓的笔墨记载在史册上。毛泽东没有能够亲眼看到这种探索开花结果，但是在他的学生手里，能够抗拒任何风霜的花和果实已在中国的大地上繁茂地生长起来。"①

结合西藏的实际情况，也是这样。为了把西藏的事情办好，毛泽东

---

① 中国社会科学院科研局编《毛泽东对马克思主义发展的贡献》，社会科学文献出版社，1994，第 15 页。

倾注了大量心血，努力探索正确处理西藏问题的道路。这一历史功绩，同样"应当用最浓的笔墨记载在史册上"。

前面提到：新中国成立以来，毛泽东对西藏工作做了许多重要指示，制定了一系列正确的方针政策。毛泽东在致汪锋的信中说："我想研究一下整个藏族现在的情况"，指示中央统战部和新华社搜集资料。毛泽东还说："如北京材料少，请分电西藏工委，青海、甘肃、四川、云南四个省委加以搜集。可以动员新华社驻当地的记者帮助搜集，并给新华总社以长期调查研究藏族情况的任务。"

遗憾的是，由于国内外形势的急剧变化，毛泽东的主要精力和时间转到别的问题上，对藏族问题的研究未能进行下去。

近半个世纪过去了。这在我们党的历史上，在新中国的发展史上，在西藏和整个藏族地区社会主义革命和社会主义建设的历程中，都不是一个很短的时间。毛泽东在信中提到的中央统战部、新华总社以及西藏自治区，青、甘、川、滇四省党委在研究藏族情况方面，做了不少工作，取得了许多成绩。但是，坦率地说：在一些具体问题上、一些分支学科方面，在资料的掌握和叙述的细致方面，可能有些深入和发展，可是，就总体方面来讲，就思想性、政策性、策略性、理论性、战斗性、文学性、资料性，逻辑的严密性、论述的准确性以及气势和文采等方面，都没有超出毛泽东亲自出题、策划、修改，中央政治局讨论通过的《西藏的革命和尼赫鲁的哲学》一文。

早在 20 世纪 50 年代，主管西藏工作的中央统战部主要领导同志李维汉、乌兰夫、刘格平等同志，以及中央宣传部的一些领导同志就曾提出：中国是一个幅员辽阔、人口众多、历史悠久、文化灿烂的国家，各民族的社会发展又极不平衡。在解放初期，在我们辽阔的国土上，从半封建、半殖民地、资本主义萌芽状态，到封建社会、封建农奴制、农奴制、奴隶制、氏族社会、部落社会、原始公社的残余都存在着；在某些地区，还残存着类似现代非洲地区酋长制的部落社会，乃至父系社会和母系社会的残余现象。科学共产主义的创始人、革命导师马克思、恩格斯所阐述的人类社会发展的各个历史阶段和社会形态，在中国的国土上几乎都存在，简直是一部马克思、恩格斯所揭示的人类社会发展的活化石，是无比丰富的人类学、社会学和民族学的宝库。在中国共产党和毛主席领导下，各族人民亲密团结，艰苦卓绝，英勇奋斗，经过新民主主义革命和社会主义革命，各族人民从不同的社会发展阶段，共同进入社会主义，形成崭新的社会主义民族关系，建设我们伟大的祖国；并且，在祖国大家庭内，各少数民族人民，根据宪法规定，实行民族区域自治，充分享受当家做主的民主权利，过着美好幸福的生活。这是一件具有世界历史意义的大事。

列宁曾经指出：没有革命的理论，便没有革命的运动。伟大的革命运动，必须要有正确的革命理论做指导；人民群众丰富多彩的社会生活和生气勃勃的革命实践，又会提供丰富的思想资源，必将极大地丰富马克思列宁主义的理论宝库。

正是出于这样的考虑，经党中央、毛主席亲自批准，在周恩来总理直接指导下，由中央统战部、全国人大民族委员会和中央民族事务委员会共同组织少数民族社会历史调查组，有数百名专家学者和年轻的大学生参加，在全国范围进行调查研究。重点是我国藏族地区政教合一的封建农奴制度社会和大小凉山的奴隶制社会，搜集到十分丰富的珍贵资料。鉴于当时西藏尚未进行民主改革，封建农奴制度的调查，主要在金沙江以东的藏族地区进行。

当时，一些有识之士曾经提出：我们中国共产党人应该从中国的实际出发，写一部摩尔根《古代社会》续编；至少也要为马克思的《摩尔根〈古代社会〉笔记》和恩格斯的《家庭、私有制和国家的起源》、《社会主义从空想到科学的发展》，补充新的内容，科学地阐述人类社会发展的客观规律，进一步坚定社会主义—共产主义必胜的信心和信念。在党中央、毛主席领导下，为丰富和发展马克思列宁主义，作一份贡献。

环顾动荡不安、风云多变的世界，民族和宗教也是造成世界不得安宁的两个重要因素。很多冲突、很多局部战争，都是因民族和宗教而引发的。

早在 20 世纪 80 年代，当苏联还是一个超级大国，与美国相抗衡，争夺世界霸权的时候，时任中共中央总书记的胡耀邦同志就以敏锐的洞察力，看到了苏联潜在的危机和不安定因素，高瞻远瞩地指出，中国共产党人要"以苏联为戒"，处理好国内的各种矛盾，包括民族问题和宗教问题，协调好各种关系。耀邦同志逝世一年多以后，不幸而言中，列宁亲手缔造的世界上第一个社会主义国家瓦解了，东欧发生剧变，社会主义阵营不复存在。国际共产主义运动走向前所未有的低谷。

苏联的解体和东欧的剧变，并不是因为帝国主义的武装入侵，也不是被打倒的剥削阶级复辟，而是国内各种矛盾长期得不到正确解决而爆发的。其中民族问题和宗教问题，是两个重要因素。这是一个深刻的历史教训。中国共产党人应该"以苏联为戒"，科学地、实事求是地总结这一历史教训，从中吸取必要的教益，把我国的民族工作做得更好。

我们应该高瞻远瞩，把握全局，高屋建瓴，势如破竹，进一步全面贯彻落实民族区域自治制度，正确处理民族和宗教这两个问题，圆满解决西藏问题，把西藏作为展示社会主义制度优越性的一个窗口，为世界提供一个正确解决民族问题和宗教问题的典范。

这是对马克思列宁主义民族问题理论的一个伟大实践，在我国民族关系发展史上具有重要意义。同时也是中国共产党人对马克思列宁主义的一个重要贡献，是我国各族人民对全世界的一个重要贡献。

前面谈到，1951 年 5 月 23 日下午，毛主席在接见李维汉和张国华时，明确指出："你们在西藏考虑任何问题，首先要想到民族和宗教这两件事，一切工作必须慎重稳进。"

西藏问题得到彻底解决后，生活在青藏高原、长江黄河源头的藏族人民，与以汉族为主体的周边地区各民族在经济、文化、社会生活等各方面自然形成的广泛交往；1300 多年前文成公主和金城公主远嫁吐蕃后形成的"和同一家"的"甥舅关系"；1300 年以来形成的患难相助、休戚与共的汉藏两大民族血浓于水的兄弟情谊；新中国成立以来在共产党、毛主席亲自培育下形成的平等团结、互助合作、谁也离不开谁的社会主义新型民族关系，必将在更高的层次上、更坚实的基础上得到发展和升华。

社会主义的新西藏，将不再是帝国主义反动势力对中国实行"分化"和"西化"战略的"突破口"，而将成为向全世界展示社会主义制度优越性和生命力的一个"窗口"；可以向全世界，首先是亚洲、非洲、拉丁美洲等发展中国家，提供一个在马克思列宁主义、毛泽东思想指导下，圆满地解决国内民族问题的楷模和成功范例；向全世界充分显示中华民族源远流长、经得起任何惊涛骇浪考验的强大凝聚力、向心力和亲和力。

所谓"西藏问题"，将不再是我国与世界各国，首先是各友好邻邦进行交往的一个障碍，社会主义的新西藏，将成为我国通往南亚次大陆的，其它任何地区、任何省份都无法替代的一座友谊之桥，一条宽广的通道。这不但对西藏地区的发展有利，而且对整个国家的发展非常有利。并将彻底粉碎帝国主义反动势力玩西藏牌，把所谓"西藏问题"作为他们向我国讨价还价的筹码的罪恶阴谋。把所谓"西藏问题"的主动权，从帝国主义反动势力和敌对势力手中夺过来，牢牢地掌握在我们自己手中。

以胡锦涛同志为总书记的党中央，对西藏工作非常关心和重视；对藏学研究事业十分重视，大力扶持。从事民族工作的一些老同志满怀深情地说：当前是新中国民族工作的第二个黄金时期。环顾动荡不安的世界，"风景这边独好"，社会稳定，民族团结，经济发展，政通人和，国运昌盛。西藏的形势，也与全国的形势一样，非常之好。在这种大好形势鼓舞下，我国的藏学工作者应该有所作为，有所贡献，而不能因循守旧，故步自封，应该努力为中央圆满解决西藏问题作一份贡献，尽一份责任。

与此同时，应该有这样的责任感和使命感：从西藏的实际出发，以西藏的革命和实践为基础，深入进行学术研究，向敬爱的毛主席交一份比较满意的答卷，为丰富马列主义、毛泽东思想关于民族问题的理论宝库，增添一点新内容。

作者曾参加了进军西藏、解放西藏的全过程。半个多世纪以来，一直在从事西藏工作；长期以来，担任马列著作、毛主席著作以及有关西藏问题的政策文献藏文版的翻译、出版工作。本书从自身的经历出发，根据当代西藏历史发展的轨迹，结合自己学习的心得体会，力图从理论与实践的结合上，比较全面地阐述民族区域自治制度在西藏的实施过程和取得的巨大成就。这是一个既有学术价值，又有现实意义的重大课题。

作为一个老西藏战士，我希望能够在以胡锦涛同志为总书记的党中央领导下，在政通人和、国运昌盛的大好形势下，为进一步做好西藏工作，做一点贡献，尽一份责任。

人们有理由相信：无论需要经历怎样艰难曲折的道路，在以胡锦涛同志为总书记的党中央坚强领导下，经过西藏人民和全国各族人民的共同努力，毛主席关于"一定要把西藏的事情办好"的谆谆教导和殷殷期望，一定会得到全面的贯彻落实，变成光辉的现实；在祖国神圣领土——西藏这片热土上，民族区域自治制度将进一步显示出巨大的优越性和强大的生命力；社会主义新西藏，将不是帝国主义和国外敌对势力分化和西化社会主义中国的突破口，而将成为展示社会主义制度优越性的一个窗口。一个民族团结、社会安定、国防巩固、经济发展、文化繁荣、人民幸福的新西藏，必将以更加辉煌的成就展现在世界屋脊之上。

2006 年 4 月 8 日

第一章
一项基本的政治制度

民族区域自治制度是我国解决国内民族问题的一项基本的政治制度。半个多世纪以来的实践证明，我国的民族区域自治制度符合马克思主义的民族理论，符合我国的基本国情，符合各族人民的根本利益，受到各族人民的欢迎和拥护；是中国共产党人的一个伟大的历史性创举，是对马克思列宁主义理论宝库的一个重大贡献；同时也为世界提供了一个在统一的多民族的国家里正确处理民族问题的成功范例。

各民族平等的联合，是马克思列宁主义解决民族问题的根本原则。各民族平等的联合，就是各民族在一切权利完全平等的基础上，自愿地联合和团结起来。

根据不同国家的不同情况，这种联合可以有多种形式。毛泽东同志和中国共产党根据马克思列宁主义关于民族问题的基本原理，从我国民族问题的实际出发，经过长期的探索和反复的实践，决定实行民族区域自治。这是马克思列宁主义关于民族问题的理论与中国革命的具体实际相结合的产物，也是毛泽东和中国共产党人对马克思列宁主义民族问题理论的一个创造性的发展。这一原则，已庄严地写进了《共同纲领》和第一部中华人民共和国宪法。

资产阶级在它的上升阶段，在进行反对封建主义统治的斗争过程中，曾经提出过"民族平等"的口号。这与在政治上提出"自由、民主、博爱"和"尊重女权"、"尊重人权"等口号一样，在人类发展的历史上，有其一定的进步意义。这既是反对封建专制主义斗争的需要，也是资产阶级自身发展的需要。

但是，资本主义是建立在阶级压迫和阶级剥削基础上的一种社会制度，因此，它不可能从根本上消除民族压迫，实现真正的民族平等。当资产阶级战胜封建主义，建立自己的统治以后，就会转过来侵略和压迫其他民族。对外进行殖民主义和扩张主义、霸权主义，对内实行民族压迫和种族歧视，是资本主义—帝国主义国家的基本特征。这是由它剥削阶级的本质所决定的。这时，所谓"民族平等"，也同"自由、民主、博爱"和"尊重女权"、"尊重人权"等口号一样，成为它实行民族压迫和阶级压迫、欺骗群众的工具，充分表现了资产阶级的腐朽性、虚伪性和欺骗性。

社会主义—共产主义从本质上讲，是建立在对内消灭阶级压迫、对外消灭民族压迫的一种崭新的社会制度。因此，无产阶级坚决反对任何形式的民族歧视、民族压迫和种族歧视，主张实行彻底的、真正的民族平等。这是由无产阶级的本质所决定的。无产阶级反对一切形式的阶级压迫，当然也包括反对民族压迫；既反对别的民族实行霸权主义和殖民主义，歧视、剥削和压迫自己的民族，也反对自己的民族歧视、剥削和压迫别的民族。正是在这个意义上，革命导师恩格斯指出："压迫其他民族的民族是不能获得解放的。它用来压迫其他民族的力量，最后总是要反过来反对它自己的。"[①]

讲得多么尖锐，多么深刻啊！马克思也曾指出：要"唤醒英国工人阶级，使他们意识到：爱尔兰的民族解放对他们来说并不是一个抽象的正义或博爱的问题，而是他们自己的社会解放的首要条件。"[②]

[①]　《马克思恩格斯选集》第 2 卷，第 586 页。
[②]　《马克思恩格斯选集》第 4 卷，第 381 页。

正因为这样，马克思、恩格斯在《共产党宣言》中发出"全世界无产者联合起来"的伟大号召。当资本主义发展到帝国主义阶段的时候，列宁提出"全世界无产者和被压迫民族联合起来"的口号。这是全世界无产者必须遵循的两个基本口号。毛泽东继承、捍卫和发展马克思列宁主义，反复强调：无产阶级只有解放全人类，才能最后解放自己。

在消除民族歧视和民族压迫，实现民族平等的基础上，建立民主集中制的统一的国家，是马克思列宁主义关于无产阶级专政国家结构学说的基本观点。

早在1848年，马克思和恩格斯以共产主义者联盟的名义，为刚刚开始的德国革命提出的纲领《共产党在德国的要求》第一条即指出："全德国宣布为统一的、不可分割的共和国。"① 他们还指导德国工人阶级反对资产阶级民主派建立联邦共和国的意图。1850年3月，马克思和恩格斯在《中央委员会告共产主义同盟书》中，要求德国工人"不仅要坚持建立统一而不可分割的德意志共和国，并且还要坚决使这个共和国的一切权力集中于国家政权掌握之下。他们不应甘受民主派空谈乡镇自由、空谈自治等等的花言巧语所迷惑。在像德国这样一个还需要铲除许许多多的中世纪残余，还必须打破很多地方性的和省区性的褊狭习俗的国家里，无论如何也不能容许每一村庄、每一城市和每一省都弄出一些新的障碍来阻挠革命活动，因为革命活动只有在集中的条件下才能发挥出自己的全部力量。"②

马克思逝世后，恩格斯独自担负起指导国际共产主义运动的责任。1892年，恩格斯再次指出："马克思和我在40年间反复不断地说过，在我们看来，民主共和国是唯一的这样的形式。在这种政治形式下，工人阶级和资产阶级之间的斗争能先具有普遍的性质，然后以无产阶级

---

① 《马克思恩格斯选集》第4卷，第197页。
② 《马克思恩格斯选集》第2卷，第390页。

的决定性胜利告终。"①

列宁继承和发展了马克思、恩格斯关于无产阶级专政国家结构形式的学说，在多民族的国家里，坚持建立民主集中制的统一国家。列宁指出："马克思主义者是反对联邦制和分权制的，原因很简单，资本主义为了自己的发展总是要求有一个尽可能集中的国家。在其他条件相同的情况下，觉悟的无产阶级总是坚持建立更大的国家。它总是反对中世纪的部落制度，总是欢迎各个地域在经济上尽可能达到紧密的团结，因为只有在这样的地域上，无产阶级才能广泛地展开反对资产阶级的斗争。"列宁进一步指出："只要各个不同的民族组成统一的国家，马克思主义者决不主张任何联邦制原则，也不主张任何分权制。中央集权制的大国是从中世纪的分散状态走向将来全世界社会主义的统一的一个巨大的历史步骤，除了通过这种国家（同资本主义有密切联系的国家）以外，没有也不可能有其他走向社会主义的道路。"②

列宁还把自治原则当做是建立真正的民主国家的一个重要条件，是多民族的民主国家的"一般普遍原则"。列宁认为："至于自治，马克思主义者所维护的并不是自治'权'，而是自治本身，把它当作具有复杂民族成份和极不相同的地理等等条件的民主国家的一般普遍原则。"③

斯大林认为："区域自治是解决民族问题的一个必要条件。"④他还阐明了自治的意义和目的，指出："实现自治的全部意义就在于吸引山民来管理自己的国家。……必须使你们的人参加国家各个管理部门。这里所说的自治应当这样理解，就是在一切管理机关中都是懂得你们的语言和生活习惯的自己人。实行自治的意义就在这

---

① 《马克思恩格斯全集》第 22 卷，第 327 页。
② 《列宁全集》第 20 卷，第 29 页。
③ 《列宁选集》第 2 卷，第 553 页。
④ 《斯大林全集》第 2 卷，第 354 页。

里。自治应该使你们学会月自己的脚走路，——实行自治的目的就在这里。"①

毛泽东创造性地继承和发展了马克思列宁主义关于民族问题的理论，结合中国的实际情况，制定了实行民族区域自治这样一个基本政策。早在1938年9月，抗日战争爆发不久，在党的六届六中全会上，毛泽东作了题为《论新阶段》的主题报告，阐述了党的民族政策的基本点。指出：

> 第一，允许蒙、藏、苗、瑶、彝、番等各民族与汉族有平等权利，在共同对日原则之下有自己管理自己事务之权，同时与汉族联合建立统一的国家。第二，各少数民族与汉族杂居的地方，当地政府须设置由当地少数民族人员组成的委员会，作为省县政府的一个部门管理和他们有关事务，调节各民族间的关系，在省县政府委员中应有他们的位置。第三，尊重各少数民族的文化、宗教、习惯，不但不应强迫他们学汉文、汉语，而且应赞助他们发展用各族自己语言文字的文化教育。第四，纠正存在着的大汉族主义，提倡汉人用平等态度和各族接触，使日益亲善密切起来，同时禁止任何对他们带有侮辱性和轻视性的语言、文字与行动。②

毛泽东的这个讲话，在我们党解决国内民族问题方面，具有非常重要的意义。讲话总结建党以来我们党关于国内民族问题的理论、政策和具体实践，第一次明确提出各少数民族"有自己管理自己事务之权，同时与汉族联合建立统一的国家"。

---

① 《斯大林全集》第4卷，第353页。
② 转引自江平主编、黄铸副主编《中国民族问题的理论与实践》，中共中央党校出版社，1994，第168页。

1921 年 7 月，在我们党的第一次代表大会上，解决了在组织上、思想上建党的问题，还来不及提出具体的民族政策。

1922 年 7 月，在上海召开了第二次代表大会，大会《宣言》提出："只有打倒帝国主义以后，才能实现平等和自决。"然后宣告中国共产党的奋斗目标是："（一）消除内乱，打倒军阀，建设国内和平；（二）推翻国际帝国主义的压迫，达到中华民族完全独立；（三）统一中国本部（东三省在内）为真正民主共和国；（四）蒙古、西藏、回疆三部实行自治，成为民主自治邦；（五）用自由联邦制，统一中国本部、蒙古、西藏、回疆，建立中华联邦共和国。"[①]

这是中国共产党第一次制定的解决国内民族问题的纲领。在这个纲领中，同时提出了"自决"、"自治"、"民主自治邦"和建立"联邦共和国"的口号和主张。

1923 年 6 月，在广州召开的第三次代表大会通过了中国共产党《党纲草案》。《草案》第九项《党在当前的任务》中规定："西藏、蒙古、新疆、青海等地和中国本部的关系由各该民族自决。"[②] 这里强调了民族自决权。

1924 年 2 月，中国共产党人参加了由孙中山先生主持召开的中国国民党第一次全国代表大会，大会通过了孙中山起草的《宣言》。这个著名的《宣言》指出："国民党之民族主义，有两方面之意义，一则中国民族自求解放，二则中国境内各民族一律平等。""国民党敢郑重宣言，承认中国以内各民族之自决权，于反对帝国主义及军阀之革命获得胜利以后，当组织自由统一的（各民族自由联合的）中华民国。"[③] 这是第一次国共合作期间，国共两党共同制定的民族问题纲领。

---

① 转引自《中国民族问题的理论与实践》，第 165～166 页。
② 转引自《中国民族问题的理论与实践》，第 165～166 页。
③ 转引自《中国民族问题的理论与实践》，第 165～166 页。

1928年6月至7月，中国共产党在莫斯科召开第六次代表大会。大会通过的《政治决议案》中提出："统一中国，承认民族自决权。"并将它作为党的十大政治口号之一。①

1931年11月，在毛泽东主持下，在瑞金召开了中华苏维埃第一次全国代表大会，大会通过的《中华苏维埃共和国大纲》规定："中华苏维埃政权承认中国境内少数民族的自决权，一直承认到各弱小民族有同中国脱离，自己成立独立的国家的权利。蒙、回、藏、苗、高丽人等，凡是居住在中国地域内的，他们有完全自决权：加入或脱离苏维埃联邦或建立自己的自治区域。中国苏维埃政权在现在要努力帮助这些弱小民族脱离帝国主义、国民党、军阀、王公、喇嘛、土司等的压迫而得到完全的自由自主，苏维埃政权更要在这些民族中发展他们自己的民族文化和民族语言。"②

1934年，王明、博古左倾机会主义路线在党中央占据统治地位，他们把毛泽东排斥在党中央核心领导之外。但是，毛泽东仍然担任着中华苏维埃政府主席的职务。这一年的1月22日至2月1日，即在开始进行长征之前，在毛泽东亲自主持下，召开了第二次全国苏维埃代表大会，通过了新的《中华苏维埃共和国宪法大纲》。新宪法大纲重申了1931年宪法大纲中关于民族问题的规定。

从前面简要的叙述，可以看到：我们党从第二次代表大会开始，在相当长的一个时期内，在民族问题方面，在坚持马克思列宁主义关于民族平等、民族团结这一基本原则的同时，究竟采取什么样的具体形式，解决中国的民族问题，有一个摸索的过程，曾经提出过各种不同的主张。这固然有诸多方面的原因，但是，正如《中国民族问题的理论与实践》一书的作者指出的那样："归根到底，是同中国共产党的成熟程度密切联系在一起的。就是说在那个时候，中国共产党对解决中国民族

---

① 转引自《中国民族问题的理论与实践》，第165～166页。
② 转引自《中国民族问题的理论与实践》，第165～166页。

问题的具体历史条件还缺乏深入的了解，还不能把马克思列宁主义关于民族问题的一般原理同中国的具体历史条件正确地恰当地结合起来。"①

解决这一重大问题的责任，历史地落在毛泽东和他的亲密战友的肩上。

在长征途中召开的遵义会议是中国共产党走向成熟、独立自主地解决中国革命的具体实践的重要标志。

胜利结束长征、抗日战争全面开展的情况下召开的六届六中全会，是一次非常重要的会议。在这个会议上，毛泽东号召全党学习马克思、恩格斯、列宁、斯大林的革命理论，并要同中国革命的具体实践相结合。毛泽东强调指出：

> 马克思主义必须和我国的具体特点相结合并通过一定的民族形式才能实现。马克思列宁主义的伟大力量，就在于它是和各个国家具体的革命实践相联系的。对于中国共产党说来，就是要学会把马克思列宁主义的理论应用于中国的具体的环境。成为伟大中华民族的一部分而和这个民族血肉相联的共产党员，离开中国特点来谈马克思主义，只是抽象的空洞的马克思主义。因此，使马克思主义在中国具体化，使之在其每一表现中带着必须有的中国的特性，即是说，按照中国的特点去应用它，成为全党亟待了解并亟须解决的问题。②

毛泽东总结建党以来正反两方面的经验教训，提出了一个重要原则："马克思主义必须和我国的具体特点相结合并通过一定的民族形式才能实现。"

---

① 《中国民族问题的理论与实践》，第 167 页。
② 《毛泽东选集》合订本，第 499~500 页。

六届六中全会后，全党响应毛泽东的号召，掀起了学习和运用马克思主义的高潮，推动了各项事业的发展。毛泽东在六中全会上提出了党的民族政策，阐述了民族平等、联合和自治的主张，提出了实行民族区域自治的设想，成为中国共产党解决国内民族问题的基本政策，从而放弃了过去曾经提出过的"民族自决"、"民主自治邦"、建立"联邦共和国"等的口号和主张。我国的民族工作，从此也进入了一个新的阶段。

1949 年 6 月，中国共产党在北平召开新政治协商会议筹备会。在起草共同纲领的过程中，我们党在对我国国情和民族问题的实际情况深刻认识的基础上，全面总结了党成立以来在少数民族中工作的经验，特别是总结了长征途中在藏族地区建立革命政权和在解放区推行民族区域自治的经验，并与苏联的情况做了比较研究，提出不宜实行联邦制而实行民族区域自治来解决中国国内民族问题。在这次会议上，周恩来根据党中央的意见，向全国政治协商会议的代表，就在少数民族和民族地区实行民族区域自治的问题进行了解释。①

9 月 21 日至 30 日，在毛泽东亲自主持下，召开第一届中国人民政治协商会议第一次全体会议，刘少奇代表中共中央单独邀请少数民族代表座谈，征求他们对《共同纲领》中有关民族政策的意见。经过充分协商，一致赞成建立单一制的多民族统一的国家——中华人民共和国，以实行民族区域自治作为解决我国民族问题的基本政策。

在 29 日通过的《中国人民政治协商会议共同纲领》中，接受了中国共产党提出的建立单一制的人民共和国，在各少数民族聚居的地区实行民族区域自治的建议，并将它作为新中国的一项基本政治制度。这种经由共产党、毛泽东制定的政策到国家制度的转变，就使民族区域自治有了宪法的依据和保障，并得以在全国普遍推行。

《共同纲领》专门制定了一章《少数民族政策》，共 4 条：

---

① 中共中央统战部：《统一战线工作的光辉典范》，1998 年 2 月 24 日《人民日报》第 5 版。

　　第五十条　中华人民共和国境内各民族一律平等，实行团结互助，反对帝国主义和各民族内部的人民公敌，使中华人民共和国成为各民族友爱合作的家庭。反对大民族主义和狭隘民族主义，禁止民族间的歧视、压迫和分裂各民族团结的行为。

　　第五十一条　各少数民族聚居的地区，应实行民族区域自治，按照民族聚居的人口多少和区域大小，分别建立各种民族自治机关。凡各民族杂居的地方及民族自治区内，各民族在当地政权机关中均应有相当名额的代表。

　　第五十二条　中华人民共和国境内各少数民族，均有按照统一的国家军事制度，参加人民解放军及组织地方人民公安部队的权利。

　　第五十三条　各少数民族均有发展其语言文字、保持或改革其风俗习惯及宗教信仰的自由。人民政府应帮助各少数民族的人民大众发展其政治、经济、文化、教育的建设事业。

　　民族区域自治制度是我国解决国内民族问题的一项基本政治制度，是毛泽东同志和中国共产党把马克思列宁主义关于民族问题的基本理论与中国国情和革命实践相结合的伟大创举，是中国共产党人对马克思主义民族理论宝库的重大贡献。

　　1957 年 8 月 4 日，在中央民委主持召开的全国民族工作会议上，周恩来总理做了题为《关于我国民族政策的几个问题》的重要讲话。其中第二部分，题为《关于民族区域自治的问题》，从历史到现实，从理论到实践，就有关问题做了深刻阐述。周恩来总理说：

　　　　实行民族区域自治，是我们解放以后在民族问题上的一个根本性的政策。这是我国宪法上规定了的。我国为什么要实行民族区域自治，而没有实行民族自治共和国那样的制度呢？自治的形式在我国叫自治区、自治州、自治县，还有民族乡，在苏联叫自治共和国、自治省、民族州。这不单是名称的不同，制度本身也有一些不同，也就是实质上有一些不同。不同的地方，不是在自治不自治的问题上。苏联的自治共和国是给民族以自治权利，我们的民族区域自治也是给民族以自治权利。不同的地方，在于苏联的区域划分与我国有很大的不同，苏联的自治共和国的权利、权限的规定也与我国有些不同。这些不同，是从两国的历史发展的不同而来的，部分地也是由于中国和当年十月革命时代的形势不同而来的。

俄罗斯在十九世纪已经发展成为资本主义国家，虽然还有很大的封建性。一方面，它比西方资本主义国家落后，另一方面，它已经成为帝国主义国家，拥有殖民地。那个时候，在俄罗斯周围的一些民族，都是被沙皇这个俄罗斯政权统治着。这是一种殖民统治。而且，当时俄国的各民族多数都是一个一个地各自聚居在一块。

中国的历史同当时俄国的情况却完全不同。中国的民族发展在地区上是互相交叉的，内地更是如此。汉族曾经长时期统治中原，向兄弟民族地区扩张；可是，也有不少的兄弟民族进入过内地，统治过中原。这样就形成各民族杂居的现象，而一个民族完全聚居在一个地方的比较少，甚至极少。我们常说，新疆是少数民族比较集中的一个地方，但是新疆也不是一个民族，而是十三个民族。西藏比较单一一些，但这指的是现在的西藏自治区筹委会管辖地区，而在其他地区，藏族也是和其他民族杂居的。我国历史的发展，使我们的民族大家庭形成许多民族杂居的状态。由于我国各民族交叉的时代很多，互相影响就很多，甚至于互相同化也很多。汉族所以人数这样多，就是因为它吸收了别的民族。[①]

---

① 引自国家民族事务委员会编《中国共产党关于民族问题的基本观点和政策》，民族出版社，2002，第240~241页。

周总理接着说：

> 历史的发展使我们的民族大家庭需要采取与苏联不同的另一种形式。每个国家都有它自己的历史发展情况，不能照抄别人的。采取民族区域自治的办法对于我们是完全适宜的。实行民族区域自治，不仅可以在这个地方有这个民族的自治区，在另一个地方还可以有这个民族的自治州、自治县、民族乡。例如内蒙古自治区虽然地区很大，那里的蒙古族只占它本民族人口的三分之二左右，即一百四十万人中的一百多万人，另外占三分之一弱的几十万蒙古族人就分在各地，比如在东北、青海、新疆还有蒙古族的自治州或自治县。即将建立的宁夏回族自治区，那里的回族人口只有五十七万，占自治区一百七十二万人口的三分之一，只是全国回族三百五十多万的零头，就全国来说也是少数。还有三百万分散在全国各地，怎么办呢？当然还是在各地方设自治州、自治县和民族乡。藏族也是这样。西藏自治区筹备委员会所管辖的地区，藏族只有一百多万，可是在青海、甘肃、四川、云南的藏族自治州、自治县还有一百多万藏族人口，这些地方和所在省的经济关系更密切，便于合作。[1]

当谈到我们党和国家为什么要采取与（列宁缔造的）第一个社会主义国家苏联不同的方式来解决国内民族问题时，周总理说：

> 十月革命时，俄国无产阶级是首先在城市中起义取得了政权，然后才普及到农村和少数民族地区。俄国是第一个社会主义国家，这时候打这个擂台是不容易的。同时，它又是在一个帝国主义的国

---

[1] 引自《中国共产党关于民族问题的基本观点和政策》，第243页。

家里进行革命的，所以必须摧毁旧有的殖民地关系。为了把各民族反对沙皇帝国主义压迫的斗争同无产阶级、农民反对资产阶级、地主的斗争联合起来，列宁当时强调民族自决权这个口号，并且承认各民族有分立的权利，你愿意成为独立的共和国也可以，你愿意参加到俄罗斯苏维埃联邦社会主义共和国来也可以。当时要使第一个社会主义国家在政治上站住脚，就必须强调民族自决权这个口号，允许民族分立。这样才能把过去那种帝国主义政治关系摆脱，而使无产阶级专政的新社会主义国家站住脚。当时的具体情况要求俄国无产阶级这样做。

中国是处在另一种历史情况之下。旧中国虽然有北洋军阀和后来国民党的反动统治，压迫劳动人民，压迫兄弟民族，但是整个中国则是被帝国主义侵略的国家，成为半殖民地，部分地区则成为殖民地。我们是从这种情况下解放出来的。革命的发展情况也和苏联不同。我们不是首先在大城市起义或者在工业发达的地方起义取得政权，而是主要在农村中建立革命根据地，进行长期奋斗，经过二十二年的革命战争才得到了解放。因此，我国各民族的密切联系，在革命战争中就建立了起来。例如，在内蒙也有革命根据地，在新疆也有过反对国民党的革命运动，在我党领导的西南游击区也有各兄弟民族参加，内地许多兄弟民族都参加了解放军，红军长征经过西南少数民族地区时，留下了革命的影响，并且在少数民族中吸收了干部。总之，我们整个中华民族对外曾是长期受帝国主义压迫的民族，内部是各民族在革命战争中同甘苦结成了战斗友谊，使我们这个民族大家庭得到了解放。我们这种内部、外部的关系，使我们不需要采取十月革命时俄国所强调的实行民族自决、允许民族分立的政策。①

---

① 引自《中国共产党关于民族问题的基本观点和政策》，第 244～246 页。

周总理还强调指出：

历史发展给了我们民族合作的条件，革命运动的发展也给了我们合作的基础。因此，解放后我们采取的是适合我国情况的有利于民族合作的民族区域自治制度。我们不去强调民族分立。现在若要强调民族可以分立，帝国主义就正好来利用。即便它不会成功，也会增加各民族合作中的麻烦。

以上这些都说明，我们是根据中国民族历史的发展、经济的发展和革命的发展，采取了最适当的民族区域自治政策，而不采取民族共和国的制度。中华人民共和国是单一体的多民族的国家，而不是联邦国家，也无法采取联邦制度。我们的民族区域自治制度，是从我国的实际出发，分别情况，成立自治区、自治州、自治县或者民族乡，使所有少数民族不论聚居或者杂居都能实行真正的自治。这就有利于少数民族普遍行使自治权利，也有利于民族之间的合作互助。

在中国这个民族大家庭中，我们采取民族区域自治政策，是为了经过民族合作、民族互助，求得共同的发展、共同的繁荣。中国的民族宜合不宜分。我们应当强调民族合作，民族互助；反对民族分裂，民族"单干"。我们民族大家庭采取民族区域自治制度，有利于我们普遍地实行民族的自治，有利于我们发展民族合作、民族互助。我们不要想民族分立，更不应该想民族"单干"。这样，我们才能够真正在共同发展、共同繁荣的基础上，建立起我们宪法上所要求的各民族真正平等友爱的大家庭。[①]

1952 年 8 月 9 日，中央人民政府公布《中华人民共和国民族区域

[①]　引自《中国共产党关于民族问题的基本观点和政策》，第 246～248 页。

自治实施纲要》,《总则》规定:

第一条 本纲要依据中国人民政治协商会议共同纲领第九条、第五十条、第五十一条、第五十二条及第五十三条之规定制定之。

第二条 各民族自治区统为中华人民共和国领土的不可分离的一部分。各民族自治区的自治机关统为中央人民政府统一领导下的一级地方政权,并受上级人民政府的领导。

第三条 中国人民政治协商会议共同纲领,为中华人民共和国各民族现阶段团结奋斗的总道路,各民族自治区人民管理本民族内部事务,须遵循此总道路前进。①

周恩来总理总结新中国成立以来实行民族区域自治的经验,强调指出:"这种民族区域自治,是民族自治与区域自治的正确结合,是经济因素与政治因素的正确结合,不仅使聚居的民族能够享受到自治权利,而且使杂居的民族也能够享受到自治权利。从人口多的民族到人口少的民族,从大聚居的民族到小聚居的民族,几乎都成立了相当的自治单位,充分享受了民族自治权利。这样的制度是史无前例的创举。"②

民族区域自治制度是我国解决国内民族问题的一项基本的政治制度。半个多世纪以来的实践证明,我国的民族区域自治制度符合马克思主义的民族理论,符合我国的基本国情,符合各族人民的根本利益,受到各族人民的欢迎和拥护;是中国共产党人的一个伟大的历史性创举,是对马克思列宁主义理论宝库的一个重大贡献;同

---

① 引自中共中央文献研究室、中共西藏自治区委员会编《西藏工作文献选编》,中央文献出版社,2005,第59页。

② 国家民族事务委员会政策研究室编《中国共产党主要领导人论民族问题》,民族出版社,1994,第173页。

时也为世界提供了一个在统一的多民族国家里正确处理民族问题的成功范例。

到2005年底为止，我国共建立了154个民族自治地方，其中有5个自治区，30个自治州，119个自治县、旗。55个少数民族中已有44个实行了区域自治。此外，实行区域自治的民族和11个人口较少、聚居区域过小的民族地区建有1200多个民族乡。根据宪法规定，散居民族的权益也得到充分保障。

其中，在藏族地区建立了一个自治区，十个自治州，两个自治县。

国家民族事务委员会编辑出版的《中国共产党关于民族问题的基本观点和政策》一书，总结新中国成立以来的历史经验，认为"民族区域自治制度具有巨大的政治优势"，概括为四个"有利于"，即：

第一，有利于保持国家统一；

第二，有利于保障民族平等；

第三，有利于保障少数民族当家作主；

第四，有利于各民族共同发展繁荣。

2004年9月15日，在首都纪念全国人大成立50周年大会上，胡锦涛总书记发表重要讲话，回顾新中国成立以来的历史经验，深刻阐述了在我国实行人民代表大会制度和在少数民族地区实行民族区域自治制度的必要性、重要性和优越性。他指出：

人民代表大会制度是我国的根本政治制度。在我国实行人民代表大会制度，是我们党把马克思主义基本原理同中国具体实际相结合的伟大创造，是近代以来中国社会发展的必然选择，是中国共产党带领全国各族人民长期奋斗的重要成果，反映了全国各族人民的共同利益和共同愿望。

中国是一个具有五千多年历史的文明古国，为人类文明进步做出了巨大贡献。1840年以后，由于西方列强的入侵和封建统治的腐败，中国逐渐成为半殖民地半封建国家，民族危机空前深重，人民处于水深火热之中。为了救亡图存，许多仁人志士上下求索、奔走呼号，各阶级、各阶层、各种社会势力围绕在中国建立什么样的政治制度和政权组织形式提出了种种主张，展开了激烈斗争。孙中山先生领导的辛亥革命，推翻了清王朝，结束了在中国延续几千年的君主专制制度，开创了完全意义上的近代民族民主革命，为中国的进步打开了闸门。但是，辛亥革命没有改变旧中国的社会性质和人民的历史命运，那时建立的资产阶级共和制没有能保障广大人民的权利，最终在各种反动势力的冲击下归于失败。自那以后，旧中国的政治制度，无论采取何种形式，都丝毫没有改变其代表帝国主义、封建主义、官僚资本主义利益的本质，中国人民仍然处于被压迫、被奴役、被剥削的悲惨地位。历史证明，在中国，照搬西方政治体制的模式是一条走不通的路。中国人民从长期的探索和奋斗中深刻认识到，要实现民族独立、人民解放和国家富强、人民幸福，就必须彻底推翻剥削阶级统治广大人民群众的政治制度，建立全新的人民民主的政治制度，真正由人民当家作主。领导中国人民实现这一伟大变革的重任，历史地落在了中国共产党人身上。

他还强调指出：

人民代表大会制度维护了国家统一和民族团结。在中央统一领导下，合理划分中央和地方的职权，充分发挥中央和地方两个积极性；各少数民族聚居的地方实行区域自治，巩固和发展平等团结互助的社会主义民族关系，实现全国各族人民的大团结。

第二章
红军撒播的种子

共产党、毛主席领导的中国工农红军在长征途中，经过金沙江以东的广大藏族地区，摆脱了国民党、蒋介石几十万大军的围追堵截，使革命转危为安、化险为夷，胜利完成了北上抗日的战略任务。与此同时，在雪山草地撒播革命火种，为在藏族地区实行民族区域自治，做了最初的，也是意义深远的探索和实践。

1935 年春天，共产党领导的中国工农红军在长征途中，来到川西大草原，来到藏族地区。红一、红二、红四方面军，都曾经过金沙江以东的藏族地区，在那里撒下了革命的种子。

第一次到川西草原的是红四方面军，最后离开川西草原的，也是四方面军，他们前前后后在这一地区停留达一年多。四方面军第一次来到阿坝草原时，天宝（桑吉悦希）、萨纳、协绕顿珠（杨东生）、胡宗林、袁孝刚、王寿才等一大批藏族青年就参加了红军。

阿坝藏族自治州位于四川省西北部，面积为 83426 平方公里。20世纪 30 年代中期，这块鲜为人知的古老神奇的土地，伴随着中国工农红军长征爬雪山、过草地的脚步声闻名于世。从那以后，"雪山草地"成为阿坝地区的象征，成为中国革命历史上的一座丰碑。

中国共产党和中国工农红军在这里经历了发展历史上最艰难、最危险的岁月，张国焘分裂党、分裂红军、另立中央的严重事件也发生在这里。为了避免党和红军的分裂，为了确定红军前进的正确方向，中共中央在这里召开了五次政治局会议。仅此一点，也可以看到情况的紧急，形势的严峻，斗争的尖锐复杂。红军在这里翻越了 10 余座海拔 4000 米以上的雪山，走过了人迹罕至的水草地，有的部队还三过草地，历尽艰辛。十分难能可贵的是，红军在极其艰难的条件下，在这里建立了少数民族地区最早的革命政权之一——格勒得沙共和国中央革命政府。雪山草地各族人民用牦牛和青稞支援红军北上抗日；不少藏、羌族青年跟着红军告别家乡，参加了革命。新中国成立后被命名为老革命根据地的有 6 个县、110 个乡镇。

红军长征途经雪山草地时，阿坝人民为之做向导、当翻译、抬伤员、告敌情、筹粮草、备寒衣、牵军马、献牦牛，组织运输队和担架队。与此同时，有 5000 余名各族儿女随军北上，用鲜血和生命为中国革命的胜利建立了不朽功勋。而天宝等人就是这 5000 多名优秀的阿坝儿女当中的一部分。

红军从阿坝草原到甘孜地区，又有一大批藏族青年参加红军。新中国成立后先后担任青海省委副书记、青海省副省长、省人大主任、省政协主席的扎喜旺徐，就是其中的一位。

当时，西康尚未建省，这些地区都属于四川省辖区，红军长征从江西出发到陕北，历经 12 个省，而在四川省境内停留的时间最长，经历的斗争最复杂、最艰险；四川省境内，在藏族地区的时间又是最长，环境最艰苦、条件最困难。红军长征，从 1934 年 10 月开始，到 1936 年 10 月胜利结束，历时两年。其中在四川经历的时间达一年零八个月。红军一、二、四方面军途经四川 60% 的县。这期间，在四川藏族地区历时一年零六个月之久。在红军的历史上，具有重大历史意义的两次会师，即一、四方面军的懋功会师和二、四方面军的甘孜会师，都发生在藏族地区。

原四川省委书记谢世杰在《长征在川大事纪要》一书的序言中

指出：

60 年前，以毛泽东同志为代表的中国共产党领导中国工农红军进行的长征，是前无古人的人间奇迹，是惊天动地的壮丽史诗。红军长征在四川，是长征史诗上光辉的篇章。

红军长征途中，中共中央多次在四川境内召开了关系党和国家命运的政治局会议和其他重要会议。红军三大主力的长征，从 1934 年 10 月开始，到 1936 年 10 月胜利结束，历时两年。其中在四川经历的时间达一年零八个月。红军一、二、四方面军途经四川 60% 的县，在四川境内成功地实现了一、四方面军懋功会师和二、四方面军甘孜会师。四渡赤水河，巧渡金沙江，抢渡大渡河，飞夺泸定桥，爬雪山，在四川经历了漫长的艰难转战，恶劣的斗争环境，敌我力量的生死搏斗。正如毛泽东同志所说："天上每日几十架飞机侦察轰炸，地下几十万大军围追堵截。"蒋介石为了追堵、"剿灭"红军和乘机打进四川、控制西南，除派"参谋团"和数万嫡系部队入川之外，仅 1935 年就坐镇四川 150 多天，亲自扮演战场指挥官的角色。这样，在一段较长的时间里，中国革命的领导核心和反革命的总头目都在四川。另一方面，张国焘分裂党和红军的活动，主要是在懋功会师后于四川境内发生；党和红军与张国焘分裂主义的斗争，从长征的角度看，也主要发生在四川。红军要和雪山草地等极其恶劣的自然环境斗，要和数倍于己、武装到牙齿的敌人斗，还要和张国焘的分裂主义斗，其局面之严重，矛盾之复杂，斗争之激烈，是罕有其匹的。

长征红军在四川，主要是转战于四川盆地和川西高原的少数民族地区。党和红军在居住着几十个兄弟民族的四川，成功地开展了民族工作，取得了丰富的实践经验，发展了马克思主义的民族理论，为以后更加成熟的民族政策的制定和实施，奠定了坚实的基础。

红军长征来到四川，在巴山蜀水播下了革命的种子，唤起了四川各族人民对革命的向往和同情。全川各族人民为支援红军长征，作出了巨大的贡献，还有数以十万计的四川儿女参加红军，数以万计的四川儿女英勇捐躯，长眠在长征路上。

红军长征在四川，留给了四川各族人民取之不尽、用之不竭的精神财富。它将激励全川共产党员和各族人民，发扬长征精神，战胜前进道路上的任何艰难险阻，为建设有中国特色的社会主义而努力奋斗。

中央红军于1935年1月7日袭占遵义城，并在这里召开了具有重要历史意义的遵义会议，确立了毛泽东同志在全党的领导地位。

为了阻止红军北上抗日，蒋介石不但派参谋团和中央军入川，还于1935年3月2日亲自出马坐镇四川，一年中在四川共住150多天（加上其在滇、黔的日子，达200多天），把四川作为其反革命的战略大本营。蒋介石为了在四川"根本歼灭"红军，在中央红军第一次入川时，调动了合计不下20万人的兵力对付中央红军的3万人（以后的百丈关战斗，仅川军就动用80个团去对付红军的15个团）。川军"通计约使340团，兵量之多，几达全国现额三分之一"。蒋介石还嫌兵力不足，除了中央军薛岳部3个军8个师约5万人驻在四川之外，以后为防红军从四川进出甘肃、青海、新疆，蒋介石又以兰州绥靖主任朱绍良为第三路军总司令，统一指挥包括胡宗南部和青海"马家军"在内的所有西北的国民党军队；再以后，为了阻止红军从四川西北部北上陕甘，蒋介石又从豫皖边调来中央军第三军王均部入甘肃，在夏河两岸构筑第二道封锁线；从江西调来第三十七军毛炳文部到静宁、会宁等地，构筑第三道封锁线。

1935年5月3日，中央红军巧渡金沙江成功，第二次开进四川。5

月 12 日，中央政治局扩大会议在会理召开。会议总结了遵义会议以来的战略方针，讨论了渡过金沙江后的行动计划，决定按照遵义会议制定的在川西建立苏区根据地的战略方针，继续北上，到川西会合四方面军。

中央红军和四方面军的先头部队，于 6 月 12 日在夹金山靠懋功达维一侧山下木城沟一个叫做磨盘石的地方互相"意外会亲人"。中央红军和四方面军的懋功会师，意义非常重大，改变了川西北地区的敌我力量对比，粉碎了蒋介石妄图分割围歼红军的阴谋，为两支红军在中央和军委直接领导下开创新的局面创造了有利条件。

当中共中央随部队越过大雪山夹金山以后，才了解到懋功等川西北少数民族地区，"纵横千余里"的"深山穷谷，人口稀少，给养困难"。至于康区，"情形比懋功还要差"。都只能使用小部队活动，不具备建立由中共中央直接领导、关系到全中国革命前途的根据地的条件。6 月 16 日，中央改变了建立川西北根据地的方针，决定"占领川陕甘三小、建立三省苏维埃政权"的这一"总方针"。同日发布的军委总司令部、总政治部《关于一、四方面军会合后部队整休的规定》也指出："要报告与四方面军会合赤化川陕甘的意义"。

中共中央在率领中央红军长征的一年中，召开了一系列政治局会议和其他重要会议。四川是中央红军长征时期政治局会议开得最多的省。除了前面提到的政治局会理会议、两河口会议、沙窝会议、毛儿盖会议之外，还召开了其他一些重要会议。

红军飞夺泸定桥以后，中央召开了泸定桥会议，决定避开人烟稠密地区，向北走雪山草地一线。

另一方面，张国焘分裂党和红军的活动，又主要是在一、四方面军懋功会师后，在四川境内发生的。这就使党和红军不得不在对付数倍于己的敌人追堵、对付雪山草地恶劣的自然环境的同时，与张国焘进行斗争。党和红军与张国焘反党分裂主义的斗争，是红军长征史上的重要组成部分。这场斗争不但是从四川开始进行的，而且从红军长征的角度来看，这场斗争也主要是在四川境内发生的。

还在一、四方面军会师之前，张国焘就于5月18日在茂县召集高级干部开会。会后张国焘宣布成立了内设政治局的"中共西北特区委员会"。茂县会议还决定成立由张国焘等49人组成的"西北联邦政府"，并以此名义，向全国、全世界发布文告。

红一、四方面军懋功会师才几天，张国焘就同中央在战略方针问题上发生了分歧。中央政治局两河口会议否定了张国焘西进或南下的错误方针，并强调两个方面军指挥权集中于中央革命军事委员会。这是对倚仗人多枪多、个人野心急剧膨胀的张国焘的当头一棒。虽然在两河口会议上他向党伸手要权的目的没有达到，但并没有死心。两河口会议后，他玩弄阳奉阴违的手段，重新提出川康计划，并延宕四方面军的行动。他这样做，是造成中革军委按照两河口会议精神制定的《松潘战役计划》流产的原因之一。

为了明确当时的形势和任务，解决《松潘战役计划》流产后造成的危局，中央政治局沙窝会议重申了两河口会议决定北上方针的正确性。张国焘也参加了沙窝会议，表示同意继续北上，但是，他并不真正拥护北上方针。沙窝会议后不久，他提出经阿坝向青海、新疆地区逃跑的主张。因沙窝会议而表面上趋于统一的战略方针和战略行动，再次出现了分歧。中央为了使部队向北行动迅速，为了有利于北上方针的执行，改变了原定主力经阿坝北上的方案，并于8月15日电示张国焘。为了克服张国焘的阻挠，确保北上方针的执行，中央召开了毛儿盖政治局会议，决定左路军一定要向右路军靠拢。身为红军总政委的张国焘，照样拒不执行政治局会议的决定和中央的指令，坚持其西进或南下的方针，加剧分裂党和红军的步骤。后来，他又背着党中央电令陈昌浩率右路军南下。为了贯彻北上方针，避免红军内部可能发生的冲突，中央只好率红一、三军和军委纵队迅速转移。中央于9月12日在川甘边的俄界召开的政治局扩大会议上，通过了《关于张国焘同志错误的决定》，比较系统地指名批判了张国焘反对中央、退却逃跑、军阀主义等大量错误事实，指出了他犯错误的历史根源，表明了党的原则立场。

中共中央离开四川以后，张国焘先后发布了《大举南下政治保障计划》和南下命令，擅自命令四方面军和原属一方面军建制的五、九军团南下，公开分裂红军。许多在天寒地冻中南下的红军战士，被草地极度恶劣的自然条件夺去了生命。

张国焘于 1935 年 10 月 5 日在松岗卓木碉另立中央，使其分裂红军的反党活动达到了登峰造极的地步。他还公然宣布："毛泽东、周恩来、博古、洛甫撤销工作，开除中央委员及党籍，并下令通缉。杨尚昆、叶剑英应免职查办。"对张国焘这一严重的反党行为，朱德、刘伯承等曾表示坚决反对，坚持全党只有一个以毛泽东为代表的中央，不能有两个中央。

还在中共中央离开四川的前一天，即 9 月 9 日，中央在发给张国焘的电报和次日发出的《为执行北上方针告同志书》中，就已经指出："只有北上才是出路"、"南下是绝路"。中央这一预见的正确性，完全为后来的事实所证明。张国焘南下后，虽然在战斗规模不是很大的"绥（靖）、崇（化）、丹（巴）、懋（功）战役"中击溃敌人 6 个旅，取得了胜利，但在"天（全）、芦（山）、雅（安）、邛（崃）、大（邑）战役"中陷入了窘境。特别是在百丈关决战失利以后，南下红军前有强敌，后无根据地，部队损失过半，只剩下 4 万多人，东进、南出又均不可能。张国焘南下方针严重碰壁。

1936 年 2 月上旬，国民党政府中央军薛岳部和川军的主力，开始向天全、芦山地区大举进犯。红四方面军被迫向西康地区北部的道孚、炉霍、甘孜撤退。

张国焘不听党中央、毛主席的话，一意孤行，坚持南下，开始打了几个胜仗，占领天全、芦山等地，打到雅安，就打不动了。四川军阀们暂时缓和了内部矛盾，联合起来打红军。蒋介石也派中央军来支援，红军顶不住，只好退回去，第三次过草地。

红军南下受阻，部队损失惨重。但张国焘并没有接受教训，改弦更张，他拒不执行党中央、毛泽东同志制定的"北上抗日"的正确方针，一意孤行，从一个极端跳到另一个极端，从"打到成都吃大米"，又变为"到康藏地区吃糌粑"，企图在远离蒋介石统治中心的川康边区建立革命根据地。1936 年 2 月中旬，张国焘以红军总部的名义发出《康（定）道（孚）炉（霍）战役计划》，命令一部分兵力迅速西进，经懋功、金汤、丹巴，进取道孚、炉霍、康定地区。稍后发布的战役补充计划，又规定以主力进取道孚、炉霍、甘孜。2 月下旬红军前卫 30 军经丹巴县城，沿革什扎河的巴郎、大桑、瓦足，翻过边尔的党岭山，于 3 月 1 日占领道孚；31 军及 9 军 25 师，则由丹巴、道孚南下钳击泰宁（乾宁），守敌李韫珩 53 师一部弃城逃往康定；32 军及 9 军 27 师在懋功以南地区完成掩护主力转移任务后，也经丹巴去道孚。至 3 月下旬，红军已控制了东起懋功，西至甘孜，南达瞻化、泰宁，北靠草地的广大地区。

由于中国历代反动统治阶级长期以来实行大汉族主义统治，藏汉民族之间的隔阂甚深。国民党几十万大军继续对红军进行围追堵截，妄图把几万红军围困在穷乡僻壤的藏区。大军云集，需要的粮食、物资要靠当地群众筹集，不可避免地"与民争粮"，国民党反动派便利用这一机会挑拨离间，造谣破坏，不让藏族同胞与红军合作；因此，红军在群众工作中遇到了极大困难，所控制的区域，实际上只是若干点线，不能成为巩固的后方。

红军于 1935 年 10 月中旬占领丹巴，到 1936 年 7 月上旬离开丹巴，前后长达近 10 个月。丹巴是嘉绒文化的发祥地之一，地处嘉绒和康区交界，地理位置十分重要。这时，丹巴已建立以马骏（藏族）为师长的藏民独立师。这是红军历史上成立的第一支藏族的革命武装力量。方面军总部一度设在丹巴，朱德、刘伯承、徐向前、张国焘、陈昌浩、王树声等红军将领都曾在这里居住。在这期间，为了巩固后方，支援南下部队，方面军和川陕省委派出了大批红军干部和党政工作人员，同时将一批新参加红军的藏族战士调到丹巴，加强藏民独立师。

国民党反动派为了堵截红军，在军事上积极调兵遣将，筑碉防守；在政治上对党和红军大肆进行造谣诬蔑，什么"共产党要共产共妻"，"红军是霉老二"，"红军走一路，杀一路，杀得鸡犬不留"，"老的拿来当马骑、小的拿来抛刀"等等，妄图以此诋毁党和红军的声誉，破坏党和红军的形象。由于历代反动统治阶级实行阶级压迫和民族压迫造成的民族隔阂，已经给红军增加了在民族地区开展工作的困难，再加上国民党反动派的造谣诬蔑，老百姓更加害怕红军。红军进入藏区时，很多老百姓都躲到山里去了，街上仅剩下几家老百姓。

为了发动和争取群众，红军进入各村寨后，一面帮助老百姓生产，一面通过各种形式宣传党的方针政策，宣传抗日救国的主张，解释红军是打富济贫、保护穷人、帮助穷苦人闹翻身的队伍。更为重要的是，针对历史上造成的民族隔阂和国民党反动派的造谣诬蔑、挑拨离间，在民族关系上，充分阐述共产党、红军实行以民族平等、民族团结为基本内容的民族政策，反对民族压迫和民族歧视，还提出"兴番灭蒋"的口号。同时，到处张贴"打倒日本帝国主义"、"打倒国民狗党"、"打倒蒋介石"、"兴番灭蒋"、"振兴番族"、"打土豪，分田地"等标语。

红军向藏族上层人士和广大僧俗群众郑重承诺：在打倒国民党、蒋介石，建立各族人民自己当家做主的国家之后，共产党将帮助藏族同胞繁荣发展，振兴番族。①

---

① 由于当时对藏族地区的情况了解不够深入，也受历史文献的局限，红军时代关于藏族的称谓，有"番"、"蕃"、"格勒"、"博"、"博巴"和藏族等多种写法，到1949年9月召开第一届全国政协第一次会议时，正式统一为"藏族"。

由于红军认真执行党的民族政策、宗教政策，切实保护人民的利益、尊重少数民族的风俗习惯，不仅有力地戳穿了反动派的谎言，填平了民族隔阂的鸿沟，而且取得了群众的信任和拥护。

党和红军十分重视在藏族地区撒播革命火种，建立民族自治政权。1935年底，在绥靖、崇化地区，即今四川阿坝藏族羌族自治州的金川、小金、马尔康一带，以及甘孜州的丹巴地区，建立了"格勒得沙革命政府"，当时通称"番人革命政府"。"格勒得沙"是嘉绒方言，"格勒"为嘉绒语藏族的自称，"得沙"为人民之意，"格勒得沙"就是"藏族人民政府"的意思。这是党和红军在藏族地区建立的最早的民族自治地方政权。同时还组建了格勒得沙革命党，它是在中国共产党金川省委领导下的一级地方组织，1936年元旦公开发布《格勒得沙革命党党章》，该党的章程规定："本党是由番民（即藏民）中觉悟最先进，斗争最坚决，承认本党党章，能为本党党纲坚决奋斗，不顾一切牺牲的分子所组成。"党章中还明确规定"废土司，为百姓取消等级制度，不交土司租，不还土司债，不当娃子，不当差。把土司和土司管家的财产没收，分给格勒得沙"。

天宝、萨纳、扎喜旺徐、杨东生（协绕顿珠）、胡宗林、蒙特尔、袁孝刚、王寿才等一大批年轻的红军战士，有幸参加党和红军在藏族地区建立的第一批红色革命政权，并担任一些重要职务。既参加了革命活动，又经受了锻炼，增长了才干。

马克思曾经深刻地指出：在革命变革的某些时候，一天等于20年。在红军长征这样一个前所未有的非凡壮举中，这批年轻的藏族红军战士们，也以非同寻常的速度在迅速成长。

红军长征在四川和西康境内，主要在藏彝地区，一面执行频繁的战斗任务，一面积极开展卓有成效的地方工作。为了开展民族工作，红军总部还专门制定了《少数民族工作须知》。这一时期，先后建立了中共川康省委、大金省委（也称金川省委）、四川省委（也称川康边区省委），加上红四方面军于 1933 年建立、延续到长征以后很久的川陕省委，共计建立了 4 个以红军干部为主体的省委。另外，建立了 3 个省级苏维埃政府、两个省级少数民族共和国和近 20 个中共县委、近 40 个县的革命政权。随着地方党的组织和政权机构的建立，红军又在四川建立了升钟寺独立师、金川番民（即藏民）独立师、丹巴藏民独立师、绥靖回民支队、绥靖番民骑兵队，以及形式多样的游击队等地方武装。总计兵力达一万多人，约占当时四方面军总数的四分之一左右，壮大了红军的力量和声威。

中国工农红军一、二、四方面军的十多万人马，先后在四川和西康停留一年零八个月，其间在藏族地区长达一年零六个月之久。每天食用的粮食，是一个惊人的数字。可以这样说：人民群众忍饥挨饿，省出来的粒粒青稞，是四川和西康各族人民支援长征的颗颗红心。

红军长征在四川和西康地区，不但立下了赫赫战功，而且在许多方面创造了成功的经验，产生了深远的影响。红军长征在四川和西康地区的光辉业绩和卓著功勋，是留给各族人民取之不尽、用之不竭的无价之宝。

虽然党在成立之初就根据马克思列宁主义的民族理论，结合中国的实际，提出了关于民族问题的主张，但由于红军长征进入少数民族聚居区以前，党主要在汉族地区开展工作，民族工作尚未提到议事日程上来，已有的民族问题的主张也还来不及通过实践的检验。这正如红军政治部当时指出的那样："少数民族工作是党当前工作的一个新的问题。当我们还没有进入番人区域时，对这一问题的研究是很少的。因此，一直到今天党对少数民族的策略路线还是在从实际运用中求得进步与发展的过程中。"而四川边陲居住着许多个兄弟民族，这也正如当年红军的《少数民族工作须知》中指出的："在四川全省居住的五千万人口中间，除汉人占最大多数外，还有藏人、回人、番人、苗人、倮倮等等各种民族。"

当时红军的文件中，有"藏人"和"番人"的不同称谓，实际上指的都是藏族。

天宝、萨纳、扎喜旺徐、杨东生（协绕顿珠）、胡宗林、蒙特尔、袁孝刚、王寿才等人是幸运的，他们刚刚加入红军队伍，就参加了在我们党的领导下，建立不同形式的民族自治地方政权的工作。尽管他们没有思想基础和理论准备，也谈不上实践经验，只是在上级和老同志的指导和带领下，做一些具体工作。但这段经历是极其宝贵的，对他们以后的发展，具有重要意义。对于这一点，这些年轻的藏族红军战士当时没有也不可能意识到，是在实践过程中，逐步加深认识的，并在马列主义、毛泽东思想指导下，上升到理论高度，反过来指导实践，成为自觉的行动。

当时，四川少数民族地区也是中国半殖民地、半封建社会各种矛盾特别尖锐的地区之一。凉山彝族地区保存着奴隶制度，川西北高原（阿坝）和康藏高原东部（甘孜，当时的四川省西康行政督察区）两大藏区保存着封建农奴制度，岷江上游羌族聚居区保存着封建领主制度。这里社会形态不同，宗教信仰各异，阶级关系复杂。历史上遗留下来的民族隔阂和同一民族内部以"打冤家"为主要形式的部落间的武装械斗不但依然存在，而且在反动统治阶级"以夷制夷"、"利用矛盾、分化瓦解"方针的怂恿下，愈演愈烈，严重阻碍了少数民族社会的发展进步。四川和西康大部分少数民族地区不但是四川军阀事实上的禁区，而且对长征前还未正式打进四川的蒋介石中央政府也呈半独立状态。可是，这里却偏偏奇迹般地向红军敞开了大门。数万红军在这里站住了脚，于困境中开拓了新的领域，为打破国民党几十万大军的围追堵截，北上抗日获得较长时期的休整机会。这是为什么？根本的原因之一，就在于党经过艰辛的探索，制定了正确的民族政策，成功地开展了民族工作。由于红军在四川和西康停留的时间长，涉及区域广，所以在四川和西康较为完整地展示了中国共产党民族政策的基本精神和民族区域自治制度的雏形，为后来民族政策和区域自治制度的制定和完善，积累了多方面的宝贵经验。

与此同时，苦难深重的藏族人民，尤其是他们当中的有识之士和先进分子，在对历代反动统治阶级感到深深的失望甚至绝望之后，把振兴藏族、寻求自由幸福的希望寄托在共产党和红军身上。不但天宝和他的出身于贫苦农牧民的战友们是这么认识的，一些民族宗教界上层人士中的有识之士，也产生了这样的意识和观念。90岁高龄的孔萨益多先生，是末代女土司德钦旺姆的上门女婿，新中国成立后先后担任甘孜藏族自治州副州长、州政协副主席、四川省政协副主席等职，他满怀深情地说：共产党和红军提出的民族平等、民族团结和"兴藏灭蒋"的口号，深深地打动了各界人士的心，因而获得了各族各界人士的衷心拥护和积极支持。

中国共产党是以马克思列宁主义的基本原理为指导思想的革命政党。在党的幼年时期，为了中国各民族人民的翻身解放，党就依据马克思列宁主义关于民族问题的一般原理，提出了解决国内少数民族问题的一系列主张。但由于历史的原因，没有更多的实践经验。在长征这样一个特殊的历史时期，红军坚持用马列主义做指导，以解放各族人民为宗旨，处理民族问题。红一、四方面军懋功会师不久，中央政治局沙窝会议通过的决议中就明确指出："马克思、列宁、斯大林关于民族问题的理论与方法，是我们解决少数民族问题的最可靠的武器。"因此，学习马列主义"关于民族问题的理论与方法，是目前我们全党的迫切任务"。沙窝会议还把"关于少数民族中党的基本方针"作为政治局讨论、研究的七个大问题之一，而且提出："争取少数民族在中国共产党与中国苏维埃政府领导之下，对于中国革命胜利前途有决定的意义。"中央明确提出：提高全党对民族问题的认识，推动全党对马列主义民族理论的学习，并且在理论与实践相结合的基础上，从中国少数民族的实际出发，制定民族政策。根据沙窝会议精神，红军指战员开始"用马克思列宁主义的原则来解决与研究番人民族问题"。

中央红军渡过金沙江进入凉山地区以后，蒋介石曾试图调动十多万兵力，利用复杂的地形，特别是利用大小凉山彝族社会特殊的情况，策划一场能够形成南追北堵态势的大渡河会战，妄想让红军重演石达开全军覆没的历史悲剧。为了粉碎国民党蒋介石的阴谋，红军一踏上凉山的土地，立即以朱德总司令的名义颁发了《中国工农红军布告》。布告以通俗生动的语言，鲜明地阐述了"中国工农红军，解放弱小民族"的基本原则。同时"希望努力宣传，将此广播西蜀"，让四川各族人民都了解。红军打开冕宁和越西两县的监狱，释放了数百名被关押的彝、汉族"换班作质，轮流坐监"的"人质"。红军先遣司令刘伯承与彝族果基家支头人果基约达（小叶丹）在彝海歃血结盟，顺利打通了大凉山的道路，使红军赢得了抢渡大渡河的宝贵时间。不仅如此，由于妥善地处理了民族关系，这也成为共产党、工农红军联系少数民族同胞，成功地解决民族问题的光辉典范和历史佳话。

天宝、扎西旺徐、杨东生、胡宗林等这批年轻人参军不久，"彝海结盟"的故事就在全军传颂，当时他们不知道大小凉山在什么地方，也没有见过彝族同胞，但由于红军反复传颂，给这些年轻的藏族战士留下了深刻印象，"天下穷人是一家"、"各族同胞是亲兄弟"的观念，深深地留在他们心里。当时，上级让他们做群众工作，一个重要内容就是宣讲以朱总司令名义颁布的《中国工农红军布告》和"彝海结盟"的故事。

几十年的时间过去了，当时的情景，天宝和胡宗林等人依然记得十分清楚，历历在目，恍如昨日，每当回想起这些往事，总是激动不已，一往情深。天宝至今几乎能全文背诵朱总司令的布告，不但吐字准确，发音清楚，而且对内容的理解也更加深刻了。天宝说：朱总司令的布告，是他参加革命后学习的第一份关于民族问题的文献。

与中央红军在凉山彝族地区争取少数民族一样，红四方面军在川西北藏族羌族地区也出色地开展了民族工作。红四方面军的布告指出：
"只有中国共产党是解放少数民族的唯一政党，红军是解放少数民族的
唯一军队。"红一、四方面军先头部队会师的当天，徐向前在代表四方
面军向党中央的报告中还特别提到："此方对番回夷羌少数民族工作正
加紧进行中。"

　　天宝、扎西旺徐、杨东生、蒙特尔、胡宗林、沙纳、袁孝刚、王寿
才等老红军们回忆当时的情形说：上级对他们这些新战士说，中央的文
件很多，你们可能也学不会，懂不了，但只要记住核心内容就可以了，
核心内容就是两句话："只有中国共产党是解放少数民族的唯一政党，
红军是解放少数民族的唯一军队。"后来概括为两个"唯一"。天宝说：
这两个"唯一"，我们学了一辈子，记了一辈子，贯彻执行了一辈子。
扎西旺徐在临终前，反复强调了这一点。

　　四川和西康的少数民族同胞从与红军接触中亲身感受到，只有共
产党及其领导下的红军，才没有丝毫的民族偏见和民族歧视。由毛泽
东、周恩来、朱德、张闻天、陈云等党和红军主要负责人亲自帮助建立
起来的"冕宁县革命委员会"，针对该县彝族占三分之一的特点，专门
成立了"弱小民族科"。这可能是我们党建立的第一个民族工作机构。
红军在冕宁期间，"弱小民族科"的工作人员深入山寨彝乡，宣传群
众，在大小凉山的彝族同胞中，撒播革命的火种。总政治部在凉山彝区
发出指示，强调"动员全体战士向少数民族作广大的宣传红军的主张，
特别是民族自主和民族平等。"与此同时，长征中党中央和中革军委的
唯一报纸《红军报》（邓小平和陆定一分别在遵义会议前后负责编辑）
连续发表强调民族团结和民族平等的文章。中央红军在渡过大渡河后
颁发的标语口号中，有14条是"对夷藏番回苗等少数民族"的。当中
央红军一进入川西北藏族地区，党中央就在《中国共产党中央委员会
告康藏西番民众书》中阐述了中国共产党反对民族压迫、为各族人民
谋幸福的斗争纲领。中央政治局候补委员凯丰在总政治部出版的《前

进报》1935 年 6 月第 1、2 期上发表文章，强调民族平等的重要性，并追溯从清王朝到国民党政府及英帝国主义对藏族人民的统治和压榨，分析藏族的社会结构和宗教影响，说明红军对少数民族应采取的政策。

天宝说：《中国共产党中央委员会告康藏西番民众书》，是指导我国民族工作的一个纲领性文件。长征途中，因战事紧急，没有能深入学习。后来到了延安，在民族学院曾系统地学习，并联系实际，探索解决我国民族问题的正确途径。

红四方面军在西渡嘉陵江以后，也立即组织干部专门调查川西北少数民族的社会情况，并在各级政治部门中增设"少数民族委员会"，吸收当地少数民族战士参加，还在川陕省苏维埃和西北联邦政府中设立"回番夷民族委员会"等机构。在这些部门中，培养和造就了我们党第一批民族工作干部。四方面军在文告中强调指出："回番蒙藏苗夷各民族得组织自己的苏维埃或人民政府，各民族一律平等。"

由于红军坚持民族平等和民族团结的政策，在红军和少数民族之间出现了新型的民族关系。

民族区域自治是中国共产党把马列主义的基本原理和我国实际情况相结合，解决中国民族问题的基本政策。这一基本政策的最后形成，经历了一个漫长的探索与实践过程。民族区域自治的主要精神是在统一的祖国大家庭里，保障少数民族人民在管理内部事务方面有当家做主的权利。

共产党领导下的少数民族人民自己当家做主的第一批革命政权，是在藏族地区建立的，主要是在现在的四川省甘孜藏族自治州和阿坝藏族羌族自治州境内。这在我国民族关系发展史上，具有十分重要的意义。天宝有幸参加了这一工作的全过程，因此，他也有更深切的感受，更深入的反思，更深刻的认识，更深远的考虑。这是天宝晚年经常认真思考的一个重要问题。

党和红军不但在理论上丰富和发展了民族区域自治的主张，而且在实践中进行了大胆的探索；其中在嘉绒地区和康巴地区即今四川阿坝和甘孜两大藏区帮助建立的带有民族区域自治性质的两个省一级的少数民族政权机构，就是有深远影响的典型范例。一个是在金川建立的格勒得沙共和国，一个是在甘孜建立的博巴人民共和国（"博"，藏语，意为藏族，"巴"为人民之意，"博巴"即"藏民"）。这两个愿与红军"订立永远的盟好"的藏族人民政府，不但制定了涉及政治主张、军事党团、统战宗教等政治和经济、文化方面的一系列法规和条例，而且其政权结构形式也同今天《民族区域自治法》的要求基本上是一致的。博巴政府中不但有少数民族的劳动群众，也有民族上层人士和宗教界人士，以便开展这一方面的工作。这两个具有民族自治政府性质的少数民族人民政府，分别履行了八个月的民族自治、当家做主的职责。这是一个短暂而辉煌的时光，在我们党和红军民族工作的历史上，乃至在我国民族关系史上，永放光芒。与此同时，在藏族人民的心中留下了难以磨灭的印象，为新中国成立后甘孜、阿坝两个藏族自治州人民政府的建立打下了坚实的基础。

红军在甘孜藏区执行的民族政策，可以划分为两个阶段。第一阶段，从1935年10月至1936年2月，红四方面军执行"绥、崇、丹、懋战役计划"和"天、芦、名、雅、邛大战役计划"，南下作战，部队到达丹巴县和康定县之多汤、鱼通、孔玉等大渡河流域。这一阶段党的民族政策，是以土地革命和武装反抗国民党反动派的总方针为指导的。第二阶段，自1936年红四方面军南下失利，西进康北，建立川康革命根据地，与包括丹巴在内的金川革命根据地连成一片；红二、六军团穿越康南，两大主力会师北上。在这一阶段，中共中央在陕北召开了瓦窑堡政治局扩大会议，确定了关于建立广泛的抗日民族统一战线的新的策略路线，对康北及金川根据地的民族工作产生了巨大的指导作用。

1935年8月21日，川康省委在阿坝查理寺发布《关于赤化川陕甘与通过草地时地方党的工作指示》，在民族自决自治问题方面做了与

"沙窝会议"决议相近的指示,同时强调"不允许有任何侵犯群众利益的举动","不要损坏喇嘛寺及经书神像,不要伤害番人的宗教感情"。要求在地方工作中"发动群众没收土司、大头人的土地、牛羊马匹、茶叶粮食,分给穷苦番民群众"。要求组织番民游击队、红军红色骑兵、人民自卫军,建立各级人民革命政府、独立政府或劳动苏维埃,动员群众支援红军。

苏维埃政权建立起来后,为了使广大群众了解苏维埃政权的性质、目的、任务和建立政权的意义,在党政干部和当地红军的帮助下,深入村寨进行宣传。通过宣传、解释,使广大群众明确了苏维埃政府就是穷人自己的政权机关,是领导穷人打富济贫,为穷人办事的政府。在苏维埃的发动和组织下,不仅搞好生产,而且纷纷开展了向反动分子和发财户的斗争,向他们罚粮罚款,把没收的粮食和物资除救济群众外,还上交红军。有的苏维埃政府,还带领游击队到山上搜查发财人埋藏的粮食和物资。苏维埃政府贯彻执行党和红军的政策,群众对共产党和红军有了更深的了解,对党和红军更加爱戴,更加支持。只要苏维埃政府交办的事,群众都尽力而为。比如各地都安排了部分群众给红军磨面、做干粮,有的地方还组织妇女为红军战士洗补衣服、做鞋等,群众都乐于接受,乐意去做。为了方便过往红军,女兵队还在路旁设立茶水站,为红军烧茶热水。由于丹巴交通不便,再加上敌人的堵截封锁,缺乏食盐,为了解决红军的吃盐问题,群众还利用土法制作硝盐支援红军。少先队和儿童团在苏维埃政府领导下,主动站岗放哨,或在红军政工干部的带领下学唱歌、跳舞,或到附近村寨宣传。

藏族人民对红军的支援,首先表现为各级博巴政府及其成员对红军的支援。博巴政府是在红军帮助下建立的藏族人民自己当家做主的政府,没有红军,便没有博巴政府。支援和帮助红军,就自然成为博巴政府义不容辞的责任和义务。各级博巴政府成立后,都把支援和帮助红军作为政府的一项重要工作。如道孚县博巴政府成立后,就专门做了

《关于粮食问题的决定》。要求："1. 由群众共同商议，依照存粮多少，筹出一部分粮食出来，平价卖给无粮群众和红军吃用；2. 现在正是打康定的时候，凡我博巴群众都应一致赞助，决定本特区借给红军战粮三千石。有粮的多出，无粮的少出。"各级博巴政府内还专门设有粮食部或粮食委员，其主要工作就是为红军筹集粮物。此外，博巴政府还派出大批工作人员和积极分子，深入村村寨寨，不辞辛劳地挨门过户向群众做支援红军的宣传和动员。他们有的到远离县城几百里的地方，用钱物换回粮食和牛羊支援红军。有的到喇嘛寺和土司头人处耐心地向上层喇嘛和土司头人做宣传动员工作，动员寺庙和土司头人支援红军。博巴政府在支援红军的工作中，起到了宣传群众、组织群众的重要作用。与此同时，博巴政府成员在支援红军上，也大多起到了表率作用。如博巴中央政府的军事部长夏克刀登，在代表德格土司和红军签订《互不侵犯协定》后，一次就从德格运来了150头牛、50匹马、500驮粮食支援红军。任博巴中央政府副主席的孔萨土司，其家人在红军到甘孜后，主动将自己窖藏的18孔约18万斤粮食支援给红军。

著名的爱国人士格达活佛所在的甘孜县白利喇嘛寺，在支援红军方面也作出了巨大贡献。现存中国军事博物馆中红军当年写的一张收条记载："今收到白利寺拥护红军粮食一百卅（石）零八斗。政治部。"收条上有藏文，盖有"中国工农红军第四方面军第三十军八十八师政治部印章"的篆体汉文圆形印章。另一张现存于中国国家博物馆的收条上写道："收到白利喇嘛寺青柯（稞）一共豌豆四十七石九斗、五十石，六月十三日　供给部。"收条落款处有李先念的印章。条上"五十石"系另收粮后补记的。仅据现存的这两张收条计算，在格达活佛的主持下，白利寺两次共支援红军粮食就达7000余斤。这对仅有100名喇嘛的白利寺来说，贡献是十分巨大的，对红军可以说是倾囊相助了。

炉霍县博巴政府主席、炉霍寺大堪布相子·益西多吉，将家藏的数万斤粮食和几十头牲畜全部支援红军，当时红军开了借据，并送给相子·益西多吉白银 10 锭和几匹小马以表酬谢。道孚县瓦日乡博巴政府主席称戈，将自己家中仅存的 50 斗粮食和 200 斤猪肉全部献给红军。

康定的金汤、鱼通群众为红军筹集粮食约 30 万斤。泸定岚安群众支援红军粮食 10 万余斤。泰宁八美区群众了解到康定金刚寺在拍桑村存有大量粮食后，就由泰宁博巴独立军派人与红军一道去运回了 200 多驮粮食。八美、下龙吧、中谷等村的群众主动把惠远寺会首的粮食从窖中挖出支援红军。

四方面军总部和张国焘、徐向前离开丹巴北上后，曾将总部设在道孚。据不完全统计，红军在道孚期间，道孚人民支援红军粮食约 400 万斤。炉霍朱倭一个名叫玛吉切绕的藏民把家里储存起来准备为年迈的父母办丧事的粮食，全部献给了红军，受到红军的称赞。炉霍雅德、泥巴、宜木、斯木的群众，一次就支援红军粮食 400 万余斤。

甘孜的贫苦群众把仅有的一袋、半袋粮食拿出来支援红军，仅绒巴岔的群众就支援红军粮食 660 袋，合 52800 斤。森康乡的群众支援红军粮食 2 万多斤。瞻化群众积极支援红军：瞻化河西乡支援粮 300 多斤，牦牛 15 头；沙堆乡粮 6000 多斤，牛羊毛 6000 多斤，牦牛 100 多头；乐安乡粮 5000 余斤；阿色乡场牦牛 1000 多头。据老红军回忆，瞻化各地为红军筹集粮食的牦牛有 2000 多头，因此部队专门成立了饲养连与当地牧民一起放牧。雅江、道孚、炉霍、甘孜、瞻化的群众，还帮助红军筹集了大量的羊毛、羊皮和牛皮；并为红军搓羊毛，揉皮子，织毛衣，织袜子，做皮衣、皮靴，解决红军所需的御寒装备。

土司头人和喇嘛寺也积极支援红军。红军打下炉霍寿灵寺后，一次就得到了几十万斤粮食。在甘孜，红四方面军总政委陈昌浩与甘孜喇嘛寺促萨活佛和白利寺格达活佛，于 1936 年 4 月 12 日签订了《互助条约》。条约第七条规定："喇嘛寺负责供给红军粮食和一部分资材。"根据《互助条约》的这一规定，甘孜寺和白利寺支援了红军大量粮食物资。白利寺的支援情况已在前面述及。甘孜寺委派喇嘛洛绒念拥、土登郎加负责向下属的七个喇嘛寺和奇多寺征集。据现存于四川省博物馆的甘孜寺支援红军粮食登记簿（藏文）记载，这 8 个喇嘛寺共交红工军经理部青稞 7746 斗、豌豆 5305 斗，共计 195760 余斤。更龙寺在格达活佛的动员下，也支援红军粮食 50 多石，约 1 万余斤。甘孜的土司头人对红军也做了大量的支援。

1935 年 11 月 18 日，在绥靖召开金川地区番民代表大会，大会宣告格勒得沙共和国中央政府成立。金川地区格勒得沙政府的建立，是"沙窝会议"关于党的民族工作基本方针的具体实施。它在政权组成人员上，在以贫苦农民（农奴）占优势的前提下，允许除少数反动上层分子外的小土司、土官、小喇嘛参加政权，具有下层统一战线的性质。在隶属关系上，它属于中华苏维埃共和国西北联邦政府，是以联邦形式实现自决自治主张的最初实践。格勒得沙中央革命政府主要负责人是当地藏族积极分子中选拔出来的干部，规定了嘉绒语为国语，并制定了国歌，体现了民族区域自治的某些基本特征。各县人民革命政府内分设粮食、宣传、妇女、少共、内务、土地等部，并直接领导全县各区、乡人民政府的工作。

建设革命政权、土地革命和武装斗争是共产党领导下工农武装割据的基本内容。党的各级组织为了切实加强对建立少数民族革命武装的指导，曾对部队发出指示："在番民回民中应当具体建立番民游击队、回民游击队、番人红军、回民红军、红色骑兵、人民自卫军等，不但领导他们打汉官、发财人，同时要领导他们打本族的反动土司、头人和发财人。在斗争中扩大这些武装，应当发动大批番民、回民参加红军。"藏族地区长期以来就实行"寓兵于民"的军事制度，许多土司、头人都有一定数量的武装；长期的部落社会，形成了有一定战斗力、规模不等的部落武装。鉴于这种情况，红军曾规定"对于番族中原有的武装组织，只要他们赞助番族的独立解放，愿意打国民党军阀，我们可和他们建立有条件的联盟，派人到里边工作，逐渐转变他里边的领导成分，并加强对里边的政治训练"；同时"设法选择穷苦番人中的积极分子到红军大学受训锻炼，培养成番人军队中的干部"。在红军帮助下，金川根据地组建了番民骑兵队、回民独立连、格勒得沙革命军、金川独立师等少数民族革命武装。其中金川独立一师建于绥靖，金川独立二师即丹巴藏民独立师，均隶属金川省军区。

在红军筹集给养时，红军和苏维埃政府采取的办法是：一打（打土豪、劣绅），二借（向有粮户借），三换（用银元或烟土），四没收（没收国民党军队溃退时来不及带走的粮食）。

动员青壮年参军，补充红军兵源是各级苏维埃支援红军的重要任务。

博巴人民共和国中央政府在甘孜成立后，宣布加入中华苏维埃共和国西北联邦政府，成为其成员国，实践了党帮助少数民族独立解放、以联邦制形式贯彻民族自决自治的主张。它是我党在少数民族问题上早期的主张，有其历史的必要性、合理性和局限性，也表明我党在如何正确解决国内民族问题方面，有一个不断探索、不断成熟、不断完善的过程。

博巴中央政府从组成人员看，是以藏族僧俗上层人士为主的抗日民族统一战线性质的藏族自治政府。博巴中央政府的主席、副主席，政府机构的主要负责人，都是大土司、大头人。德格土司担任主席，孔萨土司德钦旺姆、麻书大头人、格达活佛担任副主席。在9个政府部级机构中，德格土司的大管家夏克刀登任军事部长，藏区巨商邦达多吉担任财政部长。邦达多的亲信、诺那活佛的副官海正涛则担任了博巴自卫军司令。此外，还有很多藏族青年参加博巴政府的工作。扎西旺徐曾担任博巴政府骑兵警卫连连长。与嘉绒地区一样，在康巴地区参加红军的藏族青年，也有5000多人。

在县和县以下博巴政府中，则不仅容纳了联合红军"兴番灭蒋"的上层人士，而且吸收了较多的藏族劳动群众、宗教界的代表参加政府工作。如灵雀寺格西觉洛、寿灵寺祈愿大法会住持益西多杰、下瞻土司曲葛·巴登多吉、甘孜麻书土司所属大头人邓达结等，都分别担任了本县博巴政府主席职务。雅江、泰宁比较特殊，没有上层人士参加政府的工作。道、炉、甘、瞻四县博巴政府的副职，都由当地劳苦大众的代表担任。

博巴人民共和国中央政府和各县政府的组建工作，充分吸取了金川根据地格勒得沙共和国各级政府组建中的经验教训。四方面军在康北总结金川工作经验时指出："在格勒得沙的各级政府中完全不允许有一个富裕的番人"，其结果是格勒得沙政府没有成为完全"名符其实的政权"，"无法发挥番人的积极性和创造性"。博巴政府的组建过程较完整地贯彻了党中央关于建立广泛的抗日民族统一战线的策略路线，实现了红军与民族、宗教上层人士及各阶层在抗日反帝反蒋基础上的联合，使康北成为新型的革命根据地，初步实现了民族平等与民族团结、民族自治。康北根据地呈现出稳定、团结、生机蓬勃的局面。就连当时国民党出版的书刊中也指出红军在康北"大肆提倡僧俗合作，四处宣传不杀人，不改西康人民习俗，保护喇嘛寺，商人照常做生意，一律保护"。连反动派也不得不承认，红军的这些做法，"深得藏人欢迎及拥护"。

1936 年 8 月 15 日，原红三军副政委杨尚昆在《西北斗争》第 108 期上发表了《全国主力红军大会合》的文章。文中说："我们的足迹踏遍了半个中国！无论敌人如何围追堵截，终于不能消灭我们，而我们终于到达了西北新地区。这也是因为我们在万里长征中获得了群众的爱戴和拥护。……不仅汉人这样热烈地拥护我们，就是藏、回、蒙、苗等少数民族，也向我们表示欢迎，甚至加入红军。这证明：红军不仅是汉人的军队，它同时是中国境内其它民族的军队，它是为着中国境内各个民族的独立自由而斗争的。"

红军不仅是国内被压迫阶级自己的军队，也是国内各个被压迫少数民族自己的军队。红军在长征进入藏区后，帮助藏族人民建立了博巴政府和自己的武装，实现了民族的平等和团结；红军实行宗教信仰自由，保护喇嘛寺，尊重藏族人民的风俗习惯，得到了藏族人民的普遍爱戴和拥护。红军在藏族地区实行抗日统一战线新策略，放宽了对土司头人和上层喇嘛的政策，又有效地争取到了民族上层人士的支援和帮助。这一切，都使红军长征在藏区期间，得到了藏族人民的巨大帮助和支援。

红军长征在藏区所面临的一个最大、最迫切的问题就是粮食供给问题。康区地处高原，土地贫瘠，物产不丰，人口稀少，粮食和物资十分匮乏。

红军的粮食供应，一靠红军自己筹集，二是靠广大群众支援。而这两个筹粮途径的基础都是群众，只有争取到了群众的支持和拥护，才能解决这一对红军生死存亡攸关的大问题。为了争取群众，红军制定的筹粮原则是："不光解决部队中的粮食，还要解决群众的粮食困难"，因而要求各部队及后勤部门：务必"节约粮食，预算粮食开支"。不仅"要好好想办法去收集（粮食），而且要群众喜欢。要在政治上给他一个好好的宣传解释，要有组织地去收集。要利用群众去收集，要经过政府力量去收集，党要领导政权和群众去收集"。

由于红军在筹粮工作中始终坚持了对群众做深入细致的宣传解释工作，动员群众，依靠群众，争取群众的理解和帮助，并力求做到节约粮食开支，尽量减轻群众负担，保障群众基本生活需求，严格执行筹粮纪律，不烧、不杀、不抢，充分尊重藏族人民群众的民族习惯和宗教感情，这样就在一定程度上缓和了红军与民争粮的矛盾，从而获得了康区藏族人民的爱戴和拥护。"军爱民、民拥军"，藏区人民在极其困难的情况下，积极为红军筹集粮物，为红军的筹粮工作做出了最大的努力，做了力所能及的最大贡献。

红军长征进入藏区后，除粮食问题之外，遇到的另一大困难是语言不通和缺乏对藏区情况的了解。对此，藏族人民在提供翻译、向导等方面，给予了大量的支援。

今阿坝和甘孜地区是藏族聚居地区，藏族占居住人口的90%以上。藏文和藏语是当地的通用文字和语言，只有少数人懂汉文和汉语。红军进入阿坝和甘孜藏区，语言不通成为一大障碍。红军在进入藏区前，就十分重视学习藏族语言文字的问题，如李中权将军说："红军总部在1936年初曾电令驻丹巴的五军副军长罗南辉和大金省委，要求部队'干部要学番话，除加龙（即嘉绒）话外，更须学西番（即藏族）文字、语言，组织番话（藏话）训练班'。但事实上这并不是一件能立即做到的事。红军要筹粮吃饭，开展地方工作，宣传党和红军的主张，这些工作的开展，首先要解决的是语言沟通的问题。所以，红军部队到藏区后，每到一个地方，首先是要找翻译。翻译在藏区称为'通司'，即能懂汉、藏语言的人。红军对'通司'很重视。在当时红军传唱的歌谣中就有'要优待通司，学藏民语言，大家时刻执行并努力'的内容。在实践中，红军也十分优待通司，部队没有粮吃，也要保证通司的粮食。还专门给通司备有马匹。曾给红军当过翻译的道孚灵雀寺喇嘛边巴说：'红军首长对我们可好啦，刚开始我觉悟不高，不愿为红军工作，就找各种借口，说脚痛走不得路，生活不习惯等。红军首长一点不生气，耐心帮助教育，还从生活上关心我们。'"

红军到陕北不久，即1935年12月27日，毛主席在瓦窑堡党的活动分子会议上做了题为《论反对日本帝国主义的策略》的报告，对长征的意义，做了深刻的阐述，毛主席说："讲到长征，请问有什么意义呢？我们说，长征是历史纪录上的第一次，长征是宣言书，长征是宣传队，长征是播种机。自从盘古开天地，三皇五帝到于今，历史上曾经有过我们这样的长征么？十二个月光阴中间，天上每日几十架飞机侦察轰炸，地下几十万大军围追堵截，路上遇着了说不尽的艰难险阻，我们却开动了每人的两只脚，长驱二万余里，纵横十一个省。请问历史上曾有过我们这样的长征么？没有，从来没有的。长征又是宣言书。它向全世界宣告，红军是英雄好汉，帝国主义者和他们的走狗蒋介石等辈则是完全无用的。长征宣告了帝国主义和蒋介石围追堵截的破产。长征又是宣传队。它向十一个省内大约两万万人民宣布，只有红军的道路，才是解放他们的道路。不因此一举，那么广大的民众怎会如此迅速地知道世界上还有红军这样一篇大道理呢？长征又是播种机。它散布了许多种子在十一个省内，发芽、长叶、开花、结果，将来是会有收获的。总而言之，长征是以我们胜利、敌人失败的结果而告结束。"

新中国成立以后，红军在雪山草地撒下的火种，在整个藏族地区发芽、长叶、开花、结果，并取得丰硕的收获。①

---

① 以上材料来源：天宝、扎喜旺徐、杨东生、胡宗林等老红军访谈录，《甘孜州州志》、《阿坝州州志》。

第三章
老红军的回忆

　　在漫长的革命生涯中，使天宝、扎喜旺徐等老红军战士记忆深刻、难以释怀、萦绕于胸、心怀感激、心向往之、念念不忘的，还是在延安窑洞里听毛主席讲课，与毛主席一起摆龙门阵、议论藏民族的前途与命运，一起"打牙祭"的情景。那样的年代，那样的环境，那样的情意，那样的友爱，那样的氛围，在他们心灵深处留下的影响，是一般人难以感受，甚至难以理解的。

　　天宝（桑吉悦希）、扎喜旺徐、沙纳、杨东生（协绕顿珠）、王寿才、蒙特尔、袁孝刚等同志，都是经历过长征的老红军战士，党对这批藏族同志十分关心和爱护。长征胜利，到达延安后，党中央先后让他们到中央党校民族班和民族学院学习。据他们回忆，早在延安时代，毛主席、党中央就高瞻远瞩，在思考打败日本帝国主义、建立新中国后，应该采取什么样的一个政治制度和政治体制，既能维护祖国统一和民族团结，又能保障祖国大家庭内各少数民族当家做主的权利。在那样紧张激烈、艰难困苦的条件下，毛主席抽出宝贵的时间，与参加革命不久的少数民族红军战士一起，讨论这些重大问题。天宝、扎喜旺徐、杨东生、袁孝刚等同志经常满怀深情地回忆当时的情景。

　　天宝家并不宽敞、更不豪华的客厅东面的墙上，恭恭敬敬地挂着一幅毛主席像。这是在平常人家也都能见到的普普通通的毛主席标准像，没有华丽的装饰和时尚的裱糊，与房子的主人一样：朴实、自然、庄重、真诚，充分体现了天宝对毛主席发自内心的热爱和敬仰之情。

一说到毛主席，天宝就充满感情，有说不完的话题。对于天宝这样的老红军战士来说，他一生的革命经历，他的人生道路，乃至他的生命，与毛主席、与毛主席领导的伟大事业是密不可分的。而最受教益、最让人难忘的，还是在延安时代，在陕北高原的窑洞里度过的日日夜夜。

与同时代的许许多多藏族红军战士相比，与同时代的千千万万红军战士相比，天宝是幸运的。走过雪山草地，到陕北不久，就见到毛主席，聆听了毛主席的教诲，而且由于一个偶然的机会，由于毛主席的幽默与风趣，和蔼与慈祥，毛主席给他取了个名字。正因为这些原因，天宝比其他同时代的红军战士，与毛主席有了更多、更亲近的关系。

毛主席和其他中央领导同志经常到中央党校来讲课、做报告，那时，他们就能经常见到毛主席。毛主席和其他中央领导同志对民族班的学员给予特殊的关怀和照顾，天宝是班长，就向他了解学员们的情况，接触的机会就多一些。后来办了抗大，毛主席经常到抗大来做报告。毛主席的一些重要著作，先是在抗大讲课，然后再根据记录整理，加工修改，最后才正式发表。毛主席没有到民族学院讲过课，但中央对他们很关心，只要毛主席和其他中央领导同志到抗大做报告，一般都让民族学院的学生们去听。天宝回忆当时的情形说，实事求是地讲，当时我们就最爱听毛主席和周副主席做报告。毛主席讲话，深入浅出，生动有趣，总是有的放矢，针对性很强，还能与学员们交流，主席讲的是大家关心、大家想知道的事，所以就能引起大家的共鸣和兴趣。毛主席讲课时，所举的例子、所讲的事，都是大家熟悉，甚至亲身经历过的，听起来很亲切，很容易理解。毛主席做报告时，经常爱打比喻，打手势，以加强表现力，我们听起来更好懂，印象更深。当时我们这些少数民族学员，文化水平一般都不高，汉话也讲不好，讲深了我们听不明白。有的领导人说话口音很重，我们也听不懂。主席的湖南话，我们听惯了，听得懂，而且很亲切。

周副主席那时主要在南京和重庆工作，回延安，就在中央机关或抗大做报告，讲形势，讲外面的情况，也都是大家关心的事。周副主席讲话，也是通俗易懂，生动活泼，大家听得懂，听得明白。

毛主席做完报告，只要有时间，总要与学员们交谈。学员们也总是围着毛主席问这问那，十分热烈，也十分亲切。毛主席有时还特意与天宝等少数民族的学员们交谈几句，问他们听得懂听不懂？你们想知道什么？下次想让我讲点什么？毛主席还风趣地说：你们要是听不懂，不感兴趣，听了对你们没有什么帮助，下次我就不来了，你们另请高明吧。要不我辛辛苦苦备课，熬夜写讲稿，风尘仆仆跑来，讲得唇焦口燥，我自己累得要命，对你们又没有什么帮助，那又何苦呢？

毛主席还问天宝等人，你们愿意听什么？希望我给你们讲点什么？天宝还听见毛主席问其他同学，与他们亲切交谈，共同讨论一些大家关心的问题。后来才知道，那些同学可不是一般的学生，他们大多是各个部队、各个根据地的领导人，甚至是创始人，身经百战，具有丰富的革命斗争经验，不少人与毛主席很熟悉，是参加过秋收起义和井冈山斗争的老同志。

毛主席在与学员们交谈时说：讲话不看对象，不看效果，也不管别人听得懂听不懂，愿不愿意听，只顾自己讲自己的，这叫对牛弹琴。毛主席怕少数民族同志不能正确理解他的意思，产生误会，就解释说：我这不是骂你们。"对牛弹琴"，责任不在"牛"，而在弹琴的人，谁叫你不看对象，乱弹一气！这叫犯了主观主义的错误。弹琴要看对象，这叫寻求知音。讲话更要看对象，才能交流思想，交流感情，才能有共同语言。要不就讲不到一块儿。

天宝满怀深情地说，当时我只以为毛主席关心我们这些少数民族同志，担心我们听不懂。后来才慢慢体会到，主席这些话，看似简单平常，实际上却包含着丰富的内容、深刻的道理，也充分体现了主席亲自提倡的群众路线、群众观念，体现了调查研究、一切从实际出发的工作方法。使我一辈子受用不尽，后来我自己担任了一点领导职务，在做报告、与人谈话、办事情的时候，也十分注意这些，避免犯主观主义、教条主义和经验主义的错误。

天宝接着说：后来主席在讲《矛盾论》和《实践论》时，上升到理论的高度、哲学的高度，概括为动机与效果的统一论。我们共产党人，不但要有全心全意为人民服务，使国家富强、民族兴旺的善良愿望，还要有使各族人民获得实际利益，使国家真正富强、民族真正兴旺的好的效果。如果没有这样的好的效果，那我们就应该本着对人民高度负责的精神，进行反思，检查我们的工作，看在哪些地方出了毛病，是方针政策的原因？还是执行中的问题？一旦发现问题，就要坚决予以纠正。这就叫对人民负责。

一提到毛主席，天宝总是激情澎湃、热血沸腾，有说不完的话。天宝说，在延安的时间长了，我们的文化水平、汉语水平都有所提高，也熟悉延安的情况了，我们就到处跑，主席、总司令让我们到枣园他们的住处去，我们也大着胆子去了。那时我们是普通的学员，我们的任务就是学习，没有别的任务。到主席、总司令那里去，也是耍。现在回想起来，也真有点冒昧。可没有想到，主席和总司令对我们很热情。起初，警卫员可能是怕我们影响主席和总司令的工作，不让进院子，问我们有什么事？我们说：没有什么事，来耍。警卫员有点生气，说：你们这些同志真怪，哪里不能去？怎么跑到这里来耍?！我们老远跑来，见不到主席，也不甘心，一定要进去，争了几句，没有想到惊动了主席。主席从窑洞里出来，看到我们，笑着说："我的兄弟民族朋友们来了，快请进！"

警卫员有意无意地用身子挡住院子的门，不高兴地说："他们没有什么事，说是来耍的。"故意用四川口音把"耍"字拉得很长。主席反问他："他们为什么不能来耍呀？"也故意把"耍"字拉长。警卫员却严肃地说："延安这么大，哪儿不能去？偏偏跑到这里来耍？"主席也一本正经地对警卫员说："这就是你的不对啰！他们为什么不能到这里来耍？"说着就把天宝等人带进自己的屋子，还让警卫员给他们倒茶。

以后他们再到毛主席那里，警卫员也不挡了。天宝说，不但不挡，我们还成了好朋友。有时毛主席不在，或者有客人，或忙着写东西，他们就与警卫员、炊事员一起玩，帮他们打扫院子、种菜、做饭。有时主席还留他们吃饭。

后来天宝他们也懂点事了，知道主席领导着全国的抗战，每天要见很多人，非常之忙，就不敢去"耍"了。可是，长时间不去，毛主席却派警卫员去找他们。还问他们："为什么不来啊？""是不是我这里不好耍，没有你们民族学院和鲁艺那么热闹？"

有一次，毛主席特意派警卫员到民族学院去叫他们，还点名要天宝去。他们以为有什么事，赶紧跟着警卫员去。到了主席那里，毛主席高兴地说：今天我这里有好东西，我请你们"打牙祭"！原来是有人给毛主席送了一点猪肉，毛主席让炊事员做红烧肉，招待这些少数民族学员。这使天宝感到很意外，也很感动。没有想到主席这么关心我们，有一点好东西，就想到我们，还专门派人来叫。

天宝说，以后他们还去过好几次。天宝带着既惭愧、自责，又不无得意、自豪，并且怀着美好幸福的心情说："说起来，我们这些人也没有出息，那时延安供应困难，学校伙食不好，我们嘴馋，知道主席、总司令那里有好东西，就找个借口，去改善伙食，'打牙祭'。"

新中国成立以后，天宝担任各种职务，作为一位高级干部，有很多机会，出入各种场合，住星级宾馆，参加各种宴会。虽不能说是"美食家"，遍尝美味佳肴，但国内国外、中餐、藏餐，还有西餐，也都品尝过。这些食品，不能不说高雅，不能不说不上档次，不能不说不好吃，可是，都没有给天宝留下什么特别难忘的印象。

在以后漫长的岁月中，使天宝等人记忆深刻、难以释怀、萦绕于胸、心怀感激、心向往之、念念不忘的，还是在延安窑洞里毛主席请他们"打牙祭"时吃的红烧肉。那样的年代，那样的环境，那样的情意，那样的友爱，那样的氛围，在天宝等老红军战士心灵深处留下的影响，是一般人难以感受，甚至难以理解的。

有一段时间，毛主席把天宝、扎喜旺徐、王海民（彝族）等人叫去，让他们讲他们家乡的事，嘉绒地区的碉楼、康巴地区的藏式民居、凉山的寨子、西藏的庄园、西康的"锅庄"、彝族的山寨、藏族的农奴、彝族的奴隶（"娃子"）、藏族被称作"朗生"的家奴。还有地里种什么，老百姓吃什么，怎样吃，婚丧娶嫁、风俗习惯，毛主席都很有兴趣，问得很详细。毛主席对藏传佛教也十分关心。在这方面，天宝最有发言权，在他们当中，唯一一个当过喇嘛、住过寺院、懂得藏文、念过经书的，就是他。天宝说，主席问得很仔细，有些问题提得很深，他答不上来。他们谈得很随便，没有固定的题目，自己想说什么就说什么，谈得很热烈、很融洽，也很开心。他们觉得很平常、司空见惯的事，有时毛主席听得很认真，很感兴趣。毛主席用朱总司令的家乡话说，叫"摆龙门阵"。毛主席曾经对他们说："摆龙门阵"也是一种学问，通过"摆龙门阵"，可以学到很多平时学不到的东西。

毛主席对少数民族，主要是藏族和彝族的风俗习惯、婚姻状况、家庭和家族的组成情况，也十分感兴趣。当得知藏族有一夫多妻和一妻多夫的习俗时，毛主席很注意听，问得很仔细，如：为什么要搞一夫多妻？为什么又要搞一妻多夫？家庭怎样组合？谁当家？谁干活？经济利益怎样分配？一夫多妻制，在内地也有；但藏族地区的一夫多妻，与汉族地区军阀和地主老财娶几个偏房或姨太太的情况不同，毛主席就问具体的家庭情况。有一次，在谈到一妻多夫的家庭关系时，毛主席问天宝：他们之间争风吃醋吗？那时天宝还不懂什么叫"争风吃醋"，回答说："醋、酱油都吃，不过当地不产，都是从内地运来的，很贵，一般穷人吃不起。"毛主席听了哈哈大笑，指着天宝的鼻子说："到底是小喇嘛，不懂世俗的事情。"笑得天宝很不好意思，但也没有弄清主席为什么笑得那么厉害。很久以后，天宝才知道什么叫"争风吃醋"，主席为什么对一妻多夫制那么感兴趣。

原来，在这之前，毛主席并不知道藏族社会还有一妻多夫这种婚姻形式。民族学院开设"社会发展史"这一课程时，陈昌浩和张仲实来做报告，讲解恩格斯的《家庭、私有制和国家的起源》，还专门谈到藏族的一妻多夫制，恩格斯认为这是"一个特殊的例外"。那时，恩格斯的那部重要著作还未翻译成汉文，他们两位是根据俄文版进行宣讲。后来才知道，毛主席、张闻天和刘少奇等中央领导同志非常重视这部著作，请张闻天、陈昌浩、师哲、张仲实等同志给毛主席等中央领导讲读；并在抗大专门开了这门课，请陈昌浩和张仲实讲课，附带给民族学院讲。毛主席还指示胡乔木、陈伯达这些"秀才"专门学习、讨论。为此，陈伯达还曾到民族学院召开座谈会，了解少数民族的社会历史情况。据说，中央当时就组织陈昌浩、张仲实等同志翻译《共产党宣言》、《联共党史》和《家庭、私有制和国家的起源》等经典著作。《家庭、私有制和国家的起源》，上海有一位学者曾经从英文翻译过，但印数不多，影响也不大。在延安，由于战事紧迫，条件有限，恩格斯的这部著作，直到新中国成立后，陈昌浩任中共中央马恩列斯编译局局长，在他主持下，才重新从俄文翻译，正式出版。后来又由民族出版社翻译成藏文和其他民族文字出版。

多年以后，天宝、扎喜旺徐和协绕顿珠等人才逐渐意识到，主席是在通过"摆龙门阵"这种形式，在不经意之中，调查研究我国藏族、彝族、蒙族、回族等各少数民族的社会历史、风俗习惯和婚姻家庭等方面的情况；结合学习马恩列斯的经典著作，研究人类社会发展的历史这样的大课题，进而更深刻地理解马克思和恩格斯在《共产党宣言》里论述的"资本主义的灭亡和共产主义的胜利都是不可避免"的这一科学论断，进一步坚定日寇必亡、抗战必胜、中国革命必胜的信念。

学习的东西多了，尤其在参加延安整风以后，天宝等人才恍然大悟，原来主席不是没有事，同他们"摆龙门阵"耍，而是用这种特殊形式，在被日本侵略者和国民党反动派围困的延安这样一个特殊的地方，进行调查研究，研究中国的民族问题，探索我国各民族同胞翻身解放的道路，设计和规划建设新中国的蓝图。

有一次，毛主席与天宝、扎喜旺徐、沙纳、杨东生（协绕顿珠）、王寿才、蒙特尔等藏族学员"摆龙门阵"。毛主席一改过去轻松、风趣的态度，认真地问："我问你们一个问题：打败日本帝国主义，新中国成立以后，你们西藏怎么办？"天宝说："打倒土司头人、领主贵族，劳动人民彻底翻身解放。"毛主席高兴地点点头："好！好！"主席沉吟一下，说："光这一点还不够。"

扎喜旺徐说："办学校，发展文化教育，让孩子们都能上学。"参加革命，尤其在延安学习之后，扎喜旺徐深感自己年纪大了以后才学习，基础太差，无论怎样努力，也学不了多少；人家汉族同志，一来就是大学生，至少也是中学生，有的还是留洋归来，起点都很高；我们这些人，什么都得从头学起，十分吃力。他认为，革命胜利以后，再不能让我们的下一代人像我们这样。沙纳、杨东生、蒙特尔、袁孝刚等人都讲了自己的想法，有的说要盖商店，有的说要修路，有的说要用机械化种地，等等。

毛主席很有兴趣地听大家议论，不时插一两句，点拨一下。大家谈了不少问题，兴致也很高，但毛主席好像还不满意，又问他们："革命胜利后，少数民族同胞怎样当家做主，管理自己的事务？新的中国，应该实行什么样的国体和政体？"天宝说，当时他们都答不上来。天宝坦率地说："不知道。"他又补充一句："我们没有想过这些问题。"毛主席却严肃地说："不知道可以原谅，没有想过可就不对了。"

毛主席对他们说：你们的邻居（指印度），现在沦为英帝国主义的殖民地，属于英联邦。他们实行联邦制。革命胜利了，我们要把帝国主义势力统统赶出中国去，我们要完全的独立自主，中国再不做殖民地，也不做半殖民地，所以不搞联邦制那一套，不能受人家控制，中国的事完全要由中国人自己做主。美国是共和制，有几十个州，还有什么两党制，一个在台上，一个在台下，吵吵闹闹，好不热闹。好像很民主，但我看未必。美国的工人、农民、广大劳动人民就享受着充分的民主自由？他们与掌握着国民经济命脉的大资本家、大企业家享有同样的平等权利？他们投了票，就算数？我有怀疑。

毛主席接着说：苏联是社会主义国家，我们以后也要走社会主义道路。这一点是肯定的。他们也有很多民族，他们实行加盟共和国制，有一点联邦制的味道，叫联盟制吧！这方面乌兰夫是专家，他到过苏联，懂得多，你们可以向他们请教。我们中国怎么办？社会主义的道路、原则和方向，各个国家都应该是一致的。但是，各个国家的具体情况不同，恐怕不能照搬照抄别的国家的做法，即便是社会主义国家的成功经验，也不能完全照搬照抄，否则就会犯教条主义的错误。我们的党，吃教条主义的亏是很大的，给革命事业造成很大的损失。你们知道吗？接着，主席给他们讲教条主义给中国革命造成的严重危害。

毛主席强调说：我们现在在全党搞整风运动，就是要进行一次普遍的马克思列宁主义教育，纠正和克服教条主义。

毛主席问几个少数民族学员："你们说，以后我们是搞联邦制？邦联制？加盟共和国制？还是从我们中国的实际出发，实行一种比较符合中国国情的政治制度，走我们自己的路？"这个问题太严肃、太重大，学员们都回答不出来，一阵冷场。毛主席环视大家，亲切地说："说说你们的意见，说错了也没有关系，大家可以讨论嘛！"学员们互相看看，还是没有人说话。天宝想了想说："我们跟主席走。主席说怎么好，我们就怎么办。"毛主席轻轻摇摇手："不能这么说，真理在谁的手里，大家就跟他走。"

天宝记得主席还对他们说："民族学院的学生应该研究这些问题，要不以后革命胜利了，怎么管理自己的国家？怎么处理好国内民族问题？回去给乌兰夫同志讲，你们学校的领导、老师、学生都应该学习，应该讨论。"

这些问题当时对天宝他们来说，还太深奥，理解不了。毛主席一再对他们说：不知道没有关系，可以原谅，可以学习，从不知道到知道，从知之不多到知之甚多，总是有一个过程。但是，不学习、不思考，就不对了，我给这些同志送一个雅号，叫"思想懒汉"。主席问天宝他们：你们谁愿意做思想懒汉？谁想戴这顶帽子？我可以双手贡奉。毛主席举起那双巨大的手，做出贡奉的样子。天宝赶紧说："主席，我们不做思想懒汉，我们不要戴这顶帽子。"毛主席高兴地说："这就对了，别的人我管不了，我希望你们几位，还有民族学院的其他同志，不要做思想懒汉，而要做学习模范。"

还有一件事，给天宝、扎喜旺徐、协绕顿珠等人的教育很深，思想上触动很大。民族学院开办不久，来了一位新老师。说是老师，年纪并不大，与他们是同龄人，他就是牙含章同志。牙含章一到学校，就主动与藏族学员们联系，对西藏的情况很熟悉，也很关心。后来才知道，牙含章同志是党派到西藏，专门研究西藏问题的。牙含章是甘肃临夏人，抗战开始后，与千千万万热血青年一样，满怀报国热情，来到革命圣地延安，想投身于抗日救亡的伟大斗争。但是，完全出于牙含章意料的是，与他同来的青年，有的上了前线，有的上了抗大或其他学校，早晚也能上前线；组织上却让他一个人留下，决定派他到西藏，全面学习和研究西藏的政治制度、社会历史、宗教文化，重点是西藏的宗教。牙含章一点思想准备也没有，别的同志都到烽火连天的抗日前线，怎么让我一个人到遥远偏僻而又十分陌生的雪域高原去？我一个人去，又能干什么？有什么意思？

牙含章想不通、不理解，组织上对他进行说服教育，具体布置任务。1938 年下半年，在全国掀起全面抗战的高潮中，经党组织联系，牙含章跟随黄正清的马帮，以黄正清汉文秘书的身份，到了拉萨。前面谈到，黄正清，藏名叫阿巴阿乐，原西康省理塘县人，是安多地区最大的活佛之一、拉卜楞寺寺主第四世嘉木洋活佛的哥哥，在甘肃省甘南藏区很有影响，是一位地方实力派，长征时期，就与红军有过交往。为了深入了解藏传佛教的真谛和寺院的组织机构、教规教义，经黄正清介绍，牙含章削发为僧，在哲蚌寺当了一名喇嘛，成为哲蚌寺历史上为数不多的汉人喇嘛之一。在拉萨和哲蚌寺住了几年，学了不少东西。后来他的身份被西藏当局发现，加之长期与组织失去联系，不但安全没有保证，工作也不好开展，就跟随黄正清的马帮回到甘肃，又辗转来到延安。组织上让他到民族学院，一面教学，一面继续研究西藏问题，后来成为我党第一位研究西藏问题的专家。新中国成立以后，1952 年初，牙含章被西北军政委员会派到班禅行辕任副代表，护送十世班禅回他的故乡日喀则。后来任中共西藏工委委员、第一任工委秘书长兼统战部副部长。以后又根据西藏工作的需要，专门从事藏学研究，撰写了《达赖喇嘛传》和《班禅额尔德尼传》，成为新中国藏学研究的经典之作。"文化大革命"结束后，任中国社会科学院民族研究所所长，为拨乱反正、发展我国的藏学研究事业和民族问题的研究，作出了新的贡献。

后来牙含章自我调侃说："我这个三八式干部，满腔热情地来到延安，本想上前线，参加抗日救亡，杀敌报国。可是，抗战八年，我没有见过一个日本鬼子，没有放过一枪。实在是很遗憾。"其实，牙含章同志不必遗憾，他做了一件意义十分深远的事业。

三路红军冲破国民党几十万大军的围追堵截，长驱两万五千里，到达陕北时，不到两万八千人。日本帝国主义大举进攻，占了半个中国；国民党蒋介石的几十万大军层层包围，红军被围困在地瘠民贫的陕北高原，外无援兵，内缺粮草，更缺枪支弹药。在外界看来，红军在这弹丸之地很难生存下去，还奢谈什么发展？蒋介石咬牙切齿地叫嚷要消灭共产党和工农红军，恨不得把共产党和他领导的工农红军从中国的版图上抹掉。蒋介石诅咒发誓：不消灭共产党死不瞑目。有人狂妄地叫嚷：彻底消灭共产党和工农红军，只是时间问题而已。就是在这样严峻的形势下，共产党和工农红军坚定地相信自己的事业是正义的。而正义的事业必将取得最后的胜利。因此，在日伪、国民党百万大军层层包围的险恶环境下，党中央、毛主席在与穷凶极恶的法西斯强盗浴血奋战的同时，在延安阴暗狭窄潮湿的窑洞里，在忽明忽暗的煤油灯下，描绘着建设新中国的美好蓝图，规划着解决包括西藏问题在内的国内民族问题的最佳方案。在这些年轻的少数民族红军战士面前，展示了新中国灿烂辉煌的前景。

什么叫高瞻远瞩、远见卓识？什么叫无产阶级革命家的博大胸怀和英雄气概？天宝、扎喜旺徐、协绕顿珠、胡宗林（藏族，原西藏自治区人大副主任）等人从自己身边发生的事情，从牙含章这样一个具体事例，受到一次最深刻、最实际的教育。从那时起，牙含章与天宝等人成为亲密无间的好同志、好朋友，在各自的岗位上为圆满解决西藏问题、建设社会主义新西藏，为祖国统一、民族团结、各族人民的繁荣发展，作出了自己的一份贡献。

有一段时间，毛主席经常叫天宝他们去"摆龙门阵"，后来才知道，毛主席正在主持与我们党内著名的历史学家范文澜等同志编写《中国革命与中国共产党》这部重要著作。

开篇第一章《中国社会》第一节《中华民族》里，对"中华民族"的含义，做了全新的阐述。文章一开始便用诗一般的语言，描述了我们伟大祖国辽阔的疆域和丰富的物产：

> 我们中国是世界上最大国家之一，它的领土和整个欧洲的面积差不多相等。在这个广大的领土之上，有广大的肥田沃地，给我们以衣食之源；有纵横全国的大小山脉，给我们生长了广大的森

林，贮藏了丰富的矿产；有很多的江河湖泽，给我们以舟楫和灌溉之利；有很长的海岸线，给我们以交通海外各民族的方便。从很早的古代起，我们中华民族的祖先就劳动、生息、繁殖在这块广大的土地上。

文章接着说：

> 我们中国现在拥有四亿五千万人口，差不多占了全世界人口的四分之一。在这四亿五千万人口中，十分之九以上是汉人。此外，还有蒙人、回人、藏人、维吾尔人、苗人、彝人、僮人、仲家人、朝鲜人等，共有数十种少数民族，虽然文化发展的程度不同，但是都已有长久的历史。中国是一个由多数民族结合而成的拥有广大人口的国家。

毛泽东强调指出：

> 中华民族不但以刻苦耐劳著称于世，同时又是酷爱自由、富于革命传统的民族。……中华民族的各族人民都反对外来民族的压迫，都要用反抗的手段解除这种压迫。他们赞成平等的联合，而不赞成互相压迫。在中华民族的几千年的历史中，产生了很多的民族英雄和革命领袖。所以，中华民族又是一个有光荣的革命传统和优秀的历史遗产的民族。①

大家知道，毛主席是湖南人。湖南也是一个多民族聚居的省份。但是，从毛主席的经历和革命生涯来看，从青少年时代到 1934 年 10 月，

---

① 《毛泽东选集》合订本，第 584～585 页。

中央红军开始长征前，毛主席基本上没有到过少数民族地区，甚至也没有去过他的故乡湘西少数民族地区，基本上没有接触过少数民族同胞，也没有研究过民族问题。实事求是地说，毛主席也没有阅读和研究过革命导师马恩列斯经典著作中关于民族问题的理论，一个重要原因是，这些文献当时还没有翻译成汉文。这一点可以从毛主席自己的著作、读书笔记、传记和有关的党史资料中得到印证。

长征是个巨大的、有重要历史意义的转折。

在长征途中，毛主席、周副主席、朱总司令和他们率领的红军，在极其艰难困苦的条件下，以坚忍不拔的毅力，用自己的双脚丈量了祖国大地，对祖国领土的辽阔广袤，对祖国山河的壮丽秀美，对各族人民的勤劳智慧，都有了最真切、最实际、最深刻的感受。长征途中，经过悲壮的湘江之战，激战五昼夜，与数倍于我的敌人进行殊死搏斗，给予追剿的国民党军队以沉重打击，红军也付出了极为惨重的代价，伤亡惨重，血染湘江，尸横遍野。这时的中央红军已从出发时的 8.6 万人锐减到 3 万多人。

湘江战役的严重失败，事实上宣布了左倾冒险主义路线的破产。惨重的失败和血的教训教育了中国共产党和红军的领导人。红军渡过湘江以后，一路向西前进，进入贵州境内。1935 年 1 月，红军攻占遵义城，召开了具有重大历史意义的遵义会议，终于结束了"左"倾路线的错误领导，确立了毛主席在全党的领导地位。

毛主席受命于极其危难的严峻时刻，又面对丧失根据地、孤军作战的空前艰难的形势，表现出一位卓越的革命领袖非凡的才智、勇气、胆识和坚毅，充分发挥了他指挥战争的高超艺术，与国民党、蒋介石展开了一场斗智斗勇的殊死搏斗，从而使中国革命化险为夷，转危为安，从低谷走向高潮，夺取一个又一个胜利，直至创建新中国。

湘江战役之后，毛主席和红军的领导人认识到红军已经不可能到国民党、蒋介石统治相对稳固的城市和交通要道寻求发展，只能转移到交通闭塞、国民党统治相对薄弱、穷乡僻壤的大西南和大西北地区，寻找立足之地，徐图发展。

交通闭塞、穷乡僻壤的大西南、大西北，绝大部分地区是少数民族地区。毛主席和他领导的工农红军进入少数民族地区，同时也就与少数民族同胞有了广泛的、直接的接触，这就促使他们不能不考虑和研究民族问题，寻求解决民族问题的正确途径。这既是夺取中国革命胜利的客观需要，也是共产党和红军自身生存和发展的迫切需要。

遵义会议以后，摆脱国民党、蒋介石几十万军队的围追堵截，走向胜利之路，充分显示毛主席无与伦比的军事天才、生动地体现红军将士艰苦卓绝奋斗精神的四渡赤水、巧渡金沙江、飞夺泸定桥、彝海结盟、爬雪山过草地，都发生在少数民族地区。中央红军结束长征的最后一仗，即勇夺腊子口战役，也发生在藏族地区。腊子口在今甘肃省甘南藏族自治州迭布县境内。"腊子"，藏语，是祭祀山神的地方，与蒙古族的"敖包"相似。在藏族同胞的直接帮助下，中央红军打了一个漂亮的攻坚战，胜利结束长征。

山高路远坑深，大军纵横驰奔。谁敢横刀立马？唯我彭大将军。

这首诗是毛主席在陕北吴起镇地区获悉彭德怀指挥红军打垮了马鸿逵、马鸿宾骑兵的捷报后，怀着赞佩的心情写下的，充分表达了毛主席无比喜悦的心情。这是毛主席在长征途中写下的最后一首诗。

与毛主席写的另一首诗相比较，可以清楚地看出毛主席心情的变化。1935 年 2 月，毛主席写了一首词《忆秦娥·娄山关》：

西风烈，长空雁叫霜晨月。霜晨月，马蹄声碎，喇叭声咽。雄关漫道真如铁，而今迈步从头越。从头越，苍山如海，残阳如血。

中央红军浴血奋战，历尽千辛万苦，流血牺牲，于 1935 年 1 月 7 日深夜袭占遵义城。1 月 15 ~ 17 日在城里召开了具有重要历史意义的遵义会议，取消了博古、李德的最高军事指挥权，同时选举毛泽东为中央政治局常委。会后，又由毛泽东、周恩来、王稼祥组成三人军事指挥小组。1935 年 1 月 19 日，中央红军离开遵义挥师北上，经娄山关、桐梓而西渡赤水河进入川南，计划在泸州和宜宾之间北渡长江，到川西创建根据地。但因土城一仗红军受挫，未能如愿。于是毛主席果断地放弃北渡计划，命令红军改向云南东北边境的扎西（今威信）集结。但由于蒋介石此时已调重兵从三面迫近扎西，企图截堵红军。于是毛主席又决定出敌不意，立即折返遵义。2 月 18 日至 19 日，红军二渡赤水河，24 日攻占桐梓，25 日再克娄山关，28 日重占遵义。

再克娄山关，二取遵义，是遵义会议之后，实践毛主席军事战略指挥所取得的第一次具有重要意义的胜利。这种胜利，是在极其艰难困苦的情况下取得的。这首词悲壮苍凉，声情激越。毛主席从娄山关迈步而过时，站在山顶上放眼西望，那望不尽的山峦起伏，就好像无边无际翻腾着的大海波涛；而那快要落山的夕阳，则像烈士的血那样鲜红。这幅画面有其雄奇、磅礴、壮美的一面，但同时，也包含着崎岖、艰难、悲壮、沉重、流血、牺牲的一面，是悲喜、悲壮等复杂情愫的结晶。著名诗人臧克家说："整首词的气氛是壮的，可是这壮里也多少带一点凄凉的意味。"20 多年后，1958 年 12 月，毛主席在广州重读这首词时，以自注的方式深有感慨地说："万里长征，千回百折，顺利少于困难不知有多少倍，心情是沉郁的。过了岷山，豁然开朗，转化到了反面，柳暗花明又一村了。以下诸篇①反映了这一种心情。"

---

① 指《长征》、《昆仑》、《六盘山》以及《给彭德怀同志》。

　　这一时期，中国共产党和他领导的工农红军，处于最艰难的时刻。在这之前，毛主席和中国工农红军没有进入少数民族地区，没有进入藏族地区，没有接触过少数民族同胞，更没有接触过藏族同胞。遵义会议以后，毛主席开始接触少数民族同胞，思考民族问题，寻求解决国内民族问题的正确途径。而天宝、扎喜旺徐、协绕顿珠和他们同时代的少数民族红军战士，对此具有重要意义和作用。

　　共产党、毛主席领导的工农红军进入少数民族地区，主要是彝族和藏族地区的过程，也是中国革命化险为夷，转危为安的过程，从此使中国革命从胜利走向胜利，直至打倒蒋介石，建立新中国。在这一过程中，彝族人民、藏族人民和其他少数民族同胞作出了重大贡献，也付出了巨大牺牲。这一点，给毛泽东、周恩来、朱德、刘少奇、张闻天和共产党、工农红军的其他领导人以深刻印象。在延安，有了一个相对安定的环境，共产党便开始有组织、有领导地研究国内民族问题。毛主席无疑是他们当中最杰出的代表。

　　也许天宝、扎喜旺徐、协绕顿珠等人当时根本没有意识到，毛主席在研究国内民族问题，考虑如何解决这样一个重大的理论问题和现实问题的时候，天宝等人既是教育、培养的对象，又是调查、研究的对象，更是团结、依靠的对象，需要靠他们这批红军战士去贯彻执行共产党、毛主席制定的民族政策。新中国成立以后，毛主席广泛会见各民族的代表，进一步研究国内民族问题，在《论十大关系》和《关于正确处理人民内部矛盾问题》这两部新中国成立后最重要的著作里，毛主席都辟专章论述国内民族问题。与此同时，就西藏问题和国内民族问题发表了一系列重要指示和讲话。遗憾的是，在1957年反右派、1958年大跃进、1959年反右倾之后，一个政治运动接着一个政治运动，直至"文化大革命"，国内外政治局势发生一系列重大变化，毛主席再无暇系统地研究国内民族问题，他自己拟定的研究课题，也未能进行下去。

　　这样看来，延安时期，是毛主席一生中比较集中地研究和思考国内民族问题的时期。天宝和他的红军战友们是幸运的，毛主席、党中央在延安十三年。天宝和他的红军战友们基本上都在延安，亲自聆听毛主席的教诲，在延安窑洞里，毛主席以"摆龙门阵"、"打牙祭"的形式，与天宝等人纵论国内民族问题，描绘着新中国美好的蓝图。天宝等人直接受到毛主席、朱总司令、周副主席等领导人的教诲，他们是受教育、培养的对象，又是调查研究的对象。从某种意义上说，天宝等人自觉不自觉地参与了制定我党和我们国家民族政策的全过程；更是共产党、毛主席民族政策最忠诚的拥护者、最认真的执行者、最坚定的捍卫者、最热情的宣传者。

毛主席还把天宝等人介绍给国际友人。中国军事博物馆里有一幅照片，几位少数民族红军战士在亲切交谈，其中一位身材瘦长而个头稍高的是扎喜旺徐，个子较低、显得瘦小的是天宝。这张照片的拍摄者就是中国人民的朋友、美国进步作家埃德加·斯诺。毛主席指着天宝和扎喜旺徐等人，对斯诺说："别看他们现在是普通的学员，以后会发挥大的作用。"对天宝和其他的少数民族红军战士给予亲切关怀和殷切期望。

从毛主席的亲切教导、毛主席亲自制定的民族政策、毛主席伟大的革命实践，天宝和扎喜旺徐等人深切感受到：作为伟大的马克思列宁主义者，加之出身于劳动人民家庭的个人经历，毛主席对在旧中国反动阶级统治下，遭受阶级压迫和民族压迫双重苦难的我国少数民族同胞，怀着最深厚的同情，给予最亲切的关怀。

天宝和扎喜旺徐等人总是怀着无比喜悦的心情回忆延安时期的生活，回忆在延安窑洞里听毛主席讲课、与毛主席一起"摆龙门阵"、"打牙祭"的情景，他们满怀深情地说："在延安的日子，是我们一生中最幸福、最难忘的日子。"①

---

① 天宝、扎喜旺徐访谈录。参看降边嘉措著《老红军天宝的长征路》，四川民族出版社，2006；《藏族老红军扎喜旺徐》，《中国民族》2003 年第 11 期。

第四章
从十大政策到十七条协议

　　《协议》的签订，在藏民族发展的历史上，具有十分重要的意义；对我国统一的、多民族大家庭的发展，也具有深远的影响。

　　1949 年 10 月 1 日新中国成立后，就西藏来讲，当时最紧迫、最重要的问题是驱逐帝国主义势力出西藏，使西藏回到祖国大家庭的温暖怀抱，实现西藏的和平解放。同时，为实现民族区域自治，积极创造条件。

　　新中国是在旧中国的废墟上建立起来的。旧中国留下的烂摊子，满目疮痍，千疮百孔，百废待兴，百端待举。急需要办的事何止千千万万！但是，最重要的是需要一个和平安定的国际环境，防止帝国主义可能发动新的侵略战争，以便专心致志地进行经济建设。为此，毛主席亲赴苏联，与斯大林会谈。毛主席和他的随行人员是 1949 年 12 月 6 日离开北京，坐火车穿越俄罗斯大平原，横跨欧亚两大洲，于 16 日到达莫斯科。

　　与苏联同志的谈判，进行得并不太顺利。几天前，毛主席电召周恩来总理，来莫斯科参加谈判。与斯大林和苏联方面要商谈的事还很多很多。

　　但是，此时此刻，毛泽东主席深邃而睿智的目光已经超越莫斯科大平原，转向国内，转向 960 万平方公里的锦绣河山。使毛泽东主席感到欣慰的是：人民解放战争以国内外所有人，包括他本人和中共中央的估计还要快的速度（党中央原来估计需要五年左右的时间），仅用了三年多时间，就以雷霆万钧之力，摧枯拉朽之势，埋葬了蒋家王朝。另外，时时萦怀于胸的是：10月1日那一天，他亲手升起的五星红旗，还不能在我们祖国的三个地方飘扬：

东边，青天白日旗伴随着阵阵海风，在宝岛台湾上空索索抖动。

南边，号称"日不落帝国"的老牌帝国主义的米字旗，还插在香港；与其紧邻的澳门，也插着葡萄牙的旗子。这是殖民主义的产物。是腐败的清政府割地赔款、丧权辱国的恶果，是民族屈辱的象征。

在西南边境，那片世界上最高最高的地方，辽阔壮丽而又神奇的西藏高原，尚未解放。国内外有极少数心怀叵测的人，企图实施分裂祖国的罪恶阴谋。随着解放战争的节节胜利，这种分裂活动也紧锣密鼓，一时间闹得甚嚣尘上。

这不能不引起我党严密注意和高度警惕。

正因为这样，尽管毛主席日理万机，千头万绪，但是，西藏问题始终是他关心的一个重要问题。早在1949年8月6日，毛主席在给彭德怀和西北野战军的电报里，对兰州战役和进军大西北的作战部署做了周密安排的同时，对十世班禅问题做了专门指示，特别强调："请十分注意保护，并尊重班禅及甘青境内的西藏人，以为解决西藏问题的准备。"

根据毛主席的指示，第一野战军很快与客居青海塔尔寺的班禅及其行辕取得联系。10月1日，几乎是毛主席在天安门广场升起五星红旗的同时，班禅怀着无比激动的心情，从西宁向毛主席和朱总司令发出了致敬电：

> 钧座以大智大勇之略，成救国救民之业，义师所至，全国腾欢。……今后人民之康乐可期，国家之复兴有望。西藏解放，指日

可待。班禅谨代表全藏人民，向钧座致崇高无上之敬意，并矢拥护爱戴之忱。

11月23日，毛主席和朱总司令联名复电班禅：

> 接读十月一日来电，甚为欣慰。西藏人民是爱祖国而反对外国侵略的，他们不满意国民党反动政府的政策，而愿意成为统一的富强的各民族平等合作的新中国大家庭的一分子。中央人民政府和中国人民解放军必能满足西藏人民的这个愿望。希望先生和全西藏爱国人士一致努力，为西藏的解放和汉藏人民的团结而奋斗。

就在这一天，毛主席电令彭德怀，做好进军西藏的准备，"经营西藏问题请你提到西北局会议上讨论一下"。并强调指出："训练藏民干部极为重要。西藏问题解决应争取于明年秋季或冬季完成之。"

毛主席的电报是这样写的：

德怀①同志并告贺习刘②：

（一）复班禅③电略加修改即可发表。（二）经营西藏问题请你在西北局会议上讨论一下。目前除争取班禅及其集团给以政治改造（适当地）及生活照顾外，训练藏民干部极为重要。西藏问题的解决应争取于明年秋季或冬季完成之。就现在情况看来，应责成西北局担负主要的责任，西南局则担任第二位的责任。因为西北结束战争较西南为早，由青海去西藏的道路据有些人说平坦好走，班

---

① 德怀，即彭德怀，当时任中共中央西北局第一书记、第一野战军司令员兼政治委员。
② 贺，指贺龙，当时任中共中央西南局第三书记、西南军区司令员。习，指习仲勋，当时任中共中央西北局书记、西北军区政治委员。刘，指刘伯承，当时任中共中央西南局第二书记、第二野战军司令员。
③ 班禅，即十世班禅额尔德尼·确吉坚赞，西藏宗教领袖之一。

禅及其一群又在青海。解决西藏问题不出兵是不可能的，出兵当然不只有西北一路，还要有西南一路。故西南局在川、康①平定后，即应着手经营西藏。

……但西北局现在即应于藏民干部准备问题及其他现在即应注意之问题作出计划。你们意见如何，盼告。

毛泽东

十一月二十三日②

12 月 30 日，毛泽东在致中央的电报里，再次强调："进军西藏宜早不宜迟。"

根据毛泽东主席的提议，中共中央于 1949 年 12 月 31 日发表《告前线将士和全国同胞书》，祝贺 1949 年在各条战线取得的伟大胜利，并把"解放西藏"列为 1950 年的一项光荣战斗任务。

毛主席在苏联接到国内电报，电报向他汇报了解放西藏的准备情况，并提出了一些建议。新年伊始，有许多事情等待他处理。但是，西藏问题是个重要问题，必须由他亲自做出决策。

眼下正是严冬时节，尽管室内是暖融融的，室外气温却在零下 30 度左右，俄罗斯平原被厚厚的积雪覆盖。毛主席伫立窗前，神思飞扬。从俄罗斯的积雪，他仿佛看到了万里高原的崇山峻岭，皑皑白雪，从克里姆林宫的红灯看到了布达拉宫的金顶。于是展纸挥毫，亲自起草致中央的电文：

中央，德怀同志，并请转发小平③伯承贺龙三同志：

（一）德怀同志十二月三十日关于西藏情况及入藏路线的

---

① 康，指西康，旧省名，辖今四川省西部地区，1955 年撤销。
② 见《毛泽东军事文集》第 6 卷，军事科学出版社、中央文献出版社，1993，第 44 页。
③ 小平，即邓小平，当时任中共中央西南局第一书记、第二野战军和西南军区政治委员。

电报①业已收到阅悉。此电请中央转发刘邓贺三同志研究。（二）西藏人口虽不多，但国际地位极重要。……由青海及新疆向西藏进军，既有很大困难，则向西藏进军及经营西藏的任务应确定由西南局担负。（三）既然由西北入藏每年只有五月中旬至九月中旬共四个月时间可以通行，其余八个月大雪封路，不能通行，则由西康入藏之时间恐亦相同。而如果今年四月②中旬至九月中旬不向西藏进军则须推迟至一九五一年才能进军。我意如果没有不可克服的困难，应当争取于今年四月中旬开始向西藏进军。为此，建议：（甲）请刘邓贺三同志于最近期内（例如一月中旬）会商一次，决定入藏的部队及领导经营西藏的负责干部等项问题，并立即开始布置一切；（乙）迅即占领打箭炉③，以此为基地筹划入藏事宜；（丙）由现在（一月上旬）至四月中旬以前共三个半月内，被指定入藏的军队，应争取由打箭炉分两路，推进至西康、西藏的接境地区，修好汽车路或大车路，准备于四月中旬开始入藏；（丁）收集藏民，训练干部；（戊）闻西藏只有六千军队，而且是分散的，似乎不需要我在上次电报中提议的三个军，而只需要一个充足的军或四个师共约四万人左右的兵力，即已够用，惟需加以特殊政治训练，配备精良武器；（己）入藏军队可定为三年一换，以励士气。（四）进军及经营西藏是我党光荣而艰苦的任务。西南刚才占领，西南局诸同志工作极忙，现又给以入藏任务，但因任务重要，且有时

---

① 指 1949 年 12 月 30 日彭德怀给中共中央并报毛泽东的电报。电报说：由青海、新疆入藏困难甚大，难以克服。由打箭炉分两路，一经理塘、科麦，一经甘孜、昌都两路入藏，较青新两路为易。如入藏任务归西北，须在和田、于田、玉树屯兵屯粮，修筑道路，完成入藏准备，需要两年，且由南疆入后藏及由大河坝入前藏两路，每年只有四个月（即五月中旬至九月）能行，其余八个月因大雪封山不能行动。兰州、西宁两处，现有藏民训练班约三百人（系青甘两省藏民）。如入藏归西南军区担任，上述藏民训练班，将来可能争取部分送二野随军入藏。

② 这里的"四月"及下文的三处"四月"，均应为"五月"。

③ 打箭炉，今名炉城，为四川康定县县治。

间性，故作如上建议。这些建议是否可行，请西南局筹划电复为盼。

毛泽东

一月二日上午四时于远方①

元旦上午，苏联共产党中央委员会、最高苏维埃、部长会议联合举行盛大的团拜会，邀请毛主席及中国代表团参加，下午莫洛托夫、米高扬拜会毛主席，安排毛主席在莫斯科和列宁格勒参观的具体事宜。按照毛主席的习惯，晚饭后稍事休息，夜里开始工作。这就是说，毛主席在1950年所做的第一件事，就是部署解放西藏的有关事宜。

1月7日，根据中央的指示，二野电示第18军改在乐山、丹棱地区集结待命，张国华、谭冠三等速去重庆领受任务。

刘、邓于当天致电中共中央、毛主席，已确定由第18军担任进藏任务。毛主席当时还在莫斯科，正在同斯大林进行重要而又艰难的会谈。根据毛主席的建议，中央决定周总理率中国政府代表团访苏，并协助毛主席参加与斯大林的会谈。1月10日，周总理一行前往苏联。这是新中国成立后，派出的第一个高规格的政府代表团。毛主席以急迫的心情等待周总理的到来，以便尽快签订中苏友好互助同盟条约，请求苏联援助中国恢复和发展遭受战争严重破坏的国民经济。即使在这样的情况下，毛主席依然惦记着西藏问题。

毛主席关于解放西藏指示下达后，第一、第二两个野战军都在积极贯彻实施。更何况彭德怀、刘伯承、邓小平、贺龙都是统率百万大军、身经百战、智勇双全、功勋卓著的开国元勋，从我军初创时期开始，打过多少次硬仗、恶仗，经历过多少次艰难险阻，从未辱没使命，辜负党中央、毛主席的期望和重托。新中国已经成立，虽然还有不少困难，但情况不知比过去好多少倍！毛主席本可以一百个放心，可是他觉得事关

① 远方，指苏联。见《毛泽东军事文集》第6卷，第71~72页。

重大，不能不关心，不能不谨慎。

1月10日，也就是周总理率中国政府代表团离京前往莫斯科的当天，毛主席再次亲笔起草致中央的电文，再次对西藏工作做了重要指示：

中央并请转刘邓贺及西北局：

（一）完全同意刘邓一月七日电之进军西藏计划。现在英国印度巴基斯坦均已承认我们，对于进军西藏是有利的。（二）按照彭德怀同志所称四个月进军时间是从五月中旬算起，则由一月中旬至五月中旬尚有四个整月的准备时间（我前电①写成三个半月是写错了）。只要刘邓贺加紧督促张国华及十八军等部，在时间上是来得及的。（三）经营西藏成立一个党的领导机关，叫什么名称及委员人选，请西南局拟定电告中央批准。这个领导机关应迅即确定，责成他们负责筹划一切，并定出实行计划，交西南局及中央批准。西南局对其工作则每半月或每月检查一次。第一步是限于三个半月内完成调查情况，训练干部，整训部队，修筑道路及进军至康藏交界地区。有些调查工作及干部集训工作，需待占康藏边界后才能完成，并为促成康人内部分化起见，务希于五月中旬以前占领康藏交界一带。（四）关于西北局方面应协助之事项，请西南局与西北局直接遇事商定，并请西北局筹划各项应当和可能协助之事项，指导所属妥为办理。（五）关于中央负责之一部分侦察工作，请聂②令二局注意办理为要。

毛泽东

一月十日

---

① 指1月2日电。
② 聂，指聂荣臻，当时任中国人民解放军代总参谋长。

历史已经证明：毛主席的决策是非常正确的。历史同时也证明并将继续证明：毛主席在西藏问题上采取慎而又慎的态度，更是非常英明的，完全必要的。

1月18日，西南局向中共中央报告进藏工作计划及西藏工委组成名单。西南局提出："以张国华、谭冠三、王其梅（副政委）、昌炳桂（副军长）、陈明义（军参谋长）、刘振国（军政治部主任）、天宝（即桑吉悦希，藏族，全国政协委员）等7人为委员，张国华任书记，谭冠三任副书记。"1月24日，中央复电同意此名单。

2月20日，张国华赴重庆向西南局、西南军区汇报进军西藏的准备情况。

1950年3月4日，毛主席圆满结束在苏联的访问，返回北京。毛主席非常关切地询问进藏部队的准备情况及指战员们的精神风貌。对18军领导和广大干部战士积极领受任务、认真进行准备的正确态度和高昂士气，表示赞赏。当了解到部分干部战士中有些消极、畏难情绪，毛主席既表示理解，又非常严肃地指出："要告诉进藏部队的同志们，去西藏，对个人来讲，一点好处也没有，但大有益于国家民族。""是共产党员，要举起手来到西藏去。谁叫你们是共产党员！"毛主席强调指出："西藏这地方，我们不要，帝国主义还要。"

1950年1月11日上午，刘伯承在重庆曾家岩西南局会议室接见张、谭等18军师以上主要领导干部，传达命令。刘伯承以他惯用的沉稳而庄重的声音说："西藏这地方很不平常，困难多，也很艰苦，你们要做好充分的思想准备和物质准备。党中央、毛主席非常关心这次进军，我们要动员全野战军来支援你们。"接着，刘伯承让他们每个人都谈谈对进军西藏的看法和建议。

通过这次谈话，刘伯承心里有了底，对几位军领导的态度也感到满意。他用手推了推眼镜——作为刘、邓麾下的战将，他们都知道，这是刘司令员的一个习惯动作，每当他要做出一个重大决策，下达重要命令，总要扶一扶镜架，使眼镜戴得更舒适，仿佛要使决心更坚定，语言提炼得更精确。然后透过深度镜片，用舒缓而又庄重的语调说："这次是交给你们一个非常重要，非常艰巨，非常光荣的任务。党中央、毛主席决定 18 军担任解放西藏的任务。"

刘伯承在这里一连用了三个"非常"，神态严肃而庄重，显示了这次任务不比寻常。张国华、谭冠三等人意识到了自己所肩负的历史重任。作为一个革命军人，能够得到党中央、毛主席的信任，接受党中央、毛主席交给的任务，他们产生了一种从未有过的责任感、自豪感和光荣感。但在当时，西藏对他们来说，毕竟是一个很遥远、很陌生、很神秘的地方，与过去接受任务时不同，有一种沉甸甸的感觉。

刘伯承扫视了一下在场的人，目光落在张、谭身上，张国华英俊而潇洒，谭冠三沉稳而老练。他对着谭冠三，关切地说："这里除了我和你，他们几个都是三十来岁的年轻人。年轻人朝气蓬勃，脑子好使，手脚也灵活，又都是红军时期的，参加过长征……"王其梅站起来，刚要说什么，刘伯承向他招招手，示意他坐下，亲切地说："我知道，你在白区工作，没有参加长征，但积累了很多地方工作的经验，到了西藏，也非常有用。"谭冠三补充说："其梅同志是正牌的大学生，参加过'一二·九'运动，在军区领导里，文化水平最高。""好，好！"刘伯承点点头，接着说："国华同志是军事干部，但爱动脑子，肯学习，有学者的风度，政治家的头脑。冠三同志是政治干部，又懂军事，井冈山的老同志，长期参加革命战争，打过许多硬仗。你们几位懂政治，懂军事，又有较高的文化修养，是个很理想的班子。我准备叫你们挑重担子，就这么定了，好不好？"张国华、谭冠三等人"刷"地站起来，齐声回答："请司令员放心，保证完成任务。"

1 月 15 日，刘伯承和邓小平接见 18 军师以上主要领导干部，正式传达了党中央和毛主席关于进军西藏的命令。刘伯承说："毛主席命令今年进军西藏，这是现在民主力量与世界帝国主义斗争这个大的形势下做出的战略决策，势在必行，宜早不宜迟。迟则生变，夜长梦多。"
"结合西藏的地理环境和气候条件，毛主席要求我们在 4 月至 11 月内控
制全西藏。"

在会上，刘伯承、邓小平深刻阐述了进军西藏的伟大意义，邓小平
说：毛主席把经营西藏的任务交给我们，这是非常光荣的，也是非常艰
巨的，你们要做好充分的思想准备。他对谭冠三说：进军西藏的准备，
千条万条，政治思想工作是头一条。你这个政治委员，要负起责任，认
真做好。

邓小平讲完之后，刘伯承略一沉吟，与经历过长征的战友们一起，
回忆起当年路过藏族地区的情形。长征时，爬雪山，过草地，给刘伯承
留下了永生难忘的印象。历来性格内向、深沉、喜怒不外露的刘伯承，
今天却颇动感情地说："我们是在中国革命处于最危险、最艰难的时
候，到达藏区的。同志们知道，那时外有蒋介石几十万大军的围追堵
截，内有王明错误路线和张国焘分裂主义的干扰破坏，还有共产国际的
错误指导，情况非常危急。就在这最关键的时刻，藏族同胞热情地帮助
了危难中的共产党和工农红军，顺利走过雪山草地，摆脱了蒋介石几十
万大军的围追堵截，粉碎了张国焘分裂党、分裂红军的罪恶阴谋，从此
以后，在毛泽东同志的领导下，中国革命从一个胜利走向新的胜利，直
至全国解放，建立起人民自己的共和国。"说到这里，刘伯承略一停
顿，用右手扶了扶镜框，然后对着张国华、谭冠三说："藏族同胞为中
国革命的胜利，做出过重要贡献，这一点同志们务必牢记在心，永远也
不能忘记。"

刘伯承接着说："长征时，我们到过云南、四川、西康、青海、甘
肃等省的藏区，也就是说在金沙江以西地区，没有能够到西藏去。那里
没有党的组织，革命的影响也小一些，你们进去后，遇到的困难也会更
大一些。"刘伯承详细回顾了长征时经过藏族地区的情况，讲了历史上
的汉、藏民族关系。

邓小平接着说：司令员讲得很好，你们回去议一议，要深刻领会，认真贯彻。西藏是少数民族地区，政治、经济、文化等方面均有其特殊性，政策性很强。西藏同内地其他省份不同，有它的特殊性，你们要下工夫，认真研究它的社会历史、政治经济、宗教文化，以及地理环境、自然条件、交通运输等各方面的情况。你们要深刻领会毛主席的指示精神，政治重于军事，补给重于作战。就是说，解决西藏问题，军事和政治相比较，政治是主要的。从历史上看，对西藏多次用兵都未解决，而解决者亦多靠政治。政治问题极为重要，主要是民族区域自治，政教分离，团结达赖、班禅两大派。要靠政策走路，靠政策吃饭。政策就是生命。邓小平又说：你们可以组织一个班子，请一些专家，专门研究。①

在这里，邓小平把实行"民族区域自治"，作为一项重要内容提了出来。

为了全面贯彻落实毛主席关于"进军西藏，解放西藏"、"进军西藏宜早不宜迟"的战略决策，1950 年 3～4 月，中央民族事务委员会在京举办"藏族干部研究班"，培训干部。4 月 27 日，周总理就民族政策发表重要讲话，其中专门谈到实行民族区域自治问题。周总理指出：

关于民族政策。这一点是最切身的。中国各民族受帝国主义的压迫是没有区别的。我们各民族要团结起来，打倒共同的敌人。我们只有打垮共同敌人后，才能成为友爱合作的大家庭。打倒共同敌人时我们大家都用一点力量，决不能动摇，不然敌人又会再压在我们头上，他们仍会来扰乱我们的生产建设。西藏派出代表与我们商谈，我们是欢迎的，但驱除英帝国主义出西藏是最坚决执行的。解放军必须进入西藏，目的是赶走英美帝国主义势力，保护西藏人民，使其能实行自治，像内蒙古、新疆一样。我们要共同地、坚决

---

① 转引自降边嘉措著《雪山名将谭冠三》，中国藏学出版社，1996。

彻底地打垮共同的敌人，这是孙中山先生经过四十年获得的经验教训，这一真理是必须坚持的。

汉族和少数民族应该共同合作、团结，实现一个团结友爱的民族大家庭。

关于实现共同纲领中的民族政策问题。最主要的是民族区域自治。凡是少数民族都有自治权利，在统一法令之下，自己管理自己。我们在共同纲领第五十一条中提出应实行民族区域自治。大的如内蒙古自治区政府，将来解放西藏后，也要组织区域自治政府。实行民族区域自治，只有好处没有坏处。今天在我国大家庭中是希望团结的，惟一正确的方法是实行民族区域自治。若发现有的地区实行上有不正确的地方，各民族人民有权并有责任提出意见，因为今天的政府是各民族的政府。①

1950 年 6 月，赴西南地区的中央民族访问团到达重庆，邓小平在欢迎大会上发表重要讲话。邓小平在全面回顾了解放半年多来，西南地区在民族关系方面所发生的新发展、新气象，民族工作方面所取得的巨大成绩；接着专门谈了在藏族地区实行民族区域自治问题，他说：

那么，到现在工作做得够不够呢？现在已经出现了一系列的新问题，需要我们进一步做工作，否则就要出乱子。举例来说，共同纲领规定，各少数民族聚居的地区，应实行民族的区域自治。纲领宣布了，少数民族很高兴，在高兴的同时，就要问什么时候实行，如何实行。他们要求兑现。如果半年不兑现，一年还不兑现，他们就会不相信我们的政策。这个政治上的问题，不解决不行。我们党在历史上曾经遇到过这个问题，比如在内蒙古，这方面是有经验

① 引自中共中央文献研究室、中共西藏自治区委员会编《西藏工作文献选编》，中央文献出版社，2005，第16~17页。

的，在陕甘宁边区的北面，也有些经验。而在广大的新区，还没有经验，对许多干部来说还是个新问题。但是现在必须开步走，因为少数民族的要求是迫切的。在西康，有的代表人士甚至还想在实行区域自治时用"波巴政府"这个名字。现在这件事还没有谈好，不过一定要有一个他们满意的名字才行。西康有许多地名是汉人取的，我们叫惯了，不等于他们习惯。这还是一个名称问题，其他问题就更复杂了。比如康东过去划有县，有一二十年的历史了，现在实行民族区域自治，还保存不保存县呢？从发展前途看，保存县有好处，而且已经是习惯了的，但是他们赞成不赞成呢？有一个原则，他们不赞成就得取消，另外划。还有，在实行民族区域自治的时候，少数民族内部问题如何解决？有的过去打冤家，你打过来，我打过去。这主要是过去推行大汉族主义的反动统治阶级挑起来的，是大民族主义统治弱小民族的手段，但是他们内部也有很多利害关系。我们应该冷静地考虑这些问题，使他们团结起来，不要再打冤家。又比如实行民族区域自治，我们派不派干部？派是必要的，但一定要少而精，要派真正能帮助他们的干部，至于用什么名义，这要跟他们商量。我们的同志去工作，是一件苦差事，思想要搞通，要有一些愿意做这个工作的同志去那里工作。这一系列问题，牵涉到实行民族区域自治的政策。

今天我们在西南实行民族区域自治，首先开步走的应是康东，因为各种条件比较具备。第一，藏族同胞集中；第二，历史上有工作基础；第三，我们进军到那个地方后，同藏族同胞建立了良好关系；第四，那里还有个进步组织叫东藏民主青年同盟，有一百多人。有这些条件，就能马上去做工作。这是一个很大的问题，如果解决得好，可以直接影响西藏。其他地方也要积极创造条件去做，不能只停留在口号上。有些地方也可以先成立地方民族民主联合政府。比如大凉山是彝族聚居区，应该实行民族区域自治，但现在条件不够，这样的地区暂时只适宜于成立地方民族民主联合政府，这对他们更有好处。云南、贵州也是适合于成立地方民族民主联合政府的。还可以在联合政府下面，实行小区域自治，比如一个民族聚居乡。少数民族的事应该由他们自己当家，这是他们的政治权利。①

毛主席、党中央在决定解放西藏、完成祖国统一大业的同时，又制定了和平解放、和平进军的方针，为此做了一系列努力。

1950 年 2 月 25 日，刘少奇在代表中共中央给西南局的复电中提出争取和平解决西藏问题。中央指出："我军进驻西藏的计划是坚定不移的，但可采用一切办法同达赖集团谈判，使达赖留在西藏，并与我和解。"电报同意派志清法师赴西藏，说服达赖本人或其代表赴北京协商和平解决西藏问题，并指示"西南局、西北局可以物色适当人选，前往西藏"。

同年 7 月，根据中央的指示，青海省派出以当采·诺布（达赖喇嘛的大哥）、夏日仓、仙灵三位活佛为首的劝和代表团，西康省派出格达活佛，分两路前往拉萨。

5 月 29 日，中央批准了西南局拟定的同西藏地方政府进行谈判的基本原则，共 10 项条件，后被称为"十大政策"。即：

（一）西藏人民团结起来，驱逐英美帝国主义侵略势力出西藏，西藏人民回到中华人民共和国祖国的大家庭中来。

（二）实行西藏民族区域自治。

（三）西藏现行各种政治制度维持原状概不变更。达赖活佛之地位及职权不予变更。各级官员照常供职。

---

① 引自中共中央文献研究室、中共西藏自治区委员会编《西藏工作文献选编》，第 25～26 页。

（四）实行宗教自由，保护喇嘛寺庙，尊重西藏人民的宗教信仰和风俗习惯。

（五）维持西藏现行军事制度不予变更，西藏现有军队成为中华人民共和国国防武装之一部分。

（六）发展西藏民族的语言文字和学校教育。

（七）发展西藏的农牧工商业，改善人民生活。

（八）有关西藏的各项改革事宜，完全根据西藏人民的意志，由西藏人民及西藏领导人员采取协商方式解决。

（九）对于过去亲英美和亲国民党的官员，只要他们脱离与英美帝国主义和国民党的关系，不进行破坏和反抗，一律继续任职，不咎既往。

（十）中国人民解放军进入西藏，巩固国防。人民解放军遵守上列各项政策，人民解放军的经费完全由中央人民政府供给。人民解放军买卖公平。[①]

但是，中央人民政府争取和平解放西藏的努力，遭到摄政达扎为首的极少数亲帝国主义分裂主义分子的顽固拒绝。夏日仓、仙灵两位活佛到黑河后即被西藏当局软禁。格达活佛于 7 月 24 日到达昌都后亦被软禁，8 月 28 日不幸遇害身亡。这样，以达扎为首的极少数上层分裂主义分子，堵塞了和平谈判的大门。同时，将藏军主力部署于金沙江一线，企图用武力抗拒我军入藏。

在这种情况下，进藏部队不得不进行昌都战役。

1950 年 10 月 16 日，人民解放军开始进行昌都战役，噶厦政府苦心经营的金沙江防线，一夜之间即被突破，西藏东部重镇昌都宣告解放。24 日，昌都战役胜利结束。能战方能言和，昌都战役的胜利，打开了

---

① 引自《西藏工作文献选编》，第 19～20 页。

进军西藏的大门，也为和平谈判铺平了道路。

对昌都战役的胜利，党中央、中央军委给予高度评价。刘少奇副主席指出："昌都战役就象淮海战役，奠定了解放西藏的基础。西藏的革命是中国民主革命的继续，是两个阶级搏斗的必然结果。"

在西藏僧俗人民的强烈反对下，达扎被迫下台。根据三大寺及广大僧俗群众的请求，11 月 17 日，年仅 15 岁的达赖喇嘛开始亲政。1951年 2 月 27 日，达赖喇嘛宣布接受中央政府关于和平解放西藏的召唤，并于当天分别致函毛泽东主席、朱德总司令、周恩来总理，表示期望"达成好的协议"。不久，便派出以阿沛·阿旺晋美为首席代表的和谈代表团。

1951 年 4 月，西藏地方政府代表团前来北京。与此同时，十世班禅及其行辕的主要官员也到达北京。毛泽东对这次和谈非常关心和重视，一切重大问题都由他亲自决定，由周恩来和李维汉（时任政务院秘书长、中央统战部部长、中央民族事务委员会主任，和谈时任中央人民政府代表团首席代表）具体负责实施。

毛泽东与周恩来是亲密战友，风雨同舟、并肩战斗几十年，出生入死，艰难创业，共同缔造了新中国。毛泽东与李维汉的关系，也非同寻常。他们是同乡、同学，又是老战友、老朋友，早在学生时代，就与蔡和森等人共同创办新民学会，探索救国救民的道路。他们不但有共同的理想，共同的事业，私交亦甚好。周恩来与李维汉的关系也很密切，他们与邓小平、陈毅、聂荣臻等人一起留法勤工俭学，是中共旅欧支部的组织者和领导者之一。谈判开始前，毛泽东风趣地对周恩来和李维汉说："我不懂藏话，汉话也说得不好（指方音很重），虽不能说相貌丑陋，但也不太招人喜欢，不象二位，一表人才，风度翩翩。我是青衣，只能演老夫人，偶尔出出场，点拨一下；你们是花旦，可以扮红娘。这次西藏的客人，就由你们二位出面接待，少奇也同意我的意见。一定要在各方面照顾好，让人家感受到祖国大家庭的温暖，而不要觉得到了北京，受了冷落和委屈。那我们就对人家不住。"① 在统战部内，大政方针由李维汉掌握，具体接待工作和日常事务，由副部长刘格平负责。刘格平与乌兰夫同时兼任中央民委副主任。新中国成立初期，李维汉、乌兰夫和刘格平是党和国家在统战、民族工作方面的三位主要负责人。

熟读二十四史，对中国历史、对中国各民族关系史有着深刻了解的毛泽东，充分意识到西藏问题在国内民族问题上具有的重要地位和影响，同样，在国际上也有极其重要的地位和影响。由于历史的原因，西藏有它自己的特殊性，有许多不同于国内其他兄弟民族的特点。因此，对西藏问题，就应从实际出发，采取一些特殊的政策。

当时西藏面临的最紧迫的问题，还不是社会制度的改革，而是这样两个问题：

第一，正确处理中央政府和西藏地方的关系，驱逐帝国主义势力出西藏，使西藏回到祖国大家庭的怀抱。同时要消除历史上遗留下来的民族隔阂，主要是消除历代反动统治阶级实行民族压迫、民族歧视所造成的消极影响，实行《共同纲领》规定的以民族平等、民族团结为核心内容的马克思列宁主义的民族政策，加强民族团结，反对国家分裂，维护祖国统一，不断促进西藏社会的进步和发展。

第二，公平合理地处理好历史遗留问题，促进西藏民族内部，主要是达赖集团与班禅集团之间的团结。

对所有这些问题，毛泽东都站在历史的高度，高瞻远瞩、高屋建瓴地作了许多重要指示，成为这次谈判的指导思想和基本准则。

毛泽东同志在处理国内民族问题，尤其是西藏问题时，十分注意掌握两个基本原则，划清两个基本界限：

第一，维护祖国统一，反对国家分裂。

---

① 见降边嘉措著《周恩来与西藏的和平解放》，《纪念周恩来诞辰 100 周年文集》，中央文献出版社，2000。

我们伟大的祖国自古以来就是一个统一的多民族的国家。除去远古的传说，从有文献记载的历史来看，早在周朝，就建立了统一的中央集权的国家；到了秦汉时代，书同文，车同轨，这种统一的国家组织得到进一步巩固和加强。中华民族具有世界上任何其他民族所无法比拟的强大的凝聚力和向心力。五千多年来，风风雨雨，坎坎坷坷，分分离离，战乱频仍，烽火连天，改朝换代，政权更迭，血雨腥风，生灵涂炭，外敌入侵，列强横行，金瓯破碎，瓜分豆剖，各民族同胞历经折磨，饱受苦难。但是，在祖国大家庭内，各族人民经受了所有这一切磨难和考验。中国没有分裂。中华民族优秀的文化传统没有断绝，没有湮灭。不仅如此，经受了历史的风霜与洗礼，像凤凰涅槃，得到再生与升华，随着时代的发展变化，不断地得到充实，发扬光大，表现出强大的生命力。这在世界上是独一无二的，是我们中华民族的光荣与骄傲。

因此，中华民族的每一个优秀成员，都把维护祖国统一、加强民族团结、反对国家分裂与民族分裂，看做自己神圣的职责和高尚的情操。保卫祖国神圣领土，反对外敌入侵（尤其是反对帝国主义列强的侵略）的一切民族英雄，会受到各族人民一致的拥护、爱戴和歌颂。而背叛祖国、出卖国家利益与民族利益，投靠外国势力，充当卖国贼的汉奸、满奸、藏奸、蒙奸……以及其他一切丧失气节的民族败类，会受到各族人民共同的谴责和唾弃，成为千古罪人。

毛泽东同志是一位伟大的马克思主义者，一位伟大的国际主义者，同时又是一位伟大的爱国主义者。他是国际主义与爱国主义相统一论者。在他一生的革命生涯中，坚决地、毫不妥协地反对帝国主义侵略，他不怕压，不信邪，不畏惧任何庞然大物，不允许任何外国势力干涉中国内政。反侵略，反霸权，反强权政治，坚持独立自主，自力更生，自尊自强，是他坚定不移的政治立场和政治原则，同时也集中地体现了中华民族最可宝贵、最高尚的民族气节和道德情操。

西藏，是中国神圣领土不可分割的一个重要组成部分，绝不允许任何外国势力染指和干涉。在前面提到的电报中，毛泽东同志明确指出："西藏人口虽不多，但国际地位极重要，我们必须占领，并改造为人民民主的西藏。"这是坚定不移的方针，没有丝毫的犹豫和动摇，没有任何讨价还价的余地。

第二，反对民族压迫，实行民族平等。

在殖民地、半殖民地的旧中国，各少数民族人民，尤其是生活在社会最底层的广大劳动人民，他们身受阶级压迫和民族压迫的双重苦难。因此，毛泽东同志认为，在新中国成立后，在人民当家做主的国家里，中国共产党、中央人民政府，以及作为主体民族、处于主导地位的汉族人民，应该对各兄弟民族人民，尤其是过去受苦最深、处在社会最底层的广大劳动人民，给予更多的同情和爱护，关怀和帮助，而绝不能继续历代反动统治阶级的政策，对他们实行压迫和歧视。在处理国内民族关系方面，毛泽东提出，要反对两种倾向，即：既要反对大民族主义，主要是大汉族主义，又要反对地方民族主义。而重点应该是反对大汉族主义，因为他们是矛盾的主要方面。

民族压迫是因，国家分离、民族分裂是果。大民族主义是因，地方民族主义是果。从历史上看，在通常情况下，少数民族人民在祖国大家庭中，得不到应有的温暖和爱护，必然会产生离异思想和离心倾向。作为一位伟大的马克思主义者，毛泽东同志坚持了马克思主义的民族观，而与历史上一切反动统治阶级和剥削阶级彻底划清了界限，同时也与现代资产阶级的民族观、资产阶级民族主义划清了界限。毛泽东的这种思想，庄严地写进了他亲自主持制定的《共同纲领》，用法律的形式确定下来。

《总纲》第一条规定："中华人民共和国为新民主主义即人民民主主义的国家，实行工人阶级领导的、以工农联盟为基础的、团结各民主阶级和国内各民族的人民民主专政，反对帝国主义、封建主义和官僚资本主义，为中国的独立、民主、和平、统一和富强而奋斗。"

第九条规定："中华人民共和国境内各民族，均有平等的权利和义务。"①

这些规定具有极其深远的意义，在中国几千年的历史上，把各族平等、民族团结的原则，第一次庄严地写进了国家的根本大法。

在进行关于和平解放西藏的谈判时，自始至终贯彻了这一思想。由于清朝政府的错误政策和英帝国主义的挑拨离间，致使十三世达赖喇嘛和九世班禅失和，九世班禅被迫于 1923 年 11 月离开西藏，长期流亡内地。后来，十三世达赖土登嘉措曾多次表示希望九世班禅返回西藏，九世班禅也表示想返回故土。但因内地军阀混战，烽火连天，西藏政局也不稳定，加上噶厦政府和堪布会议厅之间矛盾重重，九世班禅始终未能实现自己的夙愿，最后忧愤交加，身染重病，于 1937 年 12 月 1 日在青海玉树圆寂。十世班禅被认选以后，也因种种原因，不能返回西藏。②

新中国成立以后，尤其在和谈期间，他们互相都有戒备，双方都十分注意共产党、人民政府对自己和对对方的态度。都担心中央偏袒一方，有亲有疏，有厚有薄。班禅方面担心中央为了争取达赖，为了进军西藏、解放西藏的大局，牺牲他们的利益。噶厦方面则担心中央把班禅作为自己手中的一个工具，与达赖抗衡，削弱达赖的影响和噶厦的势力，破坏西藏内部的团结。在他们看来，十世班禅是经过国民党政府认选的，新中国成立后，共产党立即予以承认。国民党同共产党势不两立，进行了 20 多年血与火的战争；但是，对付藏民时，汉人的利益，汉人的立场和政策总是一致的。因此，他们始终存有戒心。在当时的情况下，他们没有也不可能分清共产党与国民党之间的根本区别，没有也不可能分清无产阶级民族观与资产阶级、封建地主阶级民族观的根本区别。

---

① 《中华人民共和国春秋实录》，中国人民大学出版社，1992，第 2 页。
② 降边嘉措著《班禅大师》，《中华儿女》1989 年第 2 期。

　　为了消除双方的疑虑，加强西藏民族内部的团结，尤其是促进达赖和班禅方面的团结，遵照毛泽东的指示，中央人民政府在处理有关问题时，采取了极其慎重的态度，既考虑历史因素，考虑现实状况，更着眼于今后的发展，尽可能做到公允、合理，有利于西藏的团结、稳定、进步和发展。即便是迎来送往、请客会见等礼仪性活动，也做了周密安排，不刺激和伤害任何一方。

　　班禅和阿沛等到北京后，毛泽东决定接见他们，指示有关方面做出具体安排。但怎么接见？先见谁，后见谁？又是一个问题。最后，周恩来向毛泽东、党中央建议，当举国欢庆"五一"国际劳动节时，在天安门城楼上同时接见。这一建议得到毛泽东的首肯。

　　5月的北京，春光明媚，阳光灿烂。新生的共和国在取得一个又一个建设成就的欢歌声中，迎来了第二个国际劳动节。这一天，天安门广场人山人海，彩旗如林，歌声如潮，解放了的各族人民，满怀胜利的喜悦，庆祝劳动人民自己的节日。城楼上红灯高挂，红旗飞舞，许多领导人早早地来到城楼上，兴高采烈地看着沸腾的广场。他们当中有开国元勋，有人民解放军高级将领，有各民主党派的负责人，有各行各业的英模代表，有志愿军归国代表，有专程来京参加观礼的各少数民族的代表，还有一些兄弟国家的领导人。阿沛和班禅也早早地来了。阿沛由进藏部队司令员张国华陪同，班禅由范明陪同，陪同他们的还有李维汉部长。城楼上的一切礼仪活动均由中央人民政府秘书长林伯渠和典礼司司长余心清安排。大约在9点40分左右，余心清走进休息室，请阿沛和班禅到城楼上去，并对李维汉说："我们安排主席在大会开始后，在城楼上接见西藏客人，而不是在休息室。"李维汉知道，主席通常是在休息室会见贵宾。余心清是位民主人士，长期与共产党合作。他精明能干，被称为共和国第一位礼宾专家。他看着有些茫然的陪同人员，不无得意地说："这是最好的时间，最好的地点。"后来的事实证明，这位礼宾专家的精心安排，是非常有意义的。

　　上午 10 时，毛泽东、刘少奇、朱德、周恩来、宋庆龄、张澜、李济深、沈钧儒等党和国家领导人在热烈的欢呼声中登上城楼。彭真市长宣布大会开始。不久，余心清通知李维汉："请客人去吧！"在城楼上众多的领导人和贵宾当中，班禅和阿沛特别引人注目。班禅这一年才13 岁，在一般人眼里，还是个孩子。他一脸稚气，在饱经革命烽火锻炼的共和国领导人面前，更显得年幼，也有些拘谨和紧张；但他不同于一般的孩子，活佛这个特殊身份，使他从小受到良好教育，懂得礼仪。高原人特有的体格，又使他比同龄人壮实一些。他穿了身橘黄色的缎子藏袍，显得庄重、潇洒、飘逸不凡。阿沛是噶厦政府的噶伦，领三品衔。他穿了身藏袍，头戴礼唱。他俩的这身装束，在整个天安门城楼上十分显眼。当他们走向毛主席时，很多人投以友好而好奇的目光。班禅庄重而又十分恭敬地向毛泽东主席敬献哈达，然后双手合十，虔诚地为毛主席祈祷祝福。阿沛也向毛主席敬献哈达。毛泽东高兴地接过哈达，举起来，轻轻挥动，满怀笑容地让周围的其他领导人看。毛泽东高兴地向班禅表示感谢，又慈祥地对他说："很久以来，中国的历史，西藏就是中国不可分割的一部分，过去清朝政府对国内各少数民族实行羁縻压迫的政策，这是反动的，不好的。但是，清朝政府和国民党政府，维护了我们国家的统一，使西藏没有被帝国主义霸占去。这一点还是应该肯定。"

　　天安门城楼上聚集着党和国家几乎所有的领导人，广场上几十万群众在热烈欢呼，百万游行队伍已开始浩浩荡荡地行进，毛泽东却依然非常认真而又亲切地同班禅交谈，通过翻译，不断地问："我讲的话，你能听明白吗？"小班禅闪动着那双明亮而又聪慧的眼睛，不住地点头。毛泽东勉励班禅要拥护中国共产党，拥护中央人民政府，拥护中国人民解放军，为西藏的和平解放做出贡献。班禅表示一定要遵照毛主席的教导去做。

　　毛泽东又亲切地说："要搞好团结。国内各民族要团结，西藏内部也要团结。要与达赖喇嘛搞好团结。你可以给达赖喇嘛发电报，宣传共产党的政策，保护寺庙，保护宗教信仰自由。"

毛泽东又对阿沛和张国华说："你们要好好谈，有什么问题都摆在桌子上。可以争论，可以吵架，但不要分手，都是一家人。家里的事情要商量着办。要谈出团结，谈出进步来。"毛泽东又说："祝你们谈判顺利，取得成功。祝你们在北京生活得愉快。"①

这是毛泽东主席第一次会见西藏的领袖人物。虽然是礼仪性的，但具有重要的意义。对西藏工作做了原则性的指示，成为即将开始的和平谈判的指导方针。

这一天，班禅非常兴奋，心情特别激动。后来他多次对别人说："我第一次见到毛主席就很不寻常，是1951年的'五一'节，在雄伟的天安门城楼上。"

这件事给阿沛也留下了终生难忘的印象。他是辛亥革命的同龄人，这一年刚好40岁，正值盛年。阿沛曾多次谈及此事，每当回忆起当时的情景，总是感到那么亲切，总能从中得到新的启示。1993年9月，当全国各族人民隆重纪念毛泽东同志诞辰一百周年时，82岁高龄的阿沛副主席，怀着激动的心情对《光明日报》记者发表谈话，他说："那天，我向毛主席敬献了一条洁白的长哈达，表达了西藏人民和我个人对他老人家的崇敬和爱戴。毛主席用他那有力的大手紧紧握住我的手，满面笑容，十分亲切地说：'谢谢你，欢迎你们到北京来。我们是一家人。家里的事情，大家商量着办，就能办好。祝你们谈判顺利，取得成功。'……短短几句话，却含有深刻的哲理和政治原则，使我受到很大的教育和启发。'一家人'，就是说都是祖国大家庭的成员，和平解放西藏是祖国大家庭内部的事情，要商量解决。在后来的谈判过程中，尽管有过各种不同的意见，但都能本着商量办事的精神，经过同中央人民

---

① 见降边嘉措著《周恩来与西藏的和平解放》，《纪念周恩来诞辰100周年文集》，中央文献出版社，2000。

政府全权代表充分协商，达成一致意见。"①

阿沛和班禅后来多次说：毛泽东主席和中央领导人当时提出我国各民族之间要平等团结、商量办事的原则，深深打动了他们的心，使他们深受感动，也深受教育。不论民族大小，各民族之间只有真正的平等，才能有真正的团结；只有商量办事，而不是强加于人，才能把事情办好。

1951 年 5 月 2 日，以李维汉为首席代表的中央人民政府全权代表，与阿沛为首席代表的西藏地方政府全权代表，正式举行和平解放西藏问题的谈判。

经过平等协商，反复讨论，甚至激烈争论，终于取得一致，达成协议，于 1951 年 5 月 23 日，在中央人民政府副主席朱德、李济深，政务院副总理陈云主持下，举行了隆重的签字仪式。在签字仪式后，朱德发表了重要讲话。

代表中央人民政府签字的有：首席代表李维汉，代表张经武、张国华、孙志远。代表西藏地方政府签字的有：首席代表阿沛·阿旺晋美，代表凯墨·索朗旺堆、土丹旦达、土登列门、桑颇·登增顿珠。

根据党中央、毛泽东的指示，1951 年 5 月 28 日，《人民日报》和首都各大报纸在头版头条的显著位置，用藏、汉两种文字全文刊载了《协议》全文，《人民日报》还发表了社论《拥护关于和平解放西藏办法的协议》。

5 月 26 日，毛泽东亲自审订了社论稿，并作了重要修改。下面是在审阅《人民日报》社论《拥护关于和平解放西藏办法的协议》草稿时加写和改写的话：

一

中央的这个政策，不但对西藏是如此，对国内一切占少数的兄

---

① 见降边嘉措著《周恩来与西藏的和平解放》。

弟民族都是如此。因为政治、经济、文化、宗教等项固有制度的改革以及风俗习惯的改革，如果不是出于各民族人民以及和人民有联系的领袖们自觉自愿地去进行，而由中央人民政府下命令强迫地去进行，而由汉族或他族人民中出身的工作人员生硬地强制地去进行，那就只会引起民族反感，达不到改革的目的。

二

在西藏人民中，佛教有很高的威信。人民对达赖喇嘛和班禅额尔德尼的信仰是很高的。因此，协议中不但规定对宗教应予尊重，对寺庙应予保护，而且对上述两位藏族人民的领袖的地位和职权也应予以尊重。这不但是为和解藏族内部过去不和睦的双方，也为使国内各民族对藏族领袖引起必要的尊重。

三

一切进入西藏地区的部队人员和地方工作人员必须恪守民族政策和宗教政策，必须恪守和平解放西藏办法的协议，必须严守纪律，必须实行公平的即完全按照等价交换原则去进行的贸易，必须防止和纠正大民族主义倾向，而以自己的衷心尊重西藏民族和为西藏人民服务的实践，来消除这个历史上留下来的很大的民族隔阂，取得西藏地方政府和西藏人民的衷心信任。如果这些部队和工作人员中有违反民族政策和协议的行为，如果他们不守纪律，如果他们欺负西藏人民和不尊重与人民有联系的领袖人物，如果他们犯了大汉族主义的原则错误，那么领导机关和领导人员就应负责及时纠正。同时，西藏地方政府和西藏人民则有批评的权利和向上级人民政府和中央人民政府反映和报告的权利。这个原则，不但对藏族是如此，对一切兄弟民族都是如此。①

_____

① 《建国以来毛主席文稿》第6集，中央文献出版社。

毛主席的这些批示和论述，为西藏工作指明了必须遵循的基本原则和方针。半个多世纪过去了，至今闪烁着智慧的光芒。

《协议》是个重要的历史性文件。为了让读者对《协议》精神有个全面的、完整的了解，不妨引用全文：

中央人民政府和西藏地方政府关于
和平解放西藏办法的协议
（1951 年 5 月 23 日）

西藏民族是中国境内具有悠久历史的民族之一，与其他许多民族一样，在伟大祖国的创造与发展过程中，尽了自己的光荣的责任。但在近百余年来，帝国主义势力侵入了中国，因此也就侵入了西藏地区，并进行了各种的欺骗和挑拨。国民党反动政府对于西藏民族，则和以前的反动政府一样，继续行使其民族压迫和民族离间的政策，致使西藏民族内部发生了分裂和不团结。而西藏地方政府对于帝国主义的欺骗和挑拨没有加以反对，对伟大的祖国采取了非爱国主义的态度。这些情况使西藏民族和西藏人民陷于奴役和痛苦的深渊。一九四九年中国人民解放战争在全国范围内取得了基本的胜利，打倒了各民族的共同的内部敌人——国民党反动政府，驱逐了各民族的共同外部敌人——帝国主义侵略势力。在此基础上，中华人民共和国和中央人民政府宣布成立。中央人民政府依据中国人民政治协商会议通过的共同纲领，宣布中华人民共和国境内各民族一律平等，实行团结互助，反对帝国主义和各民族内部的人民公敌，使中华人民共和国成为各民族友爱合作的大家庭。在中华人民共和国各民族的大家庭之内，各少数民族聚居的地区实行民族的区域自治，各少数民族均有发展其自己的语言文字，保持或改革其风俗习惯及宗教信仰的自由，中央人民政府则帮助各少数民族发展其政治、经济和文化教育的建设事业。自此以后，国内各民族除西藏及台湾区域外，均已获得解放。在中央人民政府统一领导和各上级人民政府直接领导之下，各少数民族均已获得充分享受民族平等的权利，并已经实行或正在实行民族的区域自治。为了顺利地清除帝国主义侵略势力在西藏的影响，完成中华人民共和国领土和主权的统一，保卫国防，使西藏民族和西藏人民获得解放，回到中华人民共和国大家庭中来，与国内其他各民族享受同样的民族平等的权利，发展其政治、经济、文化教育事业，中央人民政府于命令人民解放军进军西藏之际，通知西藏地方政府派遣代表来中央举行谈判，以便订立和平解放西藏办法的协议。一九五一年四月下旬西藏地方政府的全权代表到达北京。中央人民政府当即指派全权代表和西藏地方政府的全权代表于友好的基础上举行了谈判。谈判结果，双方同意成立本协议，并保证其付诸实行。

一、西藏人民团结起来，驱逐帝国主义势力出西藏，西藏人民回到中华人民共和国祖国大家庭中来。

二、西藏地方政府积极协助人民解放军进入西藏，巩固国防。

三、根据中国人民政治协商会议共同纲领的民族政策，在中央人民政府统一领导之下，西藏人民有实行民族区域自治的权力。

四、对于西藏的现行政治制度，中央不予变更。达赖喇嘛的固有地位及职权，中央亦不予变更。各级官员照常供职。

五、班禅额尔德尼的固有地位及职权，应予维持。

六、达赖喇嘛和班禅额尔德尼的固有地位及职权，系指十三世达赖喇嘛与九世班禅额尔德尼彼此和好相处时的地位及职权。

七、实行中国人民政治协商会议共同纲领规定的宗教信仰自由的政策，尊重西藏人民的宗教信仰和风俗习惯，保护喇嘛寺庙，寺庙的收入，中央不予变更。

八、西藏军队逐步改编为人民解放军，成为中华人民共和国国防武装的一部分。

九、依据西藏的实际情况，逐步发展西藏民族的语言、文字和学校教育。

十、依据西藏的实际情况，逐步发展西藏的农牧工商业，改善人民生活。

十一、有关西藏的各项事宜，中央不加强迫。西藏地方政府应自动进行改革，人民提出改革要求时，得采取与西藏领导人员协商的方法解决之。

十二、过去亲帝国主义和亲国民党的官员，只要坚决脱离与帝国主义和国民党的关系，不进行破坏和反抗，仍可继续供职，不究既往。

十三、进入西藏的人民解放军遵守上列各项政策，同时买卖公平，不妄取人民一针一线。

十四、中央人民政府统一处理西藏地区的一切涉外事宜，并在平等、互利和互相尊重领土主权的基础上，与邻邦和平相处，建立和发展公平的通商贸易关系。

十五、为保证本协议之执行，中央人民政府在西藏设立军政委员会和军区司令部，除中央人民政府派去的人员外，尽量吸收西藏地方人员参加工作。

参加军政委员会的西藏地方人员，得包括西藏地方政府及各地区、各主要寺庙的爱国分子，由中央人民政府指定的代表与有关各方面协商提出名单，报请中央人民政府任命。

十六、军政委员会、军区司令部及入藏人民解放军所需经费，由中央人民政府供给。西藏地方政府应协助人民解放军购买和运输粮秣及其他日用品。

十七、本协议于签字盖章后立即生效。

中央人民政府全权代表

首席代表：李维汉　　　　　　　　　　　（签字盖章）

代　　表：张经武　　　　　　　　（签字盖章）

　　　　　张国华　　　　　　　　（签字盖章）

　　　　　孙志远　　　　　　　　（签字盖章）

西藏地方政府全权代表

首席代表：阿沛·阿旺晋美　　　　（签字盖章）

代　　表：凯墨·索朗旺堆　　　　（签字盖章）

　　　　　土丹旦达　　　　　　　（签字盖章）

　　　　　土登列门　　　　　　　（签字盖章）

　　　　　桑颇·登增顿珠　　　　（签字盖章）

一九五一年五月二十三日于北京

　　在人民解放战争中，北平、湖南、西康、新疆等地都是和平解放的，但是，都没有签订这样的协议，为什么要在西藏签订这样一个协议？无论在当时，还是在现在，都有人提出这个问题。

　　本来，1950 年昌都战役后，要解放拉萨，解放全西藏，是很容易的事。但是，毛泽东主席和中央人民政府没有这么做。昌都战役刚结束，即命令进藏部队主力撤兵甘孜休整，同时再次向西藏地方政府发出进行和平谈判的召唤，争取签订一个和平解放西藏的协议，实现对西藏的和平解放、和平进军。

　　这样做，表面上看慢了一些，麻烦事多一些，进军拉萨的时间也推迟了一年之久。但是，从长远的观点来看，对彻底解决西藏问题不是慢了，而是更快了。因为，正如毛泽东指出的那样，西藏有不同于国内其他民族和地区的许多特殊性，需要用特殊的办法加以解决。

　　《协议》的产生也有个过程。谈判开始时，准备以西南局拟定的"十大政策"为基础，签订关于《和平解放西藏的协定》。这也有先例可循。抗战胜利后，毛泽东到重庆与蒋介石会谈，国共双方代表于1945 年 10 月 10 日签订《会谈纪要》，又称《双十协定》。1949 年 4 月

1 日，以张治中为首的国民党政府和谈代表团到达北平，与中共代表团进行谈判。经过半个月谈判，拟定了《国内和平协定》。4 月 15 日，中共代表团将协定（最后修正案），提交南京政府代表团，4 月 20 日，被李宗仁拒绝。4 月 21 日，毛泽东、朱德发布《向全国进军的命令》，人民解放军以排山倒海之势，强渡长江，解放南京，统治中国达 22 年之久的蒋家王朝彻底覆灭。

共产党和国民党代表着两个敌对的阶级，国共两党的斗争，是光明与黑暗、革命与反革命之间你死我活的殊死搏斗；而中央人民政府与西藏地方政府之间的关系，则不是这样，是中央与地方、国内各民族之间的关系，不存在"你死我活"的问题。不少人提出，应将这两者严格加以区别，从内容到形式以及语言等方面，都应该有明显的不同。因此，拟改为《关于和平解放西藏的条约》。西藏地方政府的代表，也坚持采用"条约"。

当时，不仅党中央、毛泽东十分关心关于西藏问题的谈判，宋庆龄、张澜、李济深、沈钧儒等各民主党派负责人和党外民主人士也很关心。遵照中央的指示，李维汉、刘格平随时向他们通报和谈的进展。

张奚若先生提出，用"条约"不好，建议用"协议"。他提出两点理由：

第一，用"条约"，容易产生错觉，仿佛是国家与国家之间签订的某种协定或条款。

第二，条约有平等条约，有不平等条约。新中国成立后，与苏联签订了《中苏友好同盟互助条约》，这是中国历史上签订的第一个平等条约。但是，在旧中国，从清朝到国民党政府，绝大多数都是不平等条约，是帝国主义列强强加在中国人民头上的。签约的双方，地位往往是不平等的，在实行强权政治的时代，更是如此，总是以强凌弱，以富欺贫，以大压小。

新中国成立了，按照《共同纲领》的规定，各民族之间在政治上都是平等的，有什么问题，应该通过协商的办法加以解决。因此，用

"协议"比较好，可以更好地体现《共同纲领》的原则和民族平等、民族团结的精神。当周恩来向毛泽东汇报时，毛泽东说："一字千金"，充分肯定了张奚若先生的意见。

毛泽东亲自倡导的《协议》精神，不但成为正确处理西藏问题的基本方针，而且是在一个多民族的、社会发展阶段各不相同、生产力水平极不平衡的国家里，正确处理民族问题的一个光辉典范。

《协议》精神，至少包括这样一些主要内容：

第一，坚持维护祖国统一和民族团结的原则。

中国是一个多民族组成的大家庭，包括西藏在内的每一个地方、每一寸土地，都是中国领土不可分割的组成部分。因此，关于西藏问题的谈判，首先必须坚持西藏是中国神圣领土不可分割的一个部分这一基本原则。毛泽东对阿沛和张国华说：我们是一家人，"可以争论，可以吵架，但不要分手"。毛泽东这段很浅显、很生动的话，阐述了一条非常重要、非常深刻的政治原则。在一个大家庭，各兄弟姐妹之间，可能产生一些分歧和矛盾，"老大"不能搞"一言堂"，不能搞家长制统治，要允许小弟弟、小妹妹讲话，要尊重他们的平等权利，"可以争论，可以吵架"；但是，大家都必须遵循一个基本原则，维护祖国大家庭的共同利益，不能闹独立性，"不要分手"。

第二，坚持协商办事的原则。

毛泽东反复强调："商量办事是共产党与国民党的一个重要区别。"毛泽东对阿沛、张国华说："你们要好好谈，有什么问题都摆在桌子上。""家里的事情要商量着办。"争论和吵架是手段，是过程，不是目的；目的是"要谈出团结，谈出进步来。"

后来，毛泽东把这种精神概括为"团结—批评—团结"这样一个公式，即："从团结的愿望出发，经过批评或者斗争，分清是非，在新的基础上达到新的团结。"毛泽东强调指出："在这里，首先需要从团结的愿望出发。因为如果在主观上没有团结的愿望，一斗势必把事情斗乱，不可收拾。"①

毛泽东的一席话，给所有参加和谈的人员和从事统战民族工作的同志以深刻的教育。几十年过去了，阿沛依然无限感慨，怀着无限崇敬的心情说："短短几句话，却含有深刻的哲理和政治原则，使我受到很大的教育和启发。"正因为坚持了协商办事的原则，从对抗变为对话，消除隔阂，化解矛盾，增进了解，终于使谈判取得了圆满成功。

第三，坚持妥协的原则。

毛泽东曾经说过："共产党的哲学是斗争的哲学。"毛泽东早在青年时代即提出："与天奋斗，其乐无穷；与地奋斗，其乐无穷；与人奋斗，其乐无穷。"毛泽东在他一生的革命生涯中，敢于同帝国主义斗，同国内外一切反动势力和黑暗腐朽的势力斗，表现了大无畏的无产阶级革命精神和所向披靡的胆略和气魄。有的评论家据此认为，毛泽东只讲斗争，不讲妥协，不讲宽容和退让。好像一讲"妥协"、"宽容"就是"右倾机会主义"，是"修正主义"。这就贬低了毛泽东的伟大革命精神，损害了毛泽东的光辉形象。其实，如果不是无知，也是极大的误会。

在毛泽东一生的革命生涯中，既有敢于斗争、善于斗争的一面，又有敢于妥协、善于妥协的一面。

在大革命时代，毛泽东以共产党员的身份，参加孙中山领导的国民党，并在国民党的中央委员会任职，为第一次国共合作做出了积极贡献，当时就遭到一些浅薄的极左分子如张国焘等人的反对。"西安事变"发生后，张学良、杨虎城两将军扣留了蒋介石。很多人包括张国焘，都主张杀掉蒋介石。毛泽东通观全局，高瞻远瞩，主张放掉蒋介石，和平解决西安事变。七七事变后，在毛泽东领导下，实行第二次国共合作，中国工农红军改编为八路军和新四军，拥戴蒋介石为"抗日

① 《关于正确处理人民内部矛盾问题》，《毛泽东选集》第 5 卷。

领袖"。这又是多么大的妥协和退让。历史已经证明：中国共产党和毛泽东采取的方针是完全正确的。妥协和退让的结果，不是削弱了革命的力量，损害了人民的利益，恰恰相反，开创了全民抗战的新局面，加速了中国革命胜利的历史进程。

同样，在关于和平解放西藏的谈判中，双方都做了重大妥协和让步。

现在，一些研究当代西藏历史的著作中，在谈到签订协议的过程时，只讲同"分裂主义势力"、"上层反动集团"如何做斗争，而不讲协商办事，相互信任、相互尊重、相互谅解、相互妥协。这样讲是不对的，一，不是事实，二，至少是不全面、不完整的。

道理很简单，如果双方观点完全一致，利益完全相同，都是"志同道合"的"革命同志"，那就没有必要举行谈判，更不用签订什么协议。如果只讲斗争，没有必要的妥协，又怎么能达成双方都能接受的协议？同样没有必要举行谈判，没有必要也没有可能签订协议。

当时中央决定，以西南局提出的"十大政策"为谈判的基础，西藏代表团到京后，提出了五点方针。十世班禅和堪布会议厅也提出了自己的方案和建议。党中央、毛泽东和中央人民政府代表团，认真听取、充分考虑了他们的意见，最后，在一些最重要的问题上，取得一致意见，达成协议。

此外，关于达赖喇嘛未来的地位，事先中央并没有作为一个专门问题来考虑，"十大政策"里也没有提及，是西藏代表团到京后提出来的。中央认为有道理，应该考虑。写进协议的条文中不太合适，没有一个明确规定也不行，噶厦方面不放心，有顾虑。经过充分协商，最后达成共识，形成一个《备忘录》。

如果像一些同志后来所讲的那样，只强调"斗争"，而且是"不妥协的斗争"，"坚决的斗争"，否认必要的妥协和让步，那怎么可能达成协议？

更大的妥协和让步，表现在对社会制度的改革方面。

中国共产党以马克思列宁主义、毛泽东思想为指导思想，她的奋斗目标是：领导中国各族人民，推翻三座大山，经过新民主主义革命和社会主义革命，最终在中国实现共产主义。这是坚定不移、毫不动摇的，否则，就不成其为以马克思列宁主义、毛泽东思想武装的共产党，就不是无产阶级的革命政党。但是，考虑到西藏的历史社会条件，《协议》规定："对于西藏的现行政治制度，中央不予变更。达赖喇嘛的固有地位及职权，中央亦不予变更。各级官员照常供职。"这就是说：在共产党领导下实行新民主主义——社会主义制度的新中国，在西藏继续保留黑暗的、腐朽的封建农奴制度。

这自然是对旧制度、对反动的封建农奴主势力一个重大妥协和让步。但是，这种妥协和让步的结果，换取了更大的胜利：维护了祖国统一和领土完整，使西藏回到祖国大家庭的温暖怀抱，粉碎了帝国主义反动势力妄图分裂中国、实现"西藏独立"的罪恶阴谋。

先解决"一家人"，还是"两家人"的问题。既然是"一家人"，那家里有什么事，可以慢慢商量着办。这实际上提出了在一个国家里，在一定的历史条件下实行两种制度的伟大构想，为运用和平的方法、政治的方法和协商的方法，而不是用暴力手段和军事手段解决国内问题，提供了一个成功的范例，具有重大的现实意义和深远的历史意义。

如果一味强调斗争，不断地斗、坚决地斗，这就是"革命原则"、"立场坚定"，那么，我们可以说，和谈本身也可以不用进行，把部队开到拉萨去就行了。无论当时还是现在，不要说噶厦政府、几千藏军、几个"分裂主义分子"和"骚乱分子"，世界上没有任何力量能够阻挡中国人民解放军进军西藏、进军拉萨，解放自己的领土。但是，党中央、毛泽东没有这样做，而是采取了另一种方针，即马克思主义的正确方针和路线。恰恰在这一点上，更充分地表现了中国共产党和毛泽东的伟大和英明。因此，《协议》的签订，在藏民族发展的历史上，具有十分重要的意义；对我国统一的、多民族大家庭的发展，也具有深远的影响。

《协议》公布后，不但得到西藏人民和广大藏族同胞衷心拥护，在国内各民族、各阶层人士当中，海内外华人世界，也产生了强烈反响，他们热烈欢迎西藏人民回到祖国大家庭的温暖怀抱，欢呼中华民族实现了空前未有的真正的大团结、大统一，真诚地为西藏人民的翻身解放、繁荣发展祝福。也更加深切地感受到共产党、毛主席以民族平等、民族团结为核心的民族政策的英明伟大。他们认识到共产党不只是"打土豪，分田地"，从西藏问题的圆满解决，他们看到了共产党、毛泽东处理国内问题的另一种方针、另一个模式。同时，在国际上，尤其在各友好邻邦产生了很好的影响。1950年昌都战役后，以美国为首的帝国主义势力就西藏问题在国际上掀起的一股反华浪潮，也基本上平息下去了。

这样，就为人民解放军进藏部队和平进军西藏、解放西藏、巩固西南国防，创造了一个极其良好的国内环境和国际环境。

第五章
"一定要把西藏的事情办好"

  毛主席特别叮嘱张国华:"你们在西藏考虑任何问题,首先要想到民族和宗教问题这两件事,一切工作必须慎重稳进。"

  毛主席用慈祥的目光,看着张国华,像是嘱托,又像是期望:"你们要把西藏的事情办好!"又转过脸,对着李维汉,重复一遍:"一定要把西藏的事情办好!"

  中央对和谈工作非常重视,整个和平谈判是在毛主席、周总理的直接领导下进行的。5 月 23 日,在中央人民政府副主席朱德、李济深,副总理陈云主持下,举行了隆重的签字仪式。

  当天下午,毛主席即在丰泽园召见李维汉、张国华,听取汇报。一见面,毛主席就高兴地说:"好哇,你们办了一件大事,这是一个胜利。但这只是第一步,下一步要实现协议,要靠我们的努力。"

  谈了协议的签订情况,毛主席话锋一转,关切地问:"现在进藏部队的情况怎样?能吃饱肚子吗?"张国华汇报说:"部队生活是苦一点,勉强可以吃上饭,但情绪很好。决心在党的领导下,完成进军西藏的艰巨任务。当然也有个别部队嫌进藏艰苦,不想到西藏去。"毛主席静静地听着,略一沉思,然后举起手,对着张国华说:"去年我就讲过,你回去再告诉他们,进藏对个人来说,一点好处也没有,但你是共产党员，党需要你去，你去不去?"

毛主席又详细询问了部队的有关情况。张国华汇报说："昌都战役后，等待谈判结果的进藏部队，一面休整训练，一面开荒自救，解决吃粮问题。同时进一步开展了解放全西藏的教育，学习党的民族政策，并掀起了学习藏语文，突破语言关的群众性学习运动。"毛主席听了后，表示满意，并指示：部队要"一面进军，一面建设"。要坚持"进军西藏，不吃地方"的方针，不能增加藏族群众的负担。毛主席特别叮嘱张国华："你们在西藏考虑任何问题，首先要想到民族和宗教问题这两件事，一切工作必须慎重稳进。"

汇报完毕，毛主席亲自送李维汉、张国华到大厅门口，张国华举手向毛主席敬礼，准备告辞。毛主席微笑着说："不用啦! 不用啦!"用左手轻轻拍了拍张国华的肩头，又用右手紧紧握着张国华的手，亲切地说："我的江西老表，你们此去，山高水险，路途遥远，要多珍重!"

张国华激动得热泪盈眶，说不出话来。毛主席用慈祥的目光，看着张国华，再次用力握了一下张国华的手，像是嘱托，又像是期望："你们要把西藏的事情办好!"又转过脸，对着李维汉，重复一遍："一定要把西藏的事情办好!"

毛泽东的这次谈话，十分重要。毛泽东提出的"慎重稳进"思想，成了党指导西藏工作的基本方针。据张国华同志回忆，毛泽东特别强调了民族和宗教问题的极端重要性，指示在西藏工作的领导同志，在西藏考虑任何问题，进行任何工作，首先要想到民族和宗教这两件事。[①]

40多年来，正反两方面的经验教训反复证明了这样一个真理：什么时候认真贯彻执行毛主席的这些教导，坚持慎重稳进的方针，正确处理民族和宗教两个问题，西藏地区就发达兴旺，民族团结，人民高兴，

① 转引自《雪山名将谭冠三》，中国藏学出版社，1996，第98～99页。

局势稳定；什么时候违背毛主席的这些教导，西藏工作就会遭受挫折，民族团结会受到破坏，群众的生产、生活受到影响，人民就不满意，局势就不稳定，就会发生动荡，就会贻误我们的事业，使党和人民受到不应有的损失。

5月24日下午，毛泽东在中南海怀仁堂接见了阿沛等和谈代表和班禅一行，陪同接见的有周恩来等领导人。班禅在计晋美、益西楚臣和班禅父亲的陪同下，向毛主席献了哈达，赠送了锦旗。锦旗用藏、汉两种文字绣着"中国各族人民的大救星"。此外还有金盾、长寿铜佛、银曼扎、藏香，以及20世纪初西藏抗英战士使用过的武器弹药等珍贵礼品。

当晚，毛泽东举行盛大宴会，庆祝《协议》的签订。刘少奇、周恩来、朱德等在京的党和国家领导人，几乎全部应邀出席，充分说明了党中央、中央人民政府对西藏工作的高度重视和对西藏人民的亲切关怀。毛泽东发表了重要讲话，他说：

> 几百年来，中国各民族之间是不团结的，特别是汉民族与西藏民族之间是不团结的，西藏民族内部也不团结。这是反动的清朝政府和蒋介石统治的结果，也是帝国主义挑拨离间的结果。现在，达赖喇嘛所领导的力量与班禅额尔德尼所领导的力量与中央人民政府之间，都团结起来了。这是中国人民打倒了帝国主义及国内反动统治之后才达到的。这种团结是兄弟般的团结，不是一方面压迫另一方面。这种团结是各方面共同努力的结果。今后，在这一团结基础之上，我们各民族之间，将在政治、经济、文化等一切方面，得到发展和进步。①

---

① 中共中央文献研究室、中共西藏自治区委员会编《西藏工作文献选编》（1949～2005），中央文献出版社，2005，第48页。

这一天，班禅身穿黄袍，神采飞扬，他手举酒杯，庄重地走上讲台，发表了热情洋溢的祝词，他说："多少年来没有解决的中国内部的民族问题——西藏问题，在毛主席领导下胜利地解决了。和平解放西藏是中国各民族大家庭的一大喜事。中央人民政府、达赖与班禅三方面的团结，只有在中国共产党和人民政府领导下才能实现。"班禅满怀深情地向党中央、中央人民政府，向毛主席和其他中央领导表示由衷的感谢。

这是班禅第一次发表重要的政治演说。

6月1日，班禅怀着崇敬的心情，致电毛主席：

> 敬爱的毛主席，您确是我们各民族人民伟大的领袖，您的事业象须弥山一样的巍峨，您所给予各族人民特别是我们西藏人民的恩惠象海一样深阔。我这次到北京，得瞻仰您慈祥的丰采，看到在您的领导下人民首都的一切建设，看到由于您伟大的民族政策的感召，我们西藏民族和中国各民族团结起来，西藏民族和西藏人民就要回到祖国大家庭来，我感到无限的荣幸和愉快。今后，我们一定要为实现关于和平解放西藏办法的协议，为我西藏民族永远地脱离帝国主义羁绊，获得解放和发展而努力，首先是加强民族团结，包括西藏民族内部和西藏民族与兄弟民族的团结。在您的领导下，西藏将来必然成为幸福与繁荣的西藏。西藏民族必然成为发展与进步的民族，我们各民族的祖国，在其已经奠定的强大而牢固的基础上，必然成为更加繁荣和昌盛的祖国。

1951年7月1日上午，在甘孜广场举行隆重的纪念建党三十周年大会之后，在张国华、谭冠三的率领下，18军主力部队于当天离开甘孜，向昌都进发。翻越5000多米高的雀儿山、达玛拉山，于17日到达昌都。8月28日，张国华、谭冠三率第一梯队离开昌都向拉萨进军。

从昌都到拉萨，约 1150 公里，共走了 56 天。他们横穿藏东北草原，翻过连绵横亘、终年积雪的 19 座大雪山，几十个山冈和丘陵，渡过几条大河，蹚过无数条季节性河流，涉过寒冷刺骨的数十条冰河。这期间，他们几乎没有睡过一次安稳觉，没有吃过一顿饱饭，长期处于半饥饿状态，对身体的损害是很大的，甚至终生都有影响。更有不少战士长眠在雪山草地，为祖国的统一、为藏族人民的解放事业，献出了宝贵的生命。

在回忆这段历程时，参加过第一次长征的老战士谭冠三说："头上没有敌机，后面没有追兵，除此而外，进藏的路比长征的路还要艰难。"李光明说："我们三过草地，也没有这么难。"张国华在一篇回忆文章中，不无感慨地说："进藏部队所经受的艰难困苦，真是一言难尽，进军西藏同红军北上抗日所经受的困难相比，只有过之而无不及。"

经过千辛万苦，他们于 10 月 24 日到达拉萨河畔，休整两天，10 月 26 日，在拉萨各界僧俗人民的热烈欢迎下，举行庄严隆重的入城仪式。走在队伍最前面的是张国华将军和谭冠三将军。

历史将永远记住这一天，也将记住张国华将军、谭冠三将军和他们率领的英雄部队。

9 月 28 日，先期到达拉萨的中央人民政府代表张经武将军，代表毛泽东主席向达赖喇嘛赠送礼品。其中包括：针织哈达一条，毛泽东画像一帧，全国政协第一届全体会议纪念刊一册，大幅彩色天安门照片一帧，《伟大祖国》照片一套，以及许多象牙雕刻、玛瑙玉器、瓷器、湘绣、绸缎等珍贵物品。据了解，这是新中国成立以来，毛泽东主席以个人名义赠送礼品最多，也最珍贵的一次。

达赖喇嘛在接受礼品时，虔诚地将毛泽东画像举过头顶，然后向毛泽东画像致敬，并祝愿毛泽东主席健康长寿。

10 月 24 日，达赖喇嘛致电毛主席，表示拥护十七条协议。电报里说："今年西藏地方政府特派全权代表噶伦阿沛等五人，于4月抵达北京，与中央人民政府指定的全权代表进行和谈，双方代表在友好的基础上，已于5月23日签订了《关于和平解放西藏办法的协议》。西藏地方政府及藏族僧俗人民一致拥护，并在毛主席及中央人民政府领导下，积极协助人民解放军进藏部队，巩固国防，驱逐帝国主义势力出西藏，保卫祖国领土主权的统一。谨电奉闻。"①

10月26日，在进藏部队进驻拉萨的当天，毛泽东电复达赖喇嘛："达赖喇嘛先生：你于1951年10月24日来电已经收到了。感谢你对实行和平解放西藏协议的努力，并致衷心的祝贺。"②

在达赖喇嘛致毛主席的电报里，明确表示拥护《关于和平解放西藏办法的协议》。人民解放军进驻拉萨和边防重地，胜利完成进军西藏、解放西藏的历史使命，同时也为贯彻《十七条协议》精神、在西藏实行民族区域自治，奠定了坚实的基础。

---

① 中共西藏自治区委员会党史研究室编著《中国共产党西藏历史大事记》（1949～2004）第一卷，中共党史出版社，2005，第50页。
② 《中国共产党西藏历史大事记》（1949～2004）第一卷，第85页。

第六章
江东藏区的示范

西康省藏族自治区是新中国建立的第一个民族区域自治政权，党中央、中央人民政府、西南军政委员会和西康区党委、西康省人民政府对此十分关怀和重视。

会议在团结友好的气氛中，经过充分的协商讨论，选举了藏族自治区人民政府组成人员，天宝为自治区人民政府主席。

大西南解放后，西南局就在考虑根据《共同纲领》，在少数民族地区实行区域自治。天宝从进军西藏途中调到康定，就是让他参加西康省藏族自治区的工作。

1950 年 3 月 24 日，人民解放军进驻康定。两个多月后，即 6 月初，西康区党委即派西康省人民政府副主席白认到康定，向康定地委传达西南局和西康区党委关于率先在康区实现民族区域自治的指示精神，并指导和协助地委筹建区域自治工作。

7 月 12 日，康定军事管制委员会召开有民族宗教上层人士参加的座谈会，协商实行民族区域自治问题，形成《关于西康省康区实行区域自治的初步意见》。根据《共同纲领》的有关规定，尽快实行民族区域自治，成立藏族自治区人民政府。

7 月 18 日，康区民族协商筹备委员会正式成立。著名爱国人士、色拉寺堪布阿旺嘉措任主任，沙纳（老红军）、降央伯姆、日库、洛桑倾巴任副主任。下设政策和人事两个研究室。筹备会有 37 名委员，大都是各族各界上层代表人物，体现了以"团结上层为主"的方针。

9 月 6 日，西康区党委将《藏族区域自治方案》上报西南局。西南局于 11 日正式批准在康区实行民族区域自治，并批复同意西康区党委《关于西康藏族自治区成立藏民团的请示报告》，决定在民族自治地方，建立民族武装。

从这个时间表可以清楚地看到：西康解放后短短几个月里，藏族地区各项事业发展很快，很顺利，工作效率很高，已经把实行民族区域自治提到议事日程上来了。

9 月 13 日，中央访问团刘格平团长一行 68 人到达康定。在康定先后召开各族各界人士参加的座谈会，宣传党的民族政策，了解各阶层人士的希望和要求；同时指导和帮助地委筹备成立西康省藏族自治区。

1950 年 11 月 17 日至 24 日，在康定召开西康省第一届各族各界人民代表会议，出席会议的代表共 273 人，其中藏族 182 人，占代表总数的 66.67%；汉族 74 人，占 27.11%；彝族 12 人，占 4.4%；回族 5 人，占 1.83%。代表中有妇女 13 人。从这些数字可以清楚地看到具有广泛的代表性。

西康省藏族自治区人民政府是新中国建立的第一个民族区域自治政权，党中央、中央人民政府、西南军政委员会和西康区党委、西康省人民政府对此十分关怀和重视。中央访问团团长刘格平，西康区党委书记、省人民政府主席廖志高，军区代司令员方升普等领导人专程赴康定出席会议并讲话。他们代表党中央、中央人民政府、中央领导、西南局、西南军政委员会、西康区党委和省人民政府向全区各族人民、全体干部和解放军指战员表示慰问和祝贺，对自治区政府今后的工作做了指示。大会主席团一致推举天宝主持开幕式。

刘格平知道天宝自参加红军后，长期没有使用藏语文，因此，建议天宝努力复习藏文藏语，才能更好地联系群众，行使当家做主的权利。刘格平还对天宝、沙纳、王寿才等老红军说：访问团离开北京时，总理做了重要指示，总理说：民族区域自治，实质上就是民族自治与区域自治相结合。我想补充一点，也是革命化与民族化相结合。没有革命化，我们的民族自治地方就没有灵魂；没有民族化，就没有特点。你们几位是藏族当中的老同志，在这方面，要发挥积极作用，克服片面性，防止两种倾向。

会议在团结友好的气氛中，经过充分的协商讨论，选举了藏族自治区人民政府组成人员。选举桑吉悦希（即天宝，藏）为自治区人民政府主席，夏克刀登（藏）、苗逢澍、阿旺嘉措（藏）、洛桑倾巴（藏）为副主席；选出政府委员28人：刀登（藏）、土登（藏）、日库（藏）、扎日（藏）、白雪峰、次登郎加（藏）、扎西巴马（藏）、甲安仁（藏）、甲日尼巴（藏）、沙纳（藏）、沙筱舟（回）、却多土登（藏）、李春芳、李占林、阿曲（藏）、昂旺格桑（藏）、降央伯姆（藏，女）、所隆旺吉（藏）、贡呷降则（藏）、哲央丹增（藏）、纳瓜（藏）、达瓦（藏）、钦绕（藏）、乔志敏、樊执中、德钦旺姆（藏，女）、刘长健、罗洪则拉（彝）；昂旺格桑〔藏〕为秘书长，李春芳、孔萨益多为副秘书长。阿旺嘉措当选为人民法院院长。

11月24日政务院第60次会议通过任命西康省藏族自治区人民政府主席、副主席和委员名单，并以周恩来总理名义任命。这说明中央对西康省藏族自治区的高度重视。

国民党、蒋介石撤离大陆，逃到台湾的时候，留下了大量的国民党残匪和潜伏特务，此外还有大量的地主恶霸和土匪武装、反动会道门，蒋介石和杀人不眨眼的特务头子毛人凤亲自布置，要在川康地区建立所谓"陆上台湾"，与国民党在东南沿海策划的所谓"反攻大陆"活动遥相配合。因此，这一地区的社情、敌情十分复杂。

原西康省是刘文辉通电起义后，宣布和平解放的。解放军第26军186师于1950年3月24日进驻康定，到11月24日宣布成立西康省藏族自治区，仅仅 8 个月的时间。就全国范围来讲，西康省是除西藏而外整个大陆解放最晚的省份，却又是新中国成立后，根据《共同纲领》的规定，建立的第一个民族区域自治政权。

首都北京和全国各族同胞也关怀着雪山草地的这些巨大变化，中央媒体高度评价自治区成立的意义，认为标志着西南少数民族进入了一个"新时代"。1950 年 12 月 15 日《人民日报》在显著位置发表了该报记者沈石采写的报道，醒目的标题是：《西南少数民族的新时代——记西康省藏族自治区域第一届各界人民代表会议》。

西康解放后，在短短 8 个多月里，藏汉两个兄弟民族的关系发生了重大变化，历代反动统治者造成的民族隔阂在逐渐消除，在共产党、毛主席民族政策的光辉照耀下，以民族平等、民族团结为基础的新型民族关系正在形成，并不断发展。

天宝说：新中国成立不久，毛主席亲自决定派出以刘格平为团长的访问团到西南少数民族地区，向各少数民族人民传达共产党、中央人民政府对他们的亲切关怀，同时下大力气消除历史上造成的各民族之间的隔阂和各民族内部的矛盾，努力促进各民族内部和各民族之间的团结和友谊。格平同志和他率领的访问团，在这方面开展了卓有成效的工作，取得了显著成绩。

新成立的自治区人民政府，十分注意保护自治区境内的森林、草原和其他自然资源。1951 年 4 月，以自治区人民政府名义发布《关于保护森林》的布告，强调要很好地保护自治区境内的自然环境，禁止滥伐滥砍森林。这可能是新中国颁布的第一个关于保护森林的布告。

1951 年 10 月 5 ~ 21 日，西康省藏族自治区第一届各族各界人民代表会议第二次会议在康定召开，会议通过《西康省藏族自治区各族各界人民团结爱国公约》和《关于发展民族语言文字实施办法》。

10 月 12 日，西康省藏族自治区人民政府根据中央人民政府政务院《关于处理带有歧视或侮辱少数民族性质的称谓、地名、碑碣、匾额的指示》发出通告：将巴安县更名为巴塘县，瞻化县更名为新龙县，理化县更名为理塘县，定乡县更名为乡城县。

10月21日，西康省藏族自治区各族各界人民代表会议致电毛泽东主席暨致函西南军政委员会刘伯承主席，汇报一年来全区在建立县区人民政权，实行民族区域自治，建立藏族人民武装，提拔培养民族干部等方面取得的巨大成绩，感谢中央人民政府和西南军政委员会送医送药，帮助藏族同胞发展经济，表示今后更加团结，进一步做好各项工作。

为了进一步贯彻执行党的民族政策，加强自治地方的建设，遵照西南局的指示，1951年4月下旬，地委决定在全区汉族干部中进行纠正大民族主义思想残余的教育。各级领导干部带头联系实际，开展批评和自我批评，带动一般干部的学习。采取边学习、边检查、边改正的办法，检查纠正执行民族政策中存在的问题。

8月13日，地委发出指示，要求各级干部认真学习中央人民政府公布的《中华人民共和国民族区域自治实施纲要》、政务院公布的《关于保证一切散居的少数民族成分享受民族平等权利的决定》、《关于地方民族民主联合政府实施办法的决定》，以及中央民族事务委员会李维汉、乌兰夫正副主任委员关于民族政策的报告等文件。学习中联系工作实际和个人思想认识，总结工作中的经验教训。

1951年16～19日，西南民族事务委员会第三次全体委员会议召开，邓小平、熊克武、王维舟等70余人出席。会议讨论通过1952年西南区民族工作计划，确定西南区民族工作任务。即：推行民族区域自治，开展少数民族地区经济和文化建设，培养民族干部，加强民族团结。把"推行民族区域自治"，作为西南地区民族工作的首要任务。

邓小平在讲话中希望少数民族地区认真实行区域自治和建立民族民主联合政府，使各兄弟民族人民的经济生活一天天好起来，少数民族领导人物、积极分子应与群众一起从事劳动生产。西南民委兼主任委员王维舟、副主任委员天宝也在会上发表讲话。

作为老红军战士，天宝十分关心曾经支援过红军的僧俗民众，关心烈士的家属，以及留在藏族地区的老红军战士。1951 年，西康省人民政府发布《关于救济长征留康工农红军的指示》。

新中国的政权建设和民族区域自治建设，发展到了一个新的阶段。天宝在自己的人生道路上，也迈上了一个新的台阶。由于出色的工作，天宝得到其他兄弟民族干部群众的好评和称赞。20 世纪 50 年代，天宝与凉山彝族自治州州长瓦渣木基、延边朝鲜族自治州州长朱德海、西双版纳傣族自治州州长刀京版，被称作"四大州长"，成为民族干部的楷模。他们共同参加过党代会、人代会、政协会及民族工作会议，也结下了深厚的个人友谊。毛主席曾单独接见过他们四位。刘少奇主席、朱德委员长、周总理曾多次接见过他们，一起开会，共商国是。所有这一切，都给天宝留下了美好的回忆。

现在，四大州长中，瓦渣木基、朱德海和刀京版已经去世，只剩天宝一人。每当谈起往事，天宝总是满怀深情地回忆新中国成立初期的民族工作，回忆他们之间的深厚情谊，对老朋友们表示深切怀念。

阿坝是天宝的故乡。天宝就是从这里走上革命的道路。解放以后又回来工作，参加故乡建设，并担任四川省藏族自治区第一任主席。同时担任两个自治区主席的，就全国来讲，也只有天宝一人。

阿坝藏族羌族自治州位于四川省西北部，面积 83426 平方公里，辖 13 个县。前面谈到，20 世纪 30 年代中期，这块雪山环绕、鲜为人知的古老神奇的土地，伴随着中国工农红军长征爬雪山、过草地的壮举而闻名于世。从那以后，"雪山草地"成为阿坝地区的象征，成为中国革命历史上一个永恒的丰碑，与中国革命的历史紧密地联系在一起。这是阿坝各族人民引以为骄傲和自豪的，也是天宝和他同时代的战友们引以为骄傲和自豪的。

阿坝地区与甘孜地区紧紧相连，它们既有共同之处，又有各自的特点。阿坝地区历史悠久，居住在这里的藏族和羌族源远流长。岷江、大渡河上游河谷地带在新石器时代就已有人类繁衍生息，是藏族文化的发祥地之一。黄河之滨的松潘草地则是中华古老牧业文化向农业文化的过渡地区。大约在汉代，岷江上游形成两大部落联盟，成为历史上著名的川西北走廊，并孕育了石棺葬文化和"邛笼"（碉楼）文明。这种碉楼，在甘孜、阿坝州境内随处可见，是一道独特的风景线。

7世纪中叶，今阿坝州境成为大唐与吐蕃王朝的临界地带，汉文化和藏文化的广泛传播，使藏、汉、羌各族之间的联系日益紧密。元设茂州、松州总管府及军民安抚司，始行土司制。清雍正年间又实行"改土归流"，企图废除土司制度。但实际上土司制度并未能真正废除，直到解放初期，依然由土司统治。

阿坝藏区属于嘉绒地区，又称"四土"地区，因有四大土司而得名。主要使用嘉绒方言，亦受康方言的影响。嘉绒方言是藏语方言的一种，保留着较多的古老词汇。这一地区的宗教、文化，在总体上与其他藏族地区相同，但又有鲜明的地方色彩，在社会制度、军事体制、经济生产、生活方式等方面，都有自己的特色。在阿坝地区，有所谓"嘉绒十八部落"之说，直到新中国成立前夕，依然保持着鲜明的部落社会的特征，各个土司之间，拥兵自重，互不统属，互相征伐，竞相兼并。无论是阿坝地区内部的关系，还是嘉绒部落与旧时朝廷及周边地方政权之间的关系，都呈现出错综复杂的局面。在历史上，曾发生过一些重大战争，其中最著名的是清乾隆年间的两次"金川之役"。

清代乾隆年间，清廷两次重兵征剿金川（历史上大、小金川合称金川），是乾隆帝"十全武功"的重要组成部分。第一次金川战役用兵75000余人，耗银2000余万两。第二次金川战役耗资白银7000余万两，阵亡文武官员732名、士兵2.5万余人，先后出动兵力近20万。清军残酷杀戮金川地区的百姓，战后仅万余人幸存。清朝廷两次进剿，对嘉绒百姓即今阿坝州各族人民来说，无疑是一次空前未有的浩劫，生命财产遭受严重损失，社会生产力遭到严重破坏，各民族之间造成深深的创伤和隔阂，历经数百年难以恢复。到新中国成立后，才得以逐渐恢复和发展。两次"金川之役"，也使朝廷的力量遭到极大的削弱，国库空虚，所谓"康乾盛世"从此走向衰败；几千年的封建王朝从此走向没落，直至最后覆灭。

阿坝地区雪山阻隔，交通不便，看似偏僻，但实际上它与祖国大家庭的命运紧密相连，很多意义重大、影响深远的事件都发生在这里。共产党和红军的领导人几乎全部走过阿坝地区。

新中国成立前夕，国民党败退台湾之时，企图利用这里地势险峻、山崖陡峭、河流湍急、碉楼坚固、易守难攻、交通闭塞等特点，将国民党残匪集中到这一地区，妄图建立所谓"陆上台湾"，作为国民党蒋介石在大陆的最后一个据点。

到1952年底、1953年初，甘孜州即原西康省藏族自治区的局势已基本稳定，各县的人民政权也初步建立起来，支援人民解放军进军西藏、解放西藏，取得了巨大成绩。解放军已胜利到达拉萨，并进驻边境地区。这时，西南局做出决定，天宝在西康省的党、政、军一切职务不予变动，依然要关心和领导藏族自治区的工作，但他本人调往四川省阿坝地区，参加草地剿匪，并筹建四川省藏族自治区。

西南局和四川省委指示天宝，要积极开展工作，争取苏永和，让他与国民党反动派脱离关系，站到人民政府这一边。

在残匪已被肃清，社会治安有了保证，群众生活安定，农牧业生产开始恢复发展的有利形势下，1952年12月21～29日，四川省藏族自治区首届一次各族各界人民代表会议在茂县凤仪镇召开。出席会议的代表363人，列席人员173人。到会代表中藏族168人，占46.3%；汉族150人，占41.3%；羌族31人，占8.5%；回族14人，占3.9%。会议广泛吸收工人、农民、妇女、学生和工商界、文教界、宗教界人士参加。

西南军政委员会和四川省人民政府派代表团到会祝贺，会议听取张承武专员做的《关于茂县专区三年来施政工作的自治区人民政府工作任务（草案）的报告》；并做出了《关于本区三年来施政工作情况的报告的决议》和《四川省藏族自治区人民政府组织条例的决议》，通过了给毛主席和中央人民政府的致敬电。会议还举行了向战斗英雄和模范人物的授奖仪式，通过建立"中苏友协分会"和"四川省藏族自治区抗美援朝分会"的决定，订立了调解遗留纠纷办法和民族团结公约。

通过充分的民主协商，会议选举天宝为自治区人民政府主席，张承武、索观瀛、华尔功赤烈、苏新为副主席，并由 42 名委员组成自治区人民政府委员会，以天宝、任明道、贡唐喇嘛等 59 人组成协商委员会。会议期间，各族代表提出提案 86 件，评功授奖 228 件。

会议通过决议，正式将茂县专区专员公署更名为"四川省藏族自治区人民政府"。

1953 年，将靖化县更名为大金县、懋功县更名为小金县，建立汶川、理县、茂县、松潘、南坪、大金、小金、芦花和阿坝几个县的人民政府；同时建立绰斯甲、若尔盖、包座行政委员会和四川省藏族自治区人民政府办事处 4 个相当于县级的临时机构，1 个直属自治区人民政府领导的壤塘工作委员会。自治区共有区级政权机构 36 个，乡级政权机构 154 个，其中民族乡 7 个、过渡性乡级行政委员会 29 个。

1953 年 5 月，在天宝主持下，举行自治区草地土司、头人联谊会，到会者有 285 人。与会者就民族团结、社会治安、政权建设、发展生产等问题进行协商，并做出相应的决议。

1955 年 12 月 25 ~ 31 日，阿坝藏族自治州第一届一次人民代表会议在刷经寺举行。根据《中华人民共和国宪法》第五十三条规定和四川省第一届人民代表大会第二次会议决议，将原四川省藏族自治区人民政府更名为四川省阿坝藏族自治州人民委员会。几经调整，现全州共辖 13 个县、59 个区、285 个乡（镇）。

1952 年 12 月至 1955 年 12 月，天宝任四川省藏族自治区人民政府主席。1955年12月至1963年7月，连续三次当选为阿坝藏族自治州人民委员会州长。与此同时，天宝仍然担负着甘孜州州长。他成为全国唯一一位同时担任两个州州长的民族干部。

年近九旬的天宝回顾两州的工作时，满怀深情地说：1952年成立甘孜州，这是新中国成立后建立的第一个民族自治地方政府。同年又建立阿坝州。我在这两个州都工作过，与两州人民有密切联系。能为故乡人民做一点事，这是我一生最大的光荣和幸福。

天宝又说：我这两个州，都有点名不符实。当初都叫"自治区"，称作"西康省藏族自治区"和"四川省藏族自治区"。1955年以后，根据民族区域自治条例的规定，改为自治州。为什么叫"甘孜藏族自治州"？因为当时有个西康省，曾考虑把省府从雅安迁到康定，自治州政府迁到甘孜。阿坝州也是这样。成立时在茂县，也曾计划把州府迁到阿坝，但后来又迁到马尔康。马尔康是我的家，但与这个没有一点关系。大家认为马尔康地理环境好，经上级批准，就搬到那里了。马尔康在一条狭窄的河谷里，我看发展前途不大；阿坝县地势开阔，发展前景大，与青海藏区的联系也很密切。天宝说：时间过得真快，就这样，名不符实，研究来，研究去，几十年就过去了。我也老了，管不了啦。以后名称改不改，怎样改？让年轻的同志去决定吧！我相信他们比我们更有能力，更有智慧。天宝又说：名称并不重要，关键是内容，是实质。要认真贯彻执行民族区域自治政策，把边疆少数民族地区建设好，让各民族同胞都过上美好幸福的生活。

在建立甘孜、阿坝两个藏族自治州之后，又先后建立了青海省黄南、海南、海北、海西、果洛、玉树，甘肃省甘南和云南省迪庆八个藏族自治州，甘肃天祝和四川省木里两个藏族自治县，一共是十个藏族自治州、两个自治县。

江东与江西藏区紧密相连，这些自治地方的建立，为西藏提供了示范，促进和推动了西藏地区实行民族区域自治。

第七章
具有历史意义的盛会

      具有重要历史意义的第一届全国人民代表大会定于 1954 年 9 月在北京举行。这是新中国诞生以后，人民共和国召开的第一次人民代表大会。它标志着人民共和国在民主与法制建设方面，迈出了重要的一步；也标志着国家政治开明，社会稳定，民族团结，经济繁荣，人民幸福。

      在召开第一届全国人民代表大会时，除台湾和港澳地区以外，西藏是全国唯一没有进行普选的地区，代表是通过协商产生的。达赖和班禅均被推举为全国人大代表。这一年，达赖刚 19 岁；班禅才 16 岁，按照选举法，班禅还没有选举权，却被推举为人民代表，成为全国最年轻的人大代表。

      西藏代表共 9 人，除达赖、班禅，还有张国华、范明、协绕顿珠（即杨东生）、赤江·罗桑意西（达赖副经师）、阿沛·阿旺晋美、詹东·计晋美、尧西·泽仁卓玛（达赖姐姐）。

      昌都作为独立地区参加人代会，有 3 名代表：王其梅、邦达多吉、格桑旺堆。

      班禅于 7 月 1 日离开日喀则，7 月 9 日到拉萨，准备与达赖喇嘛联袂进京。次日，班禅到达赖夏宫罗布卡林拜会达赖。

      当时康藏和青藏两条公路尚未全线通车，康藏路只通到昌都，青藏路只通到格尔木。达赖由张经武陪同，走康藏线；班禅由范明陪同，走青藏线。按传统规矩，达赖、班禅外出远行，要乘坐轿子。但这次两位佛爷是骑马赴京，翻越大雪山。达赖说：张代表骑马，我也骑马。表示他不愿意坐轿子。班禅也没有坐轿子。

9月1日，达赖、班禅在西安相会，一同乘火车前往北京。9月4日，当两位佛爷到达北京时，朱德副主席、周恩来总理等党和国家领导人亲往前门车站迎接，举行了热烈而隆重的欢迎仪式，盛况空前。

9月11日，毛泽东在中南海勤政殿亲切接见两位佛爷。这是毛泽东第一次会见十四世达赖，也是第一次同时接见两位佛爷。这在西藏的政治生活中，是一件具有重要历史意义的事情。两位活佛都把这一天看做吉祥喜庆的日子。

按照藏族佛教界一些知名人士的说法，毛泽东是文殊菩萨的化身，达赖是观世音菩萨的化身，班禅是无量光佛的化身，三位至尊至圣的菩萨在人世间的化身，能够相会在一起，自然是一件非同寻常的事，象征国运昌隆，众生幸福。人们高兴地谈论，这真是吉祥圆满，我们的民族、我们的国家，犹如初升的太阳、上弦的月亮，从今以后会更加发达兴旺、繁荣昌盛。

这一天，毛泽东同两位活佛做了长时间亲切交谈，毛泽东勉励他们要加强学习，大胆工作，坚定不移地站在反帝爱国的立场上，为祖国、为西藏人民多做有意义的事情。这次会见，给两位活佛留下了难忘的印象。

9月15日下午，第一届全国人民代表大会第一次会议在中南海怀仁堂开幕。达赖和班禅都被选为主席团成员。会议开始之前，在休息室，毛泽东、刘少奇、朱德、周恩来亲切接见他们，并询问了几天来他们在京的情况，毛泽东关切地问：生活习惯吗？这几天参观了什么地方？有什么活动？看了什么节目？又指着周恩来说："你们有什么困难，有什么问题，有什么安排不周的地方，都可以找他。他是我们大家庭的管家，是个大管家，好管家。我们大家的事情都归他管。你们有事尽管找他，他会帮助你们。"

那天，达赖、班禅非常兴奋。他俩都穿着橘黄色的缎子袍。在所有国家领导人和各族各界各方面的代表中，他俩最年轻，也最引人注目。他俩走到哪里，哪里就响起一片掌声。

下午3时，在毛泽东主席主持下，举行开幕式。毛泽东发表了简明扼要、内容丰富、含义深刻、鼓舞人心的开幕词。毛泽东用洪亮的声音向与会代表，同时也向全国各族人民、向全世界人民宣告：

> 我们这次会议具有伟大的历史意义。这次会议是标志着我国人民从1949年建国以来的新胜利和新发展的里程碑。这次会议所制定的宪法将大大地促进我国的社会主义事业。
>
> 我们的总任务是：团结全国人民，争取一切国际朋友的支援，为了建设一个伟大的社会主义国家而奋斗，为了保卫国际和平和人类进步事业而奋斗。

毛泽东谆谆告诫全体代表，同时也教育全党和全国各族人民：

> 我国人民应当努力工作，努力学习苏联和各兄弟国家的先进经验，老老实实，勤勤恳恳，互勉互助，力戒任何的虚夸和骄傲，准备在几个五年计划之内，将我国现在这样一个经济上文化上落后的国家，建设成为一个工业化的具有高度现代文化程度的伟大的国家。

毛泽东的讲话教育、鼓舞了全体代表，也表达了全体代表和全国各族人民共同的心声，会场上响起了一阵阵暴风雨般的、经久不息的掌声。代表们的情绪仿佛又使毛泽东受到感染，这位身兼政治家、思想

家、军事家和诗人气质的共和国的缔造者，讲到这里，略为停顿，用他
炯炯有神的目光亲切地环视会场，深情地扫视了坐在身边的领导人，他
们都是几十年风雨同舟、出生入死、患难与共的亲密战友。然后加重语
气，使本来已经十分洪亮的声音，更加雄浑、更加有力、更加激动人
心，通过扬声器，在典雅古朴的怀仁堂大厅里久久回荡。为了引起代表
们的注意，毛泽东挥动着他那扭转乾坤的巨手，怀着激动的心情，庄严
宣告：

　　我们的事业是正义的。正义的事业是任何敌人也攻不破的。

　　代表们报以热烈的掌声。达赖和班禅注意到，这时一大群中外记者
又涌向主席台，将镜头对准毛泽东，闪光灯不断闪动，拍摄下这一场
景。这是短短的一瞬间。是具有深远的历史意义、人们永远不会忘记也
不应该忘记的瞬间。是共和国的历史上永存的瞬间。
　　达赖和班禅看着毛泽东，看着会场，怀着激动的心情跟其他代表一
起鼓掌。一些敏锐的记者却把镜头对准他们，闪光灯突然在他们面前闪
动，使他们骤然一惊，然后望着记者，相顾一笑。
　　毛泽东接着说：

　　领导我们事业的核心力量是中国共产党。
　　指导我们思想的理论基础是马克思列宁主义。
　　我们有充分的信心，克服一切艰难困苦，将我国建设成为一个
伟大的社会主义共和国。
　　我们正在前进。
　　我们正在做我们的前人从来没有做过的极其光荣伟大的事业。

　　最后，毛泽东又一次挥动巨手，满怀信心地说：

我们的目的一定要达到。

我们的目的一定能够达到。

全中国六万万人民团结起来，为我们共同事业而努力奋斗。

我们的伟大的祖国万岁！①

会场上再次响起了暴风雨般的、经久不息的掌声。

当时达赖、班禅都不懂汉语。中央对少数民族代表十分关心，会场上专门设置了蒙、藏、维、哈、朝、彝六种文字的同声传译。达赖和班禅都戴着耳机，听藏语翻译。但是，他们为会场上团结热烈的气氛所感染，心情十分激动。与其说是听懂了同声传译，不如说是用心灵感受到、理解了毛泽东讲话的深刻含义和丰富内容，以及永久的历史价值和巨大的精神力量。

年轻的达赖和班禅深切地感到，我们的祖国多么伟大，多么可爱！为了使我们亲爱的祖国繁荣昌盛、兴旺发达而努力奋斗，是每一个人民代表、每一个公民的责任和义务，也是我们的光荣和幸福！这两位年轻人心潮汹涌、热血沸腾，他们仿佛接受了一次灌顶、一次洗礼、一次传承，灵魂受到净化，精神得到升华！

开幕式热烈而简短，仅用了 20 分钟。4 时整，会议正式开始，刘少奇代表中华人民共和国宪法起草委员会做《关于中华人民共和国宪法草案的报告》。他的报告同样受到与会代表的热烈欢迎，怀仁堂里不断响起一阵阵热烈的掌声。

达赖、班禅和西藏代表，以及其他藏族代表和少数民族代表们，同 1100 多名人民代表一样，在关心整个国家的重大方针原则的同时，还特别关心宪法草案和报告中关于民族区域自治和民族政策、宗教政策

---

① 《毛泽东选集》第 5 卷。

方面的规定和论述。

达赖、班禅和西藏代表，对宪法草案和刘少奇的报告做了认真的讨论。

达赖、班禅和西藏代表以及其他藏区的代表，当时最关心的是两个问题：第一，如何真正贯彻实施民族区域自治，充分保证宪法赋予的少数民族当家做主的权利；第二，什么时候，以怎样的形式进行社会制度的改革，使西藏和其他藏区逐步过渡到社会主义社会。

宪法草案和刘少奇的报告对有关问题做了明确规定和详细阐述，毛泽东、刘少奇、周恩来等领导人，又对达赖和班禅当面进行了说明和解释，使他们感到满意和放心。他们认为，只要遵照宪法规定和中央的有关方针、政策去办，藏民族一定能够复兴和发展，我们的国家一定能够长治久安，各族人民一定能过上美好幸福的新生活。

9月16日下午开始大会发言。会议期间，西藏共有三位代表在大会上发言，即：达赖、班禅和张经武。

达赖喇嘛在16日的大会上发言，他说："今天在祖国的首都——北京举行的第一届全国人民代表大会第一次会议上将要庄严地制定中华人民共和国宪法，这是符合全国各民族利益的事情。关于少数民族方面：宪法草案上规定了执行毛泽东的民族平等、民族团结政策的成绩和经验。特别是宪法草案上规定了各民族按照它的发展特点制定自治条例和单行条例，以充分行使自治权利。此外，宪法草案又明白地规定'国家在经济建设和文化建设的过程中将照顾各民族的需要，而在社会主义改造的问题上将充分注意各民族发展的特点。'这都是非常正确的，我们西藏全体人民热烈地表示拥护。"

谈到新中国成立后在中央人民政府和毛泽东主席领导下，我们国家正在形成一种新型的民族关系时，达赖喇嘛说："中国各兄弟民族，特别是汉藏民族正在日益走向亲密团结之中。班禅额尔德尼能返回西藏和我相会，也进一步加强了西藏内部的团结。根据毛泽东的各民族间与各民族内部应该团结的政策，在西藏业已出现了和平友爱的气象。"

达赖喇嘛接着说："在敌人的各种挑拨中，主要的一项就是造谣共产党、人民政府毁灭宗教。西藏人民具有浓厚的宗教信仰，这些谣言曾经使他们疑虑不安，但是现在，共产党、人民政府毁灭宗教的挑拨离间的谣言，已经全部破产了，西藏人民已经切身地体会到了他们在宗教信仰上是有自由的。"

达赖喇嘛满怀信心地说："在先进的汉民族的帮助下，在我们各民族敬爱的伟大领袖毛泽东的领导之下，我们有坚定的信心，遵守宪法，执行十七条协议，逐步把西藏建设成为一个政教昌盛、繁荣幸福的地方。"①

次日下午，班禅做大会发言。他说："我这次同达赖喇嘛及其他代表，来到我们伟大的首都北京参加我国第一届人民代表大会第一次会议，并同全国各兄弟民族的代表欢聚一堂，讨论和通过中华人民共和国宪法，这在我国的历史上还是第一次。我以能够出席这样一个有伟大历史意义的会议，感到无上的光荣和无比的兴奋。"

在谈到宪法草案时，班禅说："我们经过反复的学习和讨论，我认为这个宪法草案是完全正确的，是完全代表全国各民族的平等权利；只有这样的一个宪法，才能巩固我国人民革命的胜利成果；只有这样的一个宪法，才能引导我国各民族人民坚定地向着社会主义的幸福道路胜利前进。因此，我对中华人民共和国宪法草案，完全同意，并表示衷心拥护。"

在回顾三年多来西藏发生的巨大变化之后，班禅坚定地表示："我深深地知道：强大繁荣的祖国，一定给西藏人民带来无限的光明和幸福。我们将永远团结在中国共产党和毛泽东的周围，同达赖喇嘛一起，以自己的实际行动，继续加强和巩固我藏族内部的团结以及藏族同各

---

① 《第一届全国人民代表大会第一次会议文件汇编》。

兄弟民族之间的团结，并同中国人民解放军驻藏的人员以及全西藏僧俗人民一道，更加热爱祖国，建设祖国大家庭，巩固祖国的国防，时刻警惕地防止帝国主义的挑拨和破坏，并为彻底实现和平协议，遵守人民的宪法，建设繁荣幸福的新西藏而奋斗到底。"[1]

达赖和班禅的发言，受到全体代表的热烈欢迎。他们高兴地注意到，在整个大会上，除毛泽东的讲话和刘委员长、周总理的报告，他们两位的发言，赢得了最热烈的掌声。他们也明白，并不是因为他俩的发言多么精彩，有多么丰富的内容，而是表达了各民族代表对西藏人民的关怀和爱护，同时也对他们两位最年轻的领导人寄予厚望。

在这次大会上，达赖喇嘛被选为全国人民代表大会常务委员会副委员长，班禅被选为人大常委委员。刘格平当选为人大民族委员会主任。赤江·罗桑意西、计晋美、邦达多吉当选为人大民族委员会委员。喜饶嘉措、天宝等其他省的一些藏族代表，亦被选为民族委员会委员。乌兰夫被任命为中央民族事务委员会主任。

大会的一项重要议程是通过《中华人民共和国宪法》，这是新中国制定的人民自己的第一部宪法。

宪法的《序言》开宗明义，明确规定了国家的性质和现阶段的主要任务："中国人民经过一百多年的英勇奋斗，终于在中国共产党领导下，在1949年取得了反对帝国主义、封建主义和官僚资本主义的人民革命的伟大胜利，因而结束了长期被压迫、被奴役的历史，建立了人民民主专政的中华人民共和国。中华人民共和国的人民民主制度，也就是新民主主义制度，保证我国能够通过和平的道路消灭剥削和贫困，建成繁荣幸福的社会主义社会。"

《序言》里又指出：

---

[1] 《第一届全国人民代表大会第一次会议文件汇编》。

我国各族已经团结成为一个自由平等的民族大家庭。在发扬各民族间的友爱互助、反对帝国主义、反对各民族内部的人民公敌、反对大民族主义和地方民族主义的基础上，我国的民族团结将继续加强。国家在经济建设和文化建设的过程中将照顾各民族的需要，而在社会主义改造的问题上将充分注意各民族发展的特点。

《总纲》里明确规定：

中华人民共和国是统一的多民族的国家。

各民族一律平等。禁止对任何民族的歧视和压迫，禁止破坏各民族团结的行为。

各民族都有使用和发展自己的语言文字的自由，都有保持或改革自己的风俗习惯的自由。

9月28日下午，会议胜利结束。当执行主席毛泽东庄严宣布："中华人民共和国第一届全国人民代表大会第一次会议已经顺利地完成了自己的任务。本次会议的全部议程已经进行完毕"时，全场热烈鼓掌，暴风雨般的掌声和欢呼声持续达5分钟之久。

达赖和班禅同各民族的代表一样，以无限欢快的心情，衷心祝愿这次盛会圆满成功，衷心祝愿我们亲爱的祖国欣欣向荣、兴旺发达。

同年12月21日至25日，中国人民政治协商会议第二届全国委员会第一次会议在京举行。达赖、班禅和西藏的其他委员出席了会议。班禅被选为全国政协副主席，达赖被选为常务委员。

从此，达赖和班禅不仅是西藏的政教领袖，而且成为国家领导人，肩负着重任。在京期间，毛泽东多次勉励他们："你们是最年轻的国家领导人，担负着很重的责任。你们两位都很年轻，前途远大，要好好团结，谦虚谨慎，戒骄戒躁，努力学习，大胆工作。我们要共同努力，把西藏的事情办好，把全国的事情办好，这样，西藏人民就会感到高兴。"毛泽东说："你们两位不仅是西藏的领袖人物，而且是国家的领导人，搞好你们两位活佛之间的团结非常重要。还要搞好噶厦方面和堪厅方面的团结，搞好藏族同志和汉族同志之间的团结。"

毛泽东又说："要搞好团结，就要互相学习。在藏工作的汉族同志要学习藏语文，不懂藏语文，怎么和藏族同胞接触？怎么能为藏族同胞服务？"达赖喇嘛向毛泽东汇报："张代表、张司令员、谭政委和其他领导同志都在学习藏语文，他们学得很认真，积极性很高。"毛泽东说："那很好嘛。你们两位都很年轻，建议你们在可能的条件下学点汉语文。"达赖和班禅表示一定要遵照毛泽东的教导，努力学习汉语文。达赖还提出："希望中央给我们派一位汉语教员，下次来北京开会，我不用翻译，要直接用汉语同主席交谈。"毛泽东高兴地说："很好，很好。"又风趣地对翻译说："两位佛爷学会汉语，不要翻译，你不用担心，你不会失业。以后可以当干部。当然，翻译也是干部。我说的是当领导干部，担负更重要的责任。西藏有很多工作要做，需要大批优秀的干部。"

从那以后，达赖和班禅就开始学习汉语文。班禅也向中央统战部提出，要求给自己派一位专职汉语教员。

刘少奇委员长也曾同他们亲切交谈，勉励他们说："现在你们当了人民代表，说明肩上的担子更重了，不但要关心西藏的事情，还要关心全国的事情。人民代表就要很好地代表人民。人民代表、副委员长、副主席，不只是个荣誉，也不只是个地位和待遇，更重要的要负起责任和义务，协助党和政府，共同把我们国家的事情办好，让我们的祖国强盛起来，让各族同胞的生活，一天天好起来。"

还有一件需要提及的事情是，年轻的达赖喇嘛正在学习佛教经典，准备考取"格西"学位。同时在经师指导下，学习语言学、诗学等藏族传统文化。1954年上半年，他在拉萨用藏文写了一首诗：《毛主席颂》，用以表达他对毛主席的爱戴和崇敬之情。到北京后，达赖当面呈送毛泽东主席。毛泽东感到很高兴，向达赖喇嘛表示感谢，并谦虚地说："我和你们一样，都是普通的国家工作人员，不值得歌颂。应该歌颂我们伟大的祖国，歌颂人民，歌颂各民族的大团结。"

现在很多人不知道达赖写过歌颂毛主席的诗，为了更全面地了解西藏工作发展的历史进程和达赖思想发展演变的过程，不妨抄录如下：

毛主席颂
实语祈祷无坏常乐赞文

祖国伟大领袖、中央人民政府毛主席，是由前世多生培福修德而出现的转轮圣王。我旦有心想写一个赞文来祝贺他的事业宏广、长寿无疆，恰好去年内蒙甘珠寺葛喇藏噶根也从远道写信来要求，借此因缘，特写了这个颂词。

第十四世达赖喇嘛写于罗布林卡胜福宫

世间一切圆满的幸福，都能随我们的愿望而给予满足。三宝呵！愿您的无可比拟的光辉，永远地把我们照耀保护。

您是创造世界的大梵天，您是开天辟地的众尊王，您是创造丰功伟业的人中俊杰，您是普照世界的太阳。

您的著作精深如无底的海洋，浩繁如太空无边无量。伟大而光荣的毛主席，愿您永在世间万寿无疆。

您是抚养我们的慈母，广大的人民都踊跃地把您赞扬。您使我们消除了隔阂达到亲密团结。愿您——和平道路的指导者，永远万寿无疆。

被痛苦和黑暗控制的大地，已经完全得到解放。愿您再发出万丈幸福光芒，使我们永远得到安乐而庆贺赞扬。

您的事业犹如大白宝伞，清凉地覆盖着天上人间；您的声誉犹如伞上的金铃鸣响，愿永远在我们的头顶上旋转。

凶暴的敌人如同毒蛇，他们心怀险恶如蛇行屈曲。您是能够制服他们的大鹏金翅鸟，愿您的威力永远无穷地增长。

繁荣富强的经济文化建设，压倒敌人的一切科学技术力量，如大海涨潮一般，时时刻刻都在不断地向上发展。

释迦的正教象月明珠光放射清凉的光辉，象珠鬘放散出龙脑的芳香。我们是多么骄傲啊！因为我们可以毫无阻碍地顶戴着它。

您伟大的思想如同九霄云层，您的号召如同天的雷鸣，从这里降下一视同仁的平等的甘霖。降吧！请不断地下降来润泽世界万物滋生。

江河能把金沙带给大地，和平正义能引来无边众生的幸福。江河的水啊！愿您的福泽永远普及大地。

愿大地的幸福生活越来越好，实现人间的天堂。愿伟大的领袖——世界的明灯，千秋万世把人间照亮。

愿佛菩萨的慈悲，护法神的神通，成就大仙的真实语言——这一切力量，使我的这些善良的祝愿都能得到实现。[①]

值得注意的是，写这首诗时，达赖喇嘛才 19 岁。

人代会刚刚闭幕，就临近国庆节。这一年的国庆具有特别重要的意义。

逢五逢十要大庆，1954 年的国庆节，恰逢新中国成立后的第一个五年。但是，其重要意义远不在此。

国民经济顺利度过了三年恢复时期，旧中国留给我们的千疮百孔的旧摊子得到整顿治理，在一片废墟上建立了新的秩序，发展国民经济的第一个五年计划开始实行，并取得了令人鼓舞的成就，它标志着我国已开始有计划、有秩序地进行大规模的经济建设。除西藏和其他一部分

---

① 大千译，转引自《民族团结》1959 年第 5 期。

少数民族地区外，全国广大翻身农民喜气洋洋地逐步走上互助合作的道路。中国人民志愿军和朝鲜人民一道，在抗美援朝斗争中取得了决定性的伟大胜利，挫败了美帝国主义妄图把战火烧到我国领土，进而扼杀新生的人民共和国的罪恶阴谋，我国的国际威望日益提高，在国际事务中的影响越来越大。第一届全国人民代表大会第一次会议取得圆满成功，第一部人民自己的宪法诞生了，它把中国各族人民在共产党、毛泽东领导下经过几十年艰苦奋斗取得的胜利果实，用法律的形式固定下来。

虽然我们的国家还很贫穷，还很落后，还有许多困难和问题，还有许多不尽如人意的地方，但是，960万平方公里的锦绣山河，到处充满了灿烂的阳光；新生的共和国，犹如旭日东升，朝气蓬勃，欣欣向荣，生机盎然，光华万丈。

就在这种真正的大好形势下，全国各族人民迎来了自己的盛大节日——第五个国庆节。

应国务院办公厅和北京市人民政府的邀请，达赖和班禅参加了首都的国庆活动。出席了国庆招待会和国宴，参加了各种座谈会，会见了来自全国各地方、各条战线的代表人物和英雄模范。他们还以中华人民共和国国家领导人的身份，会见各国来宾和各界知名人士，其中包括苏联党政代表团团长尼·谢·赫鲁晓夫和印度总理尼赫鲁。

在所有这些活动中，毛泽东、朱副主席、刘委员长、周总理以及其他方面的领导人，对达赖、班禅关怀备至，尽心照顾，处处将他们放在显要位置。

尤其使达赖、班禅难以忘怀的是，10月1日那一天，他们同毛泽东、朱德、刘少奇、周恩来、宋庆龄以及其他党和国家领导人一起，登上天安门城楼，观看、检阅了人民解放军陆海空三军的阅兵式和首都百万群众的盛大游行，晚上又同首都人民一起观看焰火。

达赖和班禅深切感受到首都人民和全国各族人民发自内心的对共

产党、毛泽东的无限热爱，对新生的共和国的无限热爱，对正在进行的伟大社会主义建设事业充满必胜的信念。

国庆之后，达赖、班禅和其他西藏代表到全国各地参观、视察，他们先后到南京、上海、天津、沈阳、哈尔滨、抚顺、内蒙古和延边等地区，受到各地领导人和各族各界群众的热烈欢迎。

新中国成立以后，尤其是近一年来，西藏的形势也发生了可喜的变化，各项建设事业取得了很大成绩。在这种大好形势下，迎来了藏历木羊年新年，也为节日带来了新的喜讯，增添了新的内容。

达赖和班禅在京期间，康藏和青藏两条公路全部竣工，并全线通车。12月25日，在拉萨、雅安、西宁、成都和北京五个城市，同时举行热烈而隆重的通车典礼和庆祝活动。

两条公路的建成，对建设西藏、保卫边疆、改善人民生活、增强民族团结、维护祖国统一，都具有十分重要的意义。毛泽东特为康藏、青藏两条公路全线通车题词："庆祝康藏、青藏两条公路通车，巩固各民族人民的团结，建设祖国。"

《人民日报》于当天发表题为《在"世界屋脊"上创造幸福生活》的社论。两条公路的通车，也给达赖和班禅在祖国内地的活动，增添了新的内容，形成了更加欢快、祥和、友好、团结的气氛，为进一步解决西藏问题，创造了更加有利的条件。达赖和班禅都感到十分高兴，通车典礼那天，他俩撰文，表示热烈祝贺。

研究西藏问题的人，一般都把20世纪50年代初，看做西藏工作的黄金时代。的确，当时在党中央、毛泽东亲切关怀和直接领导下，国际国内都出现了对西藏工作十分有利的形势。当时，中央对西藏工作的一切重大方针政策，几乎都是由毛泽东亲自决定、周总理贯彻实施的。

这期间，毛泽东多次接见来自西藏的各方面人士，同他们亲切交谈，了解情况，调查研究，并发表了一系列重要指示，成为毛主席指导西藏工作的重要内容。

在对外关系方面，新中国成立以后，中国和印度之间的关系不断得到改善和加强。1954年4月26日，中华人民共和国和印度共和国在北京签订《关于中国西藏地方和印度之间的通商和交通协定》。协定中第一次提出了互相尊重主权和领土完整、互不侵犯、互不干涉内政、平等互利、和平共处的五项原则。这和平共处五项原则，从此便成为我国处理国与国之间关系的基本原则。同日，双方换文，规定了撤退印度在中国西藏地方的武装部队等问题。

所有这些，对彻底消除英帝国主义在中国西藏的殖民地影响，改善和加强中印友好关系产生了重要作用。

5月20日，当时在西藏的达赖、班禅以及西藏地方政府，分别致电毛泽东主席，表示坚决拥护中国和印度关于中国西藏地方和印度之间的通商和交通等协定。

同年6月，周恩来总理访问印度，同尼赫鲁总理发表联合声明，宣布和平共处五项原则是指导中印两国关系的基本原则。

如果说50年代初，是西藏工作的黄金时代，那么，中印两个伟大的友好邻邦的关系，也处于"蜜月"时期。这对西藏局势的稳定和各项事业的发展，都具有重要意义。

达赖和班禅结束在南方和东北的参观视察，恰逢藏历木羊年。1955年2月24日，是藏历正月初一，达赖和班禅回京后，立即向周总理汇报说，他们想在京隆重庆祝新年佳节，邀请毛主席和其他中央领导共度新年，借此机会回顾新中国成立后西藏所取得的发展和进步，进一步推动西藏的各项事业，并对我们在内地期间所受到的热情款待和无微不至的关怀，表示感谢。周恩来高兴地说："我们想到一起去了，中央也正等你们回京后，商量过节的事。党中央、国务院要向你们二位，并通过你们向广大藏族同胞祝贺新年。"

2月23日是藏历除夕。当天下午和晚上，毛泽东在自己的寓所丰泽园分别会见达赖和班禅。达赖和班禅向毛泽东汇报了他们在祖国内地参观视察的收获和心得体会，毛泽东向他们祝贺新年。

达赖汇报说："正如主席指示的，我们西藏各方面的条件都很落后，但我们可以向主席保证，在您和中国共产党领导下，我们一定做好西藏的各项工作，不断的提高。"毛泽东说："我有信心，在你们两人领导下，西藏的事情一定会做好。但不要急，慢慢地来，做事情要取得大多数人的同意。固然，在三五年之后，做好事还会有人反对，但反对者不是老百姓，而是贵族、官员、头人和寺庙的堪布等。你们应该像老师一样地去教他们，要耐心地团结他们。""你们根本不前进，我们是不赞成的，我们欢迎你们进步。但是你们应该根据实际情况，和大家团结一致地搞工作，不能在内地看到一些建设发展情况而着急。过去有些共产党员去苏联参观回来后，看了苏联的先进情况，也有些着急，想一下办很多好事，但条件不成熟，好事成了坏事。"

毛泽东又说："做事应该广泛地和大家商量，比如藏钞问题，起初堪厅不同意，你们向他们解释，征求他们的意见，这样做很好，你们很会办事。我们在中央办事也经常征求地方政府的意见，和你们商量，请你们放心，我们不会强迫你们办任何事情。"达赖说："在藏钞和一些问题上，起初有些人不了解情况，不同意，由于用了这样的方法，使许多人已经改变了他们的看法。"

班禅对中央帮助西藏人民修建公路、抢险救灾，再次表示感谢。毛泽东回答说："不能只说汉族帮少数民族的忙，少数民族同样是帮助汉人的。……有些矿产在我们汉人地区是没有的，但是在你们少数民族地区有。汉人离开少数民族是不行的。因此只说汉人帮助少数民族是不完全的。"

毛泽东还说："由于过去汉人的统治阶级，统治你们、压迫你们，造成了不好的影响，所以产生了对汉人的害怕，影响不好，因此我们今后必须很好地多办些好事，才能使西藏人民慢慢相信汉人是帮助他们的，不是搞他们的。"

达赖向毛泽东汇报时说：天津、上海和东北地区的大工业生产，给我留下了很深的印象。苏联援助我们的一些重点工程，如第一汽车制造厂，对建设我国自己的新型工业体系，具有重要意义，应该向苏联政府和苏联人民表示感谢。毛泽东说："我们的国家是一个落后的国家，工业很不发达，有许多机器我们自己还不能制造。我们没有大量的钢，但这不要紧，我们可以建设。再过 50 年，我们就可以建成一个像样的国家。我们的国家过去是常受人欺侮的国家，欺侮我们最可恶的是美帝国主义。我们的国家本来是地大物博，人口众多，自然条件及气候条件也很好，只是过去由一些坏人在这里领导，政治上不好，因而各方面比一般的先进国家落后一百多年。"

毛泽东还说："在我们国家里，许多地方还很落后，西藏也是落后的，这是应该承认的，我们承认落后是有好处的，我们可以向先进的国家学习，向苏联学习。这样，我们向先进的国家和民族学习，在我们内部各民族间互相学习，亲密团结，共同建设，那末我们各民族都有希望，全国都有希望。"

24 日，达赖和班禅在中南海举行盛大宴会，邀请毛主席、朱副主席、刘委员长、周总理，党和国家的其他领导人，各民主党派、各群众团体负责人以及各族各界的代表人物，共度新年。

那天下午，达赖和班禅早早地来到中南海，在休息室门口迎候客人，两位佛爷身穿黄缎藏袍，容光焕发，喜气洋洋。毛泽东、刘委员长和周总理都比原来估计的时间要早一些到达，在休息室同达赖、班禅交谈。达赖和班禅等了很久，不见朱总司令来，他们很希望朱总司令也和他们一起共庆新年。在他们看来，朱总司令是位忠厚的长者、慈祥和蔼的老爷爷。班禅风趣地对达赖说："起初我以为朱总司令是位非常厉害的人，一见面才知道，他不像一位统率几百万大军的将军，倒像一位慈祥的老活佛。"达赖一面同毛泽东等人谈话，眼角不时朝门口扫视。周恩来立即发现他们在等谁，抱歉地说："朱副主席前两天到外地视察去了，不能同你们一起过节，他要我向你们表示歉意，并向你们祝贺新年。"

那天，在一排长沙发上，毛主席坐中央，达赖、班禅、刘委员长、周总理分坐两边，茶几上摆满了各种油炸果子、卓苏琪玛和各种吉祥物，完全照藏族传统习惯布置。

毛泽东对达赖、班禅说："等一下我讲几句话，向你们表示节日祝贺，可以吗？"达赖、班禅立刻说："欢迎！欢迎！主席有什么教导，我们非常愿意聆听。"毛泽东说："不是教导，是祝贺。"说着从衣兜里拿一张折好的稿纸，递给刘少奇，说："您看看，行不行？"刘少奇很快扫了一眼，立即递给周恩来。周恩来看后，双手还给毛泽东，说："很好，很好！"毛与周之间隔着达赖，他接过稿纸，转交毛泽东，学着周总理的口气，用汉语说："很好！很好！"说完，他自己先笑了起来，毛泽东等人也爽朗地笑了起来。

五位领袖在一起，愉快地交谈，亲密无间，在场的人们非常高兴，极为感动。记者们不断把镜头对准五位领袖，拍摄了这一具有历史意义的场面。五位领袖欢度藏历木羊年的照片，被翻印多次，至今是藏族人民最喜爱的珍品。

宴会开始时，达赖喇嘛首先讲话，对敬爱的毛主席、刘委员长、周总理，以及所有贵宾光临招待会，和在京的藏族同胞一起，欢度藏历木羊年新年，表示热烈欢迎和衷心感谢，并向毛泽东和所有贵宾致以节日祝贺，祝愿"扎西德勒"——吉祥如意。

接着，达赖喇嘛请毛泽东致词。那天是达赖、班禅做主人，事先商定由周恩来致祝词，并没有安排毛泽东讲话。可能是头一天同两位佛爷谈得融洽愉快，毛泽东心里高兴，欣然命笔，书写祝词。他首先向达赖、班禅和全体藏族同胞致节日祝贺。然后说：

当着藏族新年的时候，让我们向达赖喇嘛、班禅额尔德尼祝贺，向西藏全体在京人员祝贺，向西藏和其他地区的全体藏族人民祝贺！我们大家应当努力，进一步加强和巩固我们各民族间的团结，进一步加强和巩固汉、藏民族间以及藏族内部的团结，共同建设我们伟大的祖国。

毛泽东提议："让我们：为达赖喇嘛、班禅额尔德尼的健康，为西藏全体在京僧俗人员的健康，为我国民族的大团结而干杯！"[①]

毛泽东的讲话，受到大家的热烈欢迎，成为指导西藏工作的基本方针和原则。

藏历木羊年新年，在隆重而热烈的气氛中度过了，给达赖、班禅和所有藏族同胞，留下了永远难忘的记忆。他们亲眼看到、亲身感受到，毛泽东和他的亲密战友刘少奇、周恩来、朱德以及其他领导人，是那么团结一致，互相尊重，彼此信任。以毛泽东、刘少奇、周恩来、朱德为核心的中国共产党和中央人民政府的坚强领导，是中国社会主义革命和社会主义建设事业不断取得新的胜利的根本保证。

达赖、班禅这两位宗喀巴大师的弟子，两位教友，亲如兄弟，情同手足，相敬相爱，亲密无间。毛主席、朱副主席、刘委员长、周总理，对他们是那样关怀备至，体贴入微。这种亲密团结的友好关系，是十三世达赖喇嘛和九世班禅失和以来从未有过的。这是中央人民政府和毛泽东主席亲切关怀的结果，是共产党、毛泽东的民族政策在西藏的重大胜利。达赖、班禅的亲密团结，西藏人民内部的团结，藏民族内部的团结，同样是西藏和其他藏区的社会主义革命和建设事业取得胜利的重要保证。

1954 年，颁布的《中华人民共和国宪法》，把民族区域自治制度在国家根本大法中给予确认，并根据民族地区的实际情况，把我国民族自

---

① 张定一：《1954 年达赖、班禅晋京记略》，中国藏学出版社，2005，第 227~228 页。

治地方规范为自治区、自治州、自治县三级。还规定民族自治地方的自治机关既行使同级一般国家机关的职权，同时还行使自治权。对自治机关的自治权具体规定为：依照法律规定的权限管理本地方的财政；依照国家的军事制度组织本地方的公安部队；可以按照当地民族的政治、经济和文化特点，制定自治条例和单行条例。《宪法》的这些规定，为民族区域自治制度走向完备迈出了重要一步。

第八章
"团结、进步、更加发展"

　　毛主席风趣而又亲切地对十世班禅说："我这个人薪水不多，开支不小。一要抽烟，二要喝茶，三还要买点书看。这样一来，所剩无几。你们要走了，我也没有什么礼物可送，就送你们八个字：团结、进步、更加发展。作为临别赠言。"

　　为了进一步促进西藏内部的团结，加快西藏的建设步伐，1955 年 3 月 9 日，国务院举行第七次全体会议，在周总理亲自主持下，专门讨论西藏工作。邓小平、陈毅等同志出席了会议。主要有两个内容：一是关于成立西藏自治区筹备委员会的问题，二是解决噶厦和堪厅之间的历史遗留问题。关于这两个问题，从 1953 年开始，就做了大量的筹备工作，进行了充分的酝酿协商。以阿沛为首的噶厦代表和以计晋美为首的堪厅代表，进行了长期的谈判，最后终于达成一项协议，报国务院审批。会议通过了《国务院关于成立西藏自治区筹备委员会的决定》，决定由达赖任主任委员，班禅任第一副主任委员，张国华为第二副主任委员。会议还通过了《国务院对于西藏地方政府和班禅堪布会议厅委员会之间关于悬案问题的谈判达成的协议的批复》。这一协议的通过，使噶厦和堪厅之间的历史遗留问题，得到进一步解决。

　　达赖和班禅发表了重要讲话。达赖说：

西藏人民同汉族以及其他兄弟民族间发生政治上、经济上以及文化上的联系已经有一千多年的历史。但在历代的皇朝统治时期,却对西藏人民实行强权压迫,尤其是国民党反动派以种种阴谋制造各民族间以及西藏民族内部的不团结,外国帝国主义又对西藏实行武装侵略,或施以诱骗手段,一心想使西藏永远做它们的奴隶。正是由于这种长期遭受内外强权压迫和剥削的事实,使我们处于极度落后和贫困的境地。正在这日趋穷途之际,中国共产党所领导的中国人民革命取得了伟大的胜利,在1951年签订和平解放西藏的协议以后,西藏人民永远摆脱了帝国主义的羁绊,回到了祖国大家庭中。

达赖喇嘛以极其愉快的心情回顾了这次来内地参加人民代表大会参观访问的感受,然后说:"我们的祖国是一个土地广大,人口众多,物产丰富的国家。在中国共产党和毛主席的领导下,在各民族平等团结空前巩固的基础上,共同一致地努力发展建设事业的结果,使祖国一定能胜利地走向社会主义社会。我们西藏人民以自己是祖国大家庭的一员而感到光荣和骄傲。我们相信西藏人民在中国共产党和毛主席的领导下,在先进的汉民族的帮助下,一定能够建设起一个幸福美满的新西藏。"

在谈到西藏的工作时,达赖喇嘛说:这次我们在北京期间,根据毛主席高瞻远瞩的教导,有关西藏内部的事务,经过充分的协商讨论,将做出决定。达赖表示:"我们将愉快地拥护和遵守这些决定,加强各兄弟民族间,尤其是汉藏民族间,以及西藏人民内部的团结,圆满地进行建设西藏的工作。"

班禅接着讲话,首先回顾了到内地后的感受和体会,他说:这次的内地之行,"对我们来说,是增加了不少的新知识,进一步认识到我们祖国的伟大和可爱,同时,也更深刻地体会到祖国大家庭给我们的温暖。"班禅说:"使我们最感激的,就是我们在京留住期间,由于毛主席对西藏人民和我们的亲切关怀和指示,以及各位首长的具体帮助,经过40余天的协商讨论,顺利地解决了西藏今后的统一问题,确定成立西藏自治区筹备委员会,并明确规定了自治区筹备委员会的性质、任务和组织机构等问题,同时还解决了我们过去没有解决的历史悬案问题。这些较为复杂的问题的解决,对我们西藏内部进一步的团结和整个西藏建设事业的发展,奠定了良好的基础和新的开端,对今后西藏团结的发展,是会起很大的作用的。因此,我今天在这个会议上,首先要向我们的毛主席和各位首长表示衷心的感谢。"

班禅向周总理、邓小平、陈毅等领导人表示:"我们今后要在这个新的基础上,坚决遵守毛主席指示的'互相信任、互相尊重、互相谅解、互相帮助'的精神,进一步做好团结,并遵循新中国宪法所指示的方向和道路前进,彻底执行和平解放西藏办法的协议,积极地做好西藏自治区筹备委员会的工作。总之,我们坚决以实际行动加倍地做好建设新西藏的工作,来答谢毛主席、各位首长和祖国人民对我们的期望和信任。"班禅最后说:"我们回西藏后,希望各位首长同志们,随时多给我们指导和帮助。"①

3月14日,《人民日报》发表题为《西藏地方工作发展的新阶段》的社论,高度评价这次会议取得的积极成果。社论指出:

国务院第七次会议通过了关于成立西藏自治区筹备委员会、关于帮助西藏地方进行建设事项和关于有关西藏交通运输问题等决定,同时对于西藏地方政府和班禅堪布会议厅委员会之间关于历史和悬案问题的谈判达成的协议作了批复,表示满意。这些决定的实施和西藏内部问题的解决,将进一步加强西藏各阶层人民在

① 以上讲话见《达赖、班禅在祖国各地》,1955年新华通讯社资料汇编。

反帝爱国旗帜下的大团结，加强汉藏人民的大团结，并且促进西藏地方政治、经济和文化的发展进步。标志着西藏工作的一个新阶段，标志着中国共产党的民族政策的又一伟大胜利。

社论充分肯定了解放四年来，西藏在各方面的发展和进步。在谈到达赖与班禅的关系和西藏内部的团结时，社论指出：

> 过去，由于满清政府和国民党反动政府长期实行民族压迫和分化政策，由于帝国主义的挑拨离间，西藏内部曾经长期处于分裂状态。西藏和平解放以后，根据协议，在达赖喇嘛和西藏人民的欢迎下，班禅额尔德尼在1952年顺利地返回了西藏，恢复了固有的地位和职权。这次达赖喇嘛和班禅额尔德尼共同来到北京，又遵照毛主席的指示，由随行来京的西藏地方政府和班禅堪布会议厅委员会的重要官员根据互相信任、互相尊重、互相谅解、互相帮助的精神，对西藏地方政府和班禅堪布会议厅委员会之间关于历史和悬案问题进行了友好的商讨，拟定了解决的办法，达成了双方一致同意的协议。这是继1951年达赖喇嘛和班禅额尔德尼恢复友好关系之后，西藏民族内部团结上的又一重要发展。这项协议的达成，进一步为西藏地方统一的自治机关的建立和其他政治、经济的建设带来了有利的条件。①

所有这一切充分表明，中央和有关部门在尽一切努力，消除帝国主义和历代反动统治者留下的消极影响，促进达赖、班禅之间和西藏内部的团结，推动西藏的各项建设事业。

达赖、班禅来京开会并参观视察，取得了圆满成功。藏历年过后，

① 1955年3月14日《人民日报》。

他们分别到中南海向毛泽东辞行。3月8日，毛泽东亲自到御河桥达赖寓所为他送行。半年多的相处，他们之间建立了亲密的友谊，彼此都有一种难分难舍的感觉，怀着依依惜别的心情，做了长时间亲切交谈。陪同会见的有刘格平、汪锋、张经武等。中央准定由刘格平、张经武陪同达赖喇嘛返藏。

毛泽东认为达赖年轻、聪明、善于思考、勤奋好学，勉励他以后要更努力地学习，不但要学经典，还要学习科学文化知识，才能担负起领导责任。毛泽东进而指出：

> 我们要向先进的国家和民族学习。学习对本民族有用的东西，但不是所有的方面都学别的民族，而要保持本民族的特点，比如我们中国的文工团到外国去演戏，演我们民族的戏剧、歌舞，大受别国人民的欢迎，如果我们全学外国的戏剧等在外国演出，人家是不欢迎的。每个民族能在世界上很长的时间内保持下来，是有理由的，就是因为其长处及特点。

毛泽东问在座的张经武、汪锋："他们西藏的旗子现在还用吗？"张答："还用，那是一个军旗。"毛泽东说："每一个民族都可以有代表本民族的旗帜。"毛泽东接着问达赖："你们西藏也有一个吗？"达赖答："有一个旗，即是藏军的营房上悬挂和藏军外出时打的旗。此外再没有其他的旗。"毛泽东鼓励达赖说："你很有希望，比我年轻，全中国的事你都要管。我们要将全中国都搞好，再把眼光放大，要把全世界都搞好，佛教的教义就有这个思想。佛教的创始人释迦牟尼是代表当时在印度受压迫的人讲话，他当时主张普度众生，他为了免除众生的痛苦，他不当王子，创立了佛教，为众生免除痛苦。因此你们信佛教的人和我们共产党人合作，在为众生（即人民群众）解除压迫的痛苦这一点上是共同的，当然有许多不同之点。"

毛泽东指出：有些汉族干部不愿在西藏工作，"天天喊叫要回来，这还是为汉族打算，而没有为藏族打算。有些人主观主义严重，很急躁，觉得别人落后，看不惯人家，实际上他忘了自己也落后。现在汉族比较进步一些，是从落后过来的，但是两千年之后的人看我们，那我们又很落后，就像我们现在看孔夫子十分落后是一样的。""社会总是进步的。"毛泽东对达赖说："你回去后应该将情况向他们（指噶厦官员）讲清楚。将来自治区成立时，他们还会有一些怀疑，主要是怕对他们的利益有损害。"最后，毛泽东说：

> 我们对西藏民族的希望很大，将来会对我们有很大帮助，会对全世界有帮助，这一点要说清楚，民族之间的帮助是互相帮助。西藏藏族在政治上给我们的帮助很大，民族团结搞好了事情就好办，这次你们来到北京和去各地参观，汉族人民对你们很重视，不论在招待、欢迎各方面都表现了我们是团结得很好的。比如拿国防来说，西藏对我们的帮助也是很大的，如果你们同帝国主义合作，以金沙江和我们为界，与我们为敌，事情就很难办，而现在我们团结了，就好了，全国人民对你们很重视的道理就在这里。全世界人民也很重视。因此不要以为你没有资本，你们是有资本的，而且有很大的资本，将来在经济上西藏也会对我们有很大的帮助。

谈到如何在西藏实行民族区域自治时，毛泽东说："在西藏工作的汉族干部是去帮忙的，不是代替的。实行区域自治是真正的自治，主要是依靠西藏自己的干部。但为了取得汉民族的帮助，我们可以在自治区内派少数的汉族干部，去全心全意地帮助。……为了帮忙，性命也可以放弃，但还要把忙帮好，不准帮坏。"

毛泽东还说："将来在经济上西藏也对我们有很大的帮助。你们那里过去是一片大海，这是几千万年以前的事。现在我们用的石油，是由几千万年以前海底的小生物压在土底下慢慢变化来的。因此，在你们那里可能有大量的石油，同时还有各种矿产，将来开采后，对国家建设很有用。"

毛泽东就即将成立的西藏自治区筹备委员会，以及今后西藏的工作，深入地、诚恳地同达赖交换了意见，并勉励达赖要大胆地担负起主任委员的责任，同西藏工委、军区，同班禅亲密团结，共同把西藏的事情办好。①

3月9日，毛泽东到畅观楼去看望班禅，同班禅做了长时间亲切交谈。在座的有汪锋、范明、计晋美等人。毛泽东一开始就说："昨天我去看望了达赖，今天特意来看您，为您送行。"毛泽东又说："每个民族都应当有自己的民族领袖，西藏有达赖和班禅这样的领袖是很好的。"班禅听到毛泽东称自己为"领袖"，感到很惊讶，以为自己听错了，或者是计晋美弄错了。班禅会见毛主席时，一般不用平时的翻译，而由计晋美担任。毛泽东看到班禅吃惊的样子，用长辈的和蔼态度，慈祥地微笑着，又重复了一遍。班禅非常激动，他有些承受不了，真诚地说："我不是领袖，只有毛泽东是各族人民的伟大领袖。"毛泽东认真地说："您就是领袖嘛！我看在西藏，不能只喊'毛主席万岁！''朱总司令万岁！'还要喊'达赖喇嘛万岁！班禅喇嘛万岁！'"

毛泽东转而问计晋美，"我早就给张代表讲过，在西藏，不能只挂我和朱总司令的像，还要挂达赖和班禅的像。他们挂了没有？"计晋美回答说："前年和去年国庆节时，在拉萨和日喀则都挂了。"毛泽东满意地笑了，说："这就好嘛！"

几个月后，毛泽东在接见西藏国庆观礼团时，代表们激动地高呼："共产党万岁！""毛主席万岁！"毛泽东挥手致意，然后高呼："达赖喇嘛万岁！""班禅喇嘛万岁！"

_____

① 《西藏35年纪事》上，第131~133页、第138~139页；《中共西藏党史大事记》，第56页。

毛泽东转而对汪锋、范明说："我们进藏是诚心诚意的帮助的,不是代替的,而且帮助还要帮助好,不能让人家不舒服。""汉族干部(指班禅警卫营中的教导员、指导员)也要慢慢减少,要培养他们的干部。他们警卫营穿衣服,不一定穿解放军衣服,可以穿自己的衣服。"班禅说:"我们感到是个部队,为了整齐,大家都愿意穿解放军的衣服。"毛泽东问起部队驻公觉林的问题时,班禅回答说:"公觉林虽然是我夏天住的地方,我们的部队驻,我是很欢迎的,但是因为群众影响不好,我们不能不提出,我们提出后很快就解决了。"

毛泽东说:"昨天,我和达赖喇嘛谈话时,达赖说他的哥哥在国外不回来怎么办?我说:'你不害怕,你回来了;他害怕,不回来也可以。他不害怕,回来也好。'有些人对我们不了解,他们还要十年、八年的看我们。这要我们做好工作,而且长期的做好工作。"毛泽东问班禅:"你们回去路上送礼收不收钱?"计晋美答:"过去我们来时,沿途老百姓送礼,有的退还,有的给了寺庙,让他们做点好事。"毛泽东说:"是不是收一点,表示一下?还是采取收两块,赏三块的办法好?你们今后有些开支,国家可以帮助。你们如果不收礼,老百姓既能见佛爷,又能不花钱,这样老百姓会对你们更好。"汪锋说:"达赖、班禅曾经给拉卜楞写信劝止送礼和准备铺张欢迎他们。"毛泽东说:"这样做很好。"毛泽东还要进藏的汉族干部都要学习藏文、藏语。①

毛泽东又详细询问了准备情况,并指示汪锋、范明和计晋美要认真负责,尽心尽职,让佛爷平安返回西藏。班禅非常感动,一再表示感谢。

毛泽东点燃一支"中华"烟,猛吸一口,又轻轻吐出去,说:"昨天我给达赖讲了,我这个人薪水不多,开支不小。一要抽烟,二要喝茶,三还要买点书看。这样一来,所剩无几。你们要走了,我也没有什

---

① 《西藏35年纪事》上,第131~133页、第138~139页;《中共西藏党史大事记》,第56页。

么礼物可送，就送你们八个字：团结、进步、更加发展。作为临别赠言。"班禅说："毛泽东的教导非常重要，我一定牢记在心，认真贯彻。"毛泽东又说："前年我对国庆观礼团的朋友们说了这个意思，旧话重提，无非是要引起大家的重视，进一步搞好团结，争取进步和发展。"

毛泽东问计晋美："你赞成不赞成团结？"计晋美说："赞成。"毛泽东又说："你愿不愿意进步？"计晋美说："愿意。"

毛泽东放下只抽了一半的烟蒂，平伸双手，在大家面前停一会儿，然后慢慢合拢，用慈祥的目光看着班禅，说："那好，我们都想到一块儿去了。团结了，进步了，也就会发展。"毛泽东说："现在我们还很穷，很落后，西藏要发展，内地要发展，全中国都要发展。"[①]

以后，经中央讨论决定，"团结、进步、更加发展"，就成了指导西藏工作的基本方针。第二年陈毅副总理到西藏时，代表党中央，正式作了传达。

这之前，毛泽东还分别会见了索康·旺钦格勒和阿沛·阿旺晋美等领导人。毛泽东在接见索康时，着重谈了少数民族主要是藏族与汉族的关系问题。毛泽东说：

少数民族的人口占全国人口的十四分到十五分之一，十四个人帮一个人，完全可能，完全应该。不是去剥削，而是去帮助。将来少数民族帮助汉族，如现在内蒙古就是这样。所以是互相帮助。你们那里广大得很，是很好的地方，人很聪明、勇敢。西藏民族很有希望，将来可以帮助我们，对国际上也可以有贡献。

毛泽东还说：

---

① 汪锋访谈录。

历史上藏族是一个很强大的民族，曾经打到长安，把皇帝都赶跑了。可是后来衰落了。藏族和蒙古的人口都是衰落，很可以研究一下原因，除了过去汉族的压迫以外，还有什么原因，例如社会制度等。

毛泽东在接见阿沛·阿旺晋美时，一见面就说："我们是老朋友了。"毛泽东充分肯定了近几年他们在工作中取得的成绩，同时希望他们继续加强民族内部团结及国内各民族大团结，勉励他们为尽快成立自治区筹备委员会而努力。毛泽东说："今年成立不了，明年一定成立。"①

3月10日，周恩来举行盛大宴会，为达赖、班禅送行。席间，周恩来和达赖、班禅都发表了充满情谊、感人至深的讲话。

周恩来在致词时高度评价达赖、班禅此次内地之行所获得的巨大的成功。周恩来接着说：

我国各民族和西藏内部的亲密团结，所以成为可能，并且不断地得到加强，是由于中国人民在中国共产党领导下推翻了国民党反动统治，掌握了全国政权。这个团结的基础是民族平等，团结的目的是反对共同的敌人——帝国主义的侵略，和建设我们的祖国——自由平等的民族大家庭。这是反帝爱国的团结，没有这种团结，建设事业的向前发展是不可能的。

在谈到西藏工作时，周恩来说："西藏和平解放4年来，在达赖喇嘛、班禅额尔德尼和他们所领导的两方面人员的团结合作下，在全体西藏人民的积极努力下，在人民解放军进藏部队和工作人员的艰苦奋斗

---

① 《西藏三十五年纪事》上，第125～126页；阿沛访谈录。

下，西藏工作在许多方面已经取得了成绩，为今后建立西藏自治区筹备委员会打下了基础。这是值得我们大家庆贺的。但是大家应当努力，更进一步地加强和巩固汉藏民族的团结，更进一步地加强和巩固西藏内部的团结，为稳妥地、有步骤地建立西藏自治区、建设新西藏而奋斗。"

达赖在讲话时，首先谈了自己到内地后的收获和体会，表达了要进一步加强各民族之间的团结和西藏内部的团结，共同建设伟大祖国的愿望和决心。达赖还说："在我们将要离开之际，我有一个重要的要求。这次我们留住北京期间，受到各位首长的关怀、帮助和教导，我自己有什么意见，也都真实坦率地报告了，这样就在我们互相之间，实际地建立了亲密无间的兄弟般的真诚友谊。今后我们决不因住地的远近而有所影响，仍然像我住在这里一样，在自己的工作中如有完不成任务和困难的地方，一定毫无隐讳地向各位首长报告请示。希望首长们对我们工作中的任何缺点和错误，予以直接指示，像过去一样地教导和帮助我。"

班禅在讲话时，也表达了同样的心情和愿望。他说："我们即将离开我们美丽的首都北京的时候，我们的心情是依依不舍的。老实说，我们在北京再住更多的时间，也不能满足我们的心愿。但是为了更好地报答毛主席和各位对我们的关怀和照顾，需要早些回去，做更多的工作。在这临别的时候，我们迫切地希望和要求各位对我们今后的工作、学习等各方面，经常给以更多的指示和帮助，那么虽然相距万里，也如同在北京一样。"

宴会自始至终充满着团结、友爱、热烈、隆重的气氛。

出席宴会的有：国务院副总理彭德怀、邓小平、陈毅，秘书长习仲勋；全国人民代表大会常务委员会副委员长李济深、黄炎培、彭真、李维汉、陈叔通和在京的常务委员；全国政协副主席章伯钧和在京的常务委员；最高人民法院院长董必武，最高人民检察院检察长张鼎丞，国防委员会副主席张治中、傅作义。国务院各部委、人民解放军各总部、北京市、中国佛教协会等各人民团体负责人也应邀出席了会议。①

按照计划，3月12日，达赖一行，由刘格平、张经武陪同，经武汉、过三峡，从四川入藏；班禅一行，由刘春陪同，经西安，由青海返藏。

达赖与班禅的北京之行，取得圆满成功，进一步密切了汉藏两个兄弟民族之间源远流长的团结，进一步加强了中央政府与西藏地方之间的联系，与此同时，也为在西藏全面贯彻执行十七条协议、实行民族区域自治，奠定了坚实的基础。

---

① 《西藏三十五年纪事》上，第130页。参阅《党的民族政策的伟大胜利——达赖、班禅在内地》，民族出版社，1955。

第九章
成立西藏自治区筹备委员会

    遵照国务院的决定，西藏自治区筹备委员会在很短时间内，进行了卓有成效的工作，1956 年 4 月，党中央、国务院决定正式成立筹委会。

    党中央、国务院对西藏自治区筹委会的成立，非常重视，决定派遣以国务院副总理陈毅元帅为首的中央代表团前往祝贺，指导工作。

经过长期的酝酿、协商，经过充分准备，中央决定西藏自治区筹委会于 1956 年 4 月在拉萨正式成立。为此，向各省、市、自治区党委和西藏工委发了一个通知。全文如下：

关于庆祝西藏自治区筹备委员会成立和去西藏

进行访问组织中央代表团的几项问题的通知

各省、市委、自治区党委并西藏工委：

    西藏解放以来，中央尚未派出访问团向西藏地方进行访问；现在西藏自治区筹备委员会已定于 4 月 22 日在拉萨成立，为了扩大政治影响，加强汉藏民族与各民族的团结，并就近协助西藏工委解决一些迫切须待解决的问题，中央决定组织一个代表团在西藏自治区筹委会成立时前往祝贺，并在筹委会成立后在西藏展开访问工作，兹将组织中央代表团的几项主要问题和各地区、各有关部门参加祝贺西藏自治区筹委会成立的办法规定如下：

一、代表团由陈毅同志负责率领，中央有关部门由统战部、民族事务委员会，全国总工会，青年团中央，全国妇联，国务院二办、五办、七办，外交部，地质部，交通部，解放军总政治部各派一位适当的负责同志参加，外加各党派和其他人民团体的代表，其具体名单由统战部负责同各单位研究后再报告中央。这个代表团较以往中央派赴西南、西北等民族地区的中央访问团的规模要大一些；同时，在西藏进行访问时，还可分作几个分团，分别到各分工委和部队驻地进行访问。

二、西藏自治区筹委会成立时，各民族自治区、关系较多的省和必要的自治州应派代表前往祝贺。代表名额和具体人选，经与各有关地区来京参加讨论知识分子问题会议的党委负责同志商量，提出如下意见，请你们考虑：内蒙一人：王再天（蒙族、内蒙古自治区人民委员会副主席）；新疆二人：伊敏诺夫（维族、新疆维吾尔自治区副主席）、贾库林（哈萨克族、全国人民代表大会民族委员会委员）；青海三人：扎喜旺徐（藏族、青海省副省长）、桑热嘉措（藏族、青海省教育厅厅长）、其余一人由青海省委确定；甘肃三人：吴鸿宾（回族、兰州市长）、黄正清（藏族、甘肃省副省长）、其余汉族负责干部一人由甘肃省委确定；四川五人：桑吉悦希（藏族、四川省副省长）、降央伯姆（藏族、甘孜藏族自治州副州长）、华尔功成烈①（藏族、阿坝藏族自治州副州长）、瓦渣木基（彝族、凉山彝族自治州州长）或果基木古（彝族、前西康省副省长）及汉族负责干部一人由四川省委确定；云南六人：张冲（彝族、云南省副省长）、召存信（傣族、西双版纳傣族自治州州

---

① 华尔功赤烈的"赤"，有三种不同的写法，即"成"、"臣"和"赤"。凡引用文件，以原文为准，本书一律用"赤烈"。

长）、李呈祥（哈尼族、红河哈尼族自治州州长）、裴阿欠（傈僳族、怒江傈僳族自治州主席），此外，土家族及德钦藏族各一人由云南省委确定；广西三人：覃应机（僮族、广西省副省长）、梁华新（僮族、广西省民族事务委员会副主任）、蓝昌法（瑶族、广西都安瑶族自治县县长）；贵州二人：欧百川（苗族、贵州省副省长）、蒙素芬（布依族、女、全国人民代表大会代表）；广东一人：王国兴（黎族、海南黎族苗族自治州州长）；吉林一人：朱德海（朝鲜族、吉林省副省长）；湖南一人：石邦智（苗族、湘西苗族自治州州长）；河北一人：马卓洲（回族、河北省民族事务委员会主任）；陕西（汉族负责干部）、上海各一人由陕西省委和上海市委确定。共计三十一人，包括十七个民族成份。这些人员作为中央代表团的组成部分，原则上也参加访问工作。个别人员确因工作需要可提前回来。

三、代表团带一个文艺工作队，包括：歌舞团（由中央民族歌舞团抽调一部分名演员组成）、京剧团、杂技团，共约一百人。由文化部负责组织。

随代表团工作的还应有翻译组、新闻记者组（包括摄影记者）、电影摄影组、卫生组、电影放映队。整个代表团的组成人员大约在二百五十人左右（不包括警卫部队、警卫员、汽车司机和炊事人员等）。

代表团需用的汽车、司机由军委调拨，所需经费由代表团预算报销。

四、西藏自治区筹委会成立时，毛主席、刘委员长、周总理将致贺电，全国人民代表大会民族委员会、民族事务委员会和各省、市人民委员会也致贺电；中央各部门、各自治区、各省市和自治州凡派有代表者均送贺幛。

五、在该自治区筹委会成立和中央代表团在西藏访问时，新华社、人民日报应发表消息，并对西藏解放后的新面貌、新情况作比较系统的介绍和报导，人民日报并应发表社论（以上消息、报导和社论，各地方报纸可以摘登）；文化部电影局应拍制影片；《民族画报》应准备出刊专号。

六、代表团在西藏访问时，应向西藏自治区筹委会以下的各级地方政府、寺院、僧俗人民团体及我驻藏部队赠送锦旗、礼品（礼品不送部队），向三大寺等寺院放布施，并在西藏各地大量赠送有主席像的铜质纪念章，主席和达赖、班禅过藏历木羊年时的合影，党和国家领导人员的照片和藏文的中华人民共和国宪法、中华人民共和国发展国民经济的第一个五年计划及民族画报等。

七、为能迅速着手此项筹备工作，中央则成立两个筹备机构：（1）研究机构，负责政治方面的准备工作，以统战部为主，吸收有关部门参加组成；（2）行政事务的筹备机构，以民族事务委员会为主，吸收军委办公厅、机关事务管理局、文化部、民族委员会等有关部门组成。

以上各点，你们如有不同意见或增补之处，请即报告中央。

中央

1956 年 2 月 7 日

在成立筹委会的过程中，遇到了许多困难和麻烦，其间也存在着尖锐复杂的斗争。按照当时的说法，要处理好"三块四方"的关系。所谓"三块"，即前藏、后藏和昌都地区，加上西藏工委为三个地区、四个方面；还有党内西南、西北两派的关系。

这种复杂的情况是历史形成的。新中国成立前，从表面上看，西藏有统一的政权组织——噶厦，即原西藏地方政府。黄教（格鲁派）占统治地位。达赖喇嘛被尊为"雪域一神"，是西藏政教的最高领袖；但是，在宗教上达赖和班禅又处于平等地位，形成两大势力集团。此外还有宁玛、萨迦、噶举、苯布等几大派，他们在群众中也有广泛的影响，形成大小不等的宗教势力集团。

昌都地区，在西藏东部，属于康区，与原西康省藏区、今四川省甘孜藏族自治州属于一个方言区。1950年10月昌都战役后，即建立了带政权性质的昌都地区人民解放委员会。并于1951年1月1日召开了昌都地区第一届人民代表会议，成立了以阿沛为主任委员的昌都地区僧俗人民争取和平解放西藏委员会。昌都地区人民解放委员会对实现西藏的和平解放，协助解放军进军西藏、保卫国防，支援军工民工修筑康藏公路，保证进藏部队和职工的物资供应等方面，都做出了重要贡献。

此外，还有各教派、各地区之间的矛盾。同一教派内部，又有许多矛盾和麻烦的事。在工委内部，也有所谓西北派和西南派之间的派别斗争，人事安排要充分考虑这些方方面面的因素。党内、党外、军内、军外，各种矛盾交织在一起。

毛泽东彻底否定了历代反动统治阶级实行"分而治之"的治藏政策，他明确提出：我们要一个团结的、统一的、社会主义的新西藏。刘少奇、周恩来、朱德、邓小平等中央领导同志，完全拥护并坚决贯彻执行毛泽东提出的这一马克思主义的民族政策和工作方针。

在党中央、毛泽东亲切关怀下，在周恩来的直接领导下，西藏工委付出了辛勤的劳动，进行了卓有成效的工作。达赖和班禅也排除各方面的干扰，积极予以配合，使筹委会的筹建工作，得以顺利进行。国务院的有关指示，得到了较好的贯彻落实。

1955年3月9日，在周恩来总理亲自主持下，国务院召开第七次全体会议，邓小平副总理，陈毅副总理，李维汉、乌兰夫、刘格平等国务院组成人员和中央有关部门的领导人出席会议。达赖喇嘛、班禅额尔德尼、张经武、谭冠三、范明、阿沛·阿旺晋美、詹东·计晋美等有关领导参加了会议。

会议通过了《关于成立西藏自治区筹备委员会的决定》,决定指出:"根据1951年5月23日《中央人民政府和西藏地方政府关于和平解放西藏办法的协议》的规定,在西藏应当成立军政委员会,但是现在我国已经颁布宪法,各大行政区的军政委员会业已撤销,特别是西藏和平解放三年多以来,各方面的工作都有显著成绩,情况已经有了变化。因此,在西藏地区不用成立军政委员会而成立西藏自治区筹备委员会是完全符合宪法精神和目前情况的。为此,最近曾由中央人民政府代表和西藏地方政府代表、班禅堪布会议厅委员会代表、昌都地区人民解放委员会代表,在北京组成西藏自治区筹备委员会筹备小组,经过充分协商,提出了关于成立西藏自治区筹备委员会具体方案的工作报告。根据西藏自治区筹备委员会筹备小组报告中所提出的方案和意见,国务院对于成立西藏自治区筹备委员会的问题,现做以下决定:

一、西藏自治区筹备委员会是负责筹备成立西藏自治区的带政权性质的机关,受国务院领导。其主要任务是依据我国宪法的规定以及关于和平解放西藏办法的协议和西藏的具体情况,筹备在西藏地区实行区域自治。为此,筹备委员会必须团结各方面人士进一步加强民族团结和西藏内部的团结,加强培养民族干部,负责协商和统一筹划办理有关西藏地方建设和其他应办而不可办的事宜,以逐渐加强工作责任,积累工作经验,创造各种条件,为正式成立统一的西藏自治区而努力。

二、西藏自治区筹备委员会委员名额定为51人:西藏地方政府方面15名,班禅堪布会议厅委员会方面10名,昌都地区人民解放委员会10名,中央派在西藏地区工作的干部5名,其他方面(包括各主要寺庙、各主要教派、社会贤达、群众团体等)11名。西藏自治区筹备委员会设主任委员1人,副主任委员2

人，由达赖喇嘛丹增嘉措任主任委员，班禅额尔德尼·确吉坚赞任第一副主任委员，张国华任第二副主任委员。西藏自治区筹备委员会筹备小组协议提出的41名委员名单，由国务院先予批准，俟其他方面尚未确定的委员名单协议提出后，由国务院一并任命。

西藏自治区筹备委员会设秘书长1人，副秘书长3人。秘书长由阿沛·阿旺晋美担任；副秘书长由班禅堪布会议厅委员会、昌都地区人民解放委员会和中国共产党西藏工作委员会各提1名，报国务院批准任命。

西藏自治区筹备委员会设立常务委员会，于西藏自治区筹备委员会成立时组成，报国务院批准。

三、西藏自治区筹备委员会设以下办事机构：办公厅、财政经济委员会、宗教事务委员会、民政处、财政处、建设处、文教处、卫生处、公安处、农林处、畜牧处、工商处、交通处。

以上厅、委的主任、副主任和各处处长、副处长人选，由西藏自治区筹备委员会根据筹备小组报告中提出的干部分配比例同各方面协商提名，报国务院批准任命。

四、西藏地方政府、班禅堪布会议厅委员会、昌都地区人民解放委员会除按照本决定第一条规定接受西藏自治区筹备委员会领导进行各项工作以外，其他有关国家行政事宜，仍受国务院直接领导。西藏地方政府、班禅堪布会议厅委员会、昌都地区人民解放委员会三方面的地方财政开支如有困难时，可由各该方面直接向国务院请示给予帮助，同时向西藏自治区筹备委员会报告备案。国务院在西藏设立的各种企业机关，仍由国务院各主管部门分别领导，但在工作上须同西藏自治区筹备委员会和西藏地方政府、班禅堪布会议厅委员会、昌都地区人民解放委员会取得密切联系，以期协力推进工作。

西藏自治区筹备委员会应同中国人民解放军西藏军区司令部取得密切联系，并应积极协助西藏军区司令部巩固国防，保护地方治安。经国务院批准的西藏自治区筹备委员会办理的有关事项，西藏军区司令部亦遵照执行。①

遵照国务院的决定，筹委会在很短时间内，进行了卓有成效的工作。1956年4月，党中央、国务院决定正式成立西藏自治区筹备委员会。

党中央、国务院对西藏自治区筹委会的成立非常重视，决定派遣以陈毅为首的中央代表团前往祝贺，指导工作。代表团的组成人选、指导方针、日程安排、安全保卫、卫生保健、车辆分配、物质供应、礼品馈赠、文艺节目，有关文件的起草、翻译，等等，事无巨细，周恩来都无不过问，监督检查，严格要求，一再指示，只能做好，不能做坏。

周恩来一再叮嘱陈毅和其他领导同志，到了西藏，一定要尊重达赖和班禅，尊重在藏工作的同志，尊重藏胞的风俗习惯和宗教信仰，不懂的就要学，向人请教，不要以为自己是中央去的，以钦差大臣自居，指手画脚，评头论足。

周恩来又对张经武和汪锋说："你们是代表团的副团长，要切实负起责任，协助陈毅同志做好工作，不要有什么顾虑，不要考虑什么地位、职务，一切以工作为重。论打仗，陈毅是内行，我们都不如他；做民族工作，西藏工作，你们是专家，是老师，我们都要当你们的学生。"

一切准备工作就绪，代表团即将离京。3月15日晚，周恩来又到和平宾馆，看望并会见代表团全体成员。陈毅把大家召集到一起，请周

①《人民日报》1953年3月10日。

恩来讲话。总理事先没有准备讲话，也没有安排同大家一起见面，连大会议室也没有准备。代表团成员中有来自各省、自治区，各民族、各方面的头面人物，有的还同周恩来有很好的私交。他们到京后，因总理很忙，一直未能见面。今天周总理特意来看望，为他们送行，大家都很兴奋，有许多话要对总理讲，更想听到总理的指示。陈毅请总理讲话，总理也不推辞，一同到楼上的西餐餐厅，那里才容得下全体成员。代表团的成员和工作人员得到通知，立即赶到楼上。在陈毅、汪锋陪同下，周恩来同大家一一握手，详细询问了准备情况，对年纪大一些的同志，尤为关心，问：身体怎么样？衣服带得够不够？嘱咐陈毅、汪锋要好好照顾。

餐厅里连扬音器也没有，在大家的热烈掌声中，周恩来走到大厅中央，他说：你们这次代表毛主席，代表党中央、国务院，代表全国各族人民，去祝贺西藏自治区筹委会成立，任务是很光荣的，也是很艰巨的。

周恩来接着说："西藏民族是一个很有自尊心的民族，很强盛的民族。过去藏族开拓了云南、四川、甘肃、青海、陕西等很大的地方。今天我们应抱着真正的民族平等、尊重他们的心情去。在我们国家，汉族总是占大多数，人多便容易忘记他们。汉族人数占90%以上，带来一个缺点——大民族主义。到少数民族地区要尊重他们，这不是客气，而要从心里头尊重他们。历史上清朝、北洋军阀也是通过汉人去统治他们，汉商去剥削他们。我们祖宗对不起兄弟民族，压迫他们。现在我们要向他们赔不是。"

周恩来又说："西藏的宝藏是无穷的，那里未发掘过，帮助他们开发，这是政治上应尽的责任，我们不能有丝毫大民族主义。各民族过去受欺侮，我们在政治上尊重兄弟民族，特别是对西藏民族更应尊重他们。"

周恩来还特别强调："到那里去必须尊重他们的风俗习惯、宗教信

西藏人民深切的关怀和爱护，以及许多宝贵的指示，带来了祖国各兄弟民族的深厚友谊。这就会使祖国各民族间的团结和西藏内部的团结，愈加巩固和发展，就会使西藏的各项建设事业更加发展，就会使西藏人民和祖国兄弟民族一起逐步的进入社会主义社会。

接着，陈毅副总理致词，转达党中央、毛主席和全国各族人民对西藏人民的深切关怀和热烈祝贺。

自治区筹委会成立前夕，毛泽东主席、刘少奇委员长、周恩来总理及中央有关部门分别打电报表示祝贺。毛泽东主席在电报里说：

达赖喇嘛、班禅额尔德尼和西藏自治区筹备委员会
各位委员：

　　我愉快地祝贺西藏自治区筹备委员会的成立，热忱地希望西藏各阶层人民在你们指导下更加团结和进步，在发展西藏政治、经济和文化事业上获得更大的成就。

毛泽东
一九五六年四月二十日

刘少奇委员长在电报里说：

西藏自治区筹备委员会：

　　西藏自治区筹备委员会的成立，是西藏人民的大喜事，也是我国各族人民的大喜事。我相信西藏自治区筹备委员会的成立，一定能够更进一步地加强西藏民族内部的团结和祖国各民族间的团结，鼓舞西藏各阶层人民在建设繁荣幸福的西藏的事业上作出更大的贡献。

周恩来总理的贺电是这样写的：

西藏自治区筹备委员会：

在西藏自治区筹备委员会成立的时候，我谨向你们和西藏全体僧俗人民致以热烈的祝贺。西藏自治区筹备委员会的成立，是中国共产党和中央人民政府的民族政策的又一个伟大胜利；是西藏全体僧俗人民在达赖喇嘛和班禅额尔德尼领导下，亲密团结和共同努力的结果。我深信，西藏自治区筹备委员会成立以后，在实现西藏民族的区域自治，加强民族团结，培养干部和发展经济、文化事业上都将做出更大的成绩。[①]

1956 年 4 月 22 日，在西藏社会主义革命和社会主义建设发展的历史上，是一个具有重要意义的日子。这一天，日光城拉萨，晴空万里，阳光灿烂；蓝色的拉萨河，唱着欢快的歌，跳荡着、奔腾着，向拉萨人民致以节日的祝贺。

上午 10 时整，一架来自伟大首都北京的银色雄鹰飞临拉萨上空，在雄伟的布达拉宫顶上盘旋，然后在拉萨河谷低空飞行，散发五彩缤纷的传单，向拉萨人民、向西藏各族各界人民表示热烈祝贺。

拉萨人民几乎倾城出动，向着毛主席派来的神鹰热情欢呼，衷心感谢党中央、毛主席对西藏人民的关怀，他们挥动洁白的哈达，向神鹰致意，高呼："毛主席万岁！""共产党万岁！""中华人民共和国万岁！""各民族大团结万岁！"一些老阿爸、老阿妈，在大昭寺的青石板上，在"唐蕃会盟碑"旁的香炉前，焚香祝祷。一缕缕青烟，飘然直上，向毛主席派来的神鹰表达西藏人民最美好的祝福。

---

① 以上均见《西藏三十五年纪事》上。

　　自从雄才大略的松赞干布从雅隆河谷迁都拉萨，建立强盛一时的吐蕃王朝到如今，这是第一架飞机飞临圣地拉萨上空，也是拉萨人民第一次看到飞机。它标志着北京—拉萨之间航线试航成功，突破"空中禁区"，在我国航空事业发展的历史上，创造了新的奇迹。这也是人民空军和中国民航的同志们，为自治区筹委会成立献上的一份厚礼。

　　中午12时50分，西藏自治区筹备委员会成立大会在新落成的拉萨大礼堂隆重开幕，达赖喇嘛主持会议，并致开幕词。这位21岁的副委员长，身穿绛红色袈裟，春风满面，精神振奋，充满朝气和活力。他怀着激动的心情，用他那浑厚圆润、富有音乐感和节奏感的声音庄严宣告："请首先让我代表西藏全体僧俗人民宣布：西藏自治区筹备委员会成立大会正式开幕。"

　　参加这次大会的委员55人，列席269人。代表着西藏各地区、各教派和各阶层人民，大家欢聚一堂，共议西藏大事，这是西藏历史上的第一次。

　　达赖喇嘛在宣布这次会议的任务之后，说：

　　　　我们这次会议具有重大的意义，它是在中国共产党、中央人民政府和毛主席正确领导下，汉藏民族亲密团结和西藏内部团结日益巩固的基础上召开的。西藏自治区筹备委员会的成立，标志着西藏地区的工作已进入一个新的阶段。今后，西藏将更加团结进步，实现统一的自治区，并结合西藏的具体情况和西藏领导人员及广大人民的意志和愿望，逐步进行民主改革和社会改革。

达赖喇嘛指出：

　　　　我们的任务是：团结西藏全体僧俗人民，在中国共产党和中央人民政府领导下，为逐步发展西藏的政治、经济、文化，巩固祖国国防，建设政教昌盛、繁荣幸福的新西藏而奋斗。

达赖喇嘛满怀深情地说：

> 我们这次大会因为有了以陈毅副总理为首的中央代表团的直接领导，我相信一定能够开得很好。我们衷心地感谢中央人民政府和毛主席对于西藏人民的这种亲切关怀和爱护。我们衷心拥护中国共产党和中央人民政府的实行民族区域自治、民族平等、团结和保护宗教信仰自由的政策。

中央代表团团长、国务院副总理陈毅元帅宣读国务院命令，并代表国务院向达赖喇嘛授印。陈毅团长容光焕发，兴高采烈，这天他身穿海蓝色的元帅服，胸前佩戴三枚金光闪烁的勋章：八一勋章、独立自由勋章和解放勋章。这些勋章，标志着中国共产党和毛泽东同志创建和领导人民军队，以武装革命反对武装的反革命，经过 22 年艰苦卓绝的革命战争所取得的辉煌胜利；也显示了陈毅元帅本人的战斗历程。

陈毅代表党中央、国务院发表重要讲话，充分肯定了西藏和平解放以来各方面取得的发展和进步。他说：

> 1951 年《关于和平解放西藏办法的协议》的签订和人民解放军的进驻西藏，使西藏民族永远摆脱了帝国主义的羁绊，回到了祖国各民族平等友爱的大家庭里来。从此，祖国大陆上的领土得到了统一，祖国西南的国防得到了保障。这在西藏人民的历史上和祖国民族关系史上都是一件具有重大意义的事件。这是西藏民族对于祖国统一的伟大事业所作的一个重大贡献。
>
> 几年来，中央和西藏地方的关系有了很大的进步。1954 年达赖喇嘛和班禅额尔德尼前往北京，出席了第一届全国人民代表大

会第一次会议和中国人民政治协商会议第二届全国委员会第一次会议。达赖喇嘛、班禅额尔德尼被选为国家的领导工作人员。藏族人民的领袖参与全国政治事务的领导工作，在历史上是前所未有的。

陈毅在回顾几年来的工作后，强调指出："事实表明，由于《关于和平解放西藏办法的协议》的逐步执行，中央和西藏地方的关系是进一步密切了，藏族和汉族之间的团结是进一步加强了，西藏各阶层人民的爱国主义热情是在迅速高涨起来。"陈毅又说：

几年来的另一重大成就，就是实现了西藏的内部团结。1952年，在达赖喇嘛和西藏各阶层人民的欢迎下，班禅额尔德尼回到了西藏。达赖喇嘛和班禅额尔德尼恢复了友好的关系。根据协议的规定，噶厦和堪厅委员会曾经进行了关于恢复班禅固有地位和职权问题的谈判，取得了良好的结果。达赖喇嘛、班禅额尔德尼在北京期间，双方在"互相信任、互相尊重、互相谅解、互相让步"的原则下，就历史和悬案问题达成了协议。三十多年来，藏族人民渴望的两位领袖的团结的实现，不仅是藏族人民的一件大喜事，也是全国各族人民值得高兴的一件大喜事。我们对于西藏内部团结方面的进展，表示无限的欣慰。

在短短的时间内，我们能够结束长期以来为帝国主义者和汉族反动统治阶级蓄意制造的汉藏两大民族的对立和西藏内部分裂的状态，这就是我们几年来最大的成就。

陈毅说：

今天，西藏自治区筹备委员会正式成立了。这是西藏民族团结

进步道路上的一个新的里程碑，也是中国共产党民族政策的又一
次光辉的胜利。在西藏自治区筹备委员会成立以后，西藏工作已经
进入一个新的阶段。西藏地方今后的主要工作，就是进一步实现中
央和毛主席所指示的"团结、进步和更加发展"的方针。

在谈到今后的工作时，陈毅团长指出：

> 为了西藏地方的进步和发展，我们要继续加强西藏民族同各
> 民族之间和西藏民族内部的团结，这是西藏人民和各民族人民的
> 切身利益所必需的。我们的团结的目的和原则是反对帝国主义、建
> 设社会主义的祖国。只有这样才能保证每一个民族都能在经济上
> 和文化上有高度的发展。根据宪法的规定，我国各民族都将通过不
> 同的途径，先后过渡到社会主义社会。但是任何一个民族要消灭历
> 史上遗留下来的各方面的落后状态，发展政治、经济和文化事业，
> 就不可避免地要在内部进行必要的改革。

在谈到改革的具体步骤时，陈毅说："中国共产党和中央人民政府认
为，只有西藏民族的领袖和人民有了一致的要求和决心的时候，西藏地
方的改革才可以进行，而绝对不能够由别的民族去代替进行。今后，有
关西藏民族内部的事情，仍然要由西藏领导人物和各阶层人民自己来
加以考虑和决定。"

为了实现区域自治，进行经济、文化建设，陈毅副总理特别强调培
养本民族干部的重要性，他指出："西藏地方还必须有足够数量的本民
族的经济、文化、教育、艺术、科学等方面专业的和技术的干部。这些
干部应当具有正确的政治认识、相当的工作能力和能够联系群众。但是
从工作需要来看，目前西藏民族的干部还是太少。西藏自治区筹备委员
会和西藏社会上各方面的人士，以及中共西藏工委，都应该把培养干部

作为自己的重要职责。"

陈毅副总理对藏族人民在伟大祖国的缔造和发展过程中所做的贡献，给予很高的评价，对于西藏今后的发展，充满信心。他指出：

> 西藏民族是我国优秀的民族之一，有自己的悠久的历史和文化，在祖国的缔造和发展上尽过自己的光荣责任，只是在近百年来，陷入一种停滞闭塞的状态。这种现象不仅藏族是如此，汉族在解放前也是这样的。中华人民共和国的建立为国内各民族的进步和发展开辟了广大的前途。西藏的资源是丰富的，西藏人民是勤劳、勇敢、智慧的。我们相信，在祖国各兄弟民族的互相帮助下，经过必要的改革，在几十年之内，西藏民族将以一个有高度发展的经济和文化的民族出现在祖国大家庭内，对社会主义祖国做出更大的贡献。

陈毅讲话中一个重要内容是：正式传达了毛泽东关于"团结进步，更加发展"的指示，并把它作为我们党对西藏工作的基本方针和指导思想。后来在与达赖、班禅的交谈中，在西藏工委、西藏军区的会议中，陈毅反复阐述了这一方针。

1959 年，为迎接国庆 10 周年，加快首都建设的步伐，中央决定搞十个大工程，即"十大建筑"。在筹建十大建筑之一的民族文化宫时，在中央民委主持下，设计了几个方案，并制作了大沙盘，广泛征求有关方面的意见。毛泽东亲自书写了金光闪闪的五个大字："民族文化宫"，作为横标。大门和正墙上设计什么图案，要不要写什么字，出现了各种不同意见，也提出好几种方案。最后乌兰夫决定：正门上就用"团结、进步"四个大字，突出重点，其他什么都不要。乌兰夫解释说："团结、进步、更加发展，是毛主席为西藏工作制定的方针。我认为，这也应该成为我国民族工作的基本方针和指导思想。我们加强各民族的团结是为了各民族的繁荣昌盛，发展进步。要发展进步，就要加强团结。只有团结，才能进步；要进步，就必须团结。因此，我们要坚持团结、进步的方针。""团结、进步"四个金光闪闪的大字，至今镶嵌在民族文化宫宽阔的大门上，表达着我国各族人民共同的心愿。

张经武和汪锋副团长在大会上发表讲话，达赖、班禅和张国华分别作了工作报告。

成立大会经过 10 天紧张而热烈的工作，于 5 月 2 日胜利结束。第一副主任委员班禅主持会议，并致闭幕词，他满怀激情地说：

> 一个光明幸福的新西藏展现在我们的眼前，胜利是属于我们的。但是不要忘记：越是我们西藏人民团结、进步、更加发展的时候，我们的敌人越会更加千方百计地来破坏我们的事业，因此我们必须在中国共产党、中央人民政府和毛主席的正确领导下，在以达赖喇嘛为首的西藏自治区筹备委员会、中共西藏工委直接领导下，在达赖喇嘛的领导下，团结西藏全体僧俗人民，亲密合作，互相谅解，互相信任，互相商量，互相帮助，兢兢业业地为建设政教昌隆的新西藏而努力。[①]

这次会议的圆满成功，是西藏前进道路上的一个新的里程碑，标志着西藏工作发展到了一个新的阶段。

陈毅在西藏参观了许多名胜古迹和喇嘛寺院，天宝几乎每天都陪他在一起。在达赖喇嘛陪同下，陈毅元帅参观了布达拉宫；在班禅陪同下，参观了扎什伦布寺。那些宏伟的宫殿和寺院，使陈毅感到惊讶，他对汪锋等领导同志说："过去我也知道西藏有悠久的历史，灿烂的文化，但是，坦率地讲，到西藏之前，这种认识是比较模糊和抽象的。有

---

① 1956 年 5 月 3 日《西藏日报》。

些说法，是出于政策上和礼貌上的考虑；有些话纯粹是念你们的稿子。看了布达拉宫，给我的印象太深了，它不仅是一座宏伟的宫殿，佛教的圣地，而且是一个艺术的世界，藏族文化的丰碑。"陈毅把布达拉宫比作法国的卢浮宫。他说：布达拉宫不仅是藏族人民的骄傲，也是中华民族的文化瑰宝。他告诉达赖、班禅和其他领导人，一定要好好保护，要把辉煌灿烂的藏族文化传统继承下来，并使它不断地发扬光大。以后在北京，陈毅多次谈到布达拉宫。他曾对张国华说，布达拉宫是座了不起的建筑，一定要好好保护。

陈毅还特意对天宝和扎喜旺徐、杨东生等同志说：你们是藏族同志，又是红军战士，不但要学政治，学马列，还要学习你们藏族丰富的文化遗产，这对今后搞好藏区的工作，是很有好处的。

陈毅同志作为无产阶级革命家，一位元帅和诗人，对西藏工作宏观把握，高屋建瓴，做了许多深刻的、具有远见卓识的重要指示。作为一个卓越的政治家，他襟怀坦白、真诚相见的气度，他的宽广胸怀和渊博知识，给西藏的干部群众、知识分子、部队同志、喇嘛活佛、上层人士，留下了难忘的记忆，给达赖、班禅留下了美好的回忆。与此同时，也使西藏的广大干部群众受到了深刻的教育。

第十章
一场意义深远的社会变革

　　新中国成立前，乃至民主改革以前，我国境内的广大藏族地区，尽管存在许多差异，社会发展不平衡；但就总体来讲，整个社会形态处于政教合一的封建农奴社会。封建农奴制严重束缚着生产力的发展，阻碍着社会的进步。广大劳动人民没有起码的人身自由，过着贫穷悲惨的生活。彻底改革这种落后、野蛮、残酷的封建农奴制度和残存的奴隶制度，解放广大劳动人民，是广大藏族劳动人民的共同愿望和迫切要求，也是历史发展的必然趋势；并且得到许多有远见、明事理、顾大局、识大体的民族、宗教界上层人士的理解和赞同。

　　党和人民政府满足人民群众的要求，同时也充分考虑到上层人士的利益，适应历史潮流，领导藏族人民实行民主改革，彻底摧毁了封建农奴制度，使劳动人民获得翻身解放，实现了历史性的变革和发展，推动了社会的进步。

　　四川、青海、甘肃、云南即金沙江以东的藏族地区，在 1956 年以后，逐步进行民主改革，到 1958 年"大跃进"高潮中，已开始建立合作社、高级社和人民公社。西藏的民主改革，是在 1959 年"3·10"事件以后全面开始进行的。

　　1959 年 6 月 28 日至 7 月 17 日，西藏自治区筹委会第二次全委会在拉萨举行。这是一次非常重要的会议，在这次会议上，做出了彻底废除封建农奴制、实行民主改革的决定。班禅副委员长以代理主任委员的身份，作了《彻底进行民主改革，为建设民主和社会主义的新西藏而奋斗》的主题报告。自治区筹委会副主任张国华和副主任兼秘书长阿沛·阿旺晋美就今后任务和改革中的政策问题，做了专题报告。

会议经过充分的协商讨论，通过了《关于进行民主改革的决议》。

这个《决议》是根据中央的指示精神，集中大家的智慧和经验形成的。这年5月初，西藏工委即制定了《关于当前的平叛工作中几个问题的决定》，上报中央，这个文件提出13项重大政策问题，简称"13项政策"。在人大、政协会议期间，张经武、班禅、阿沛、计晋美等人同李维汉等有关部门领导就有关问题深入讨论，统一认识。张国华、周仁山又到山南地区实地调查，总结经验，进一步补充和完善。这个文件内容丰富，政策界限比较明确，完全符合西藏实际，符合藏族劳动人民的根本利益和长远利益，也充分考虑和照顾了未参叛的爱国进步的上层人士的实际利益。这个《决议》，可以看做声讨黑暗、落后、野蛮的封建农奴制度的檄文，是保证百万农奴获得翻身解放的宣言，是西藏人民获得新生的赞歌。

7月17日，自治区筹委会第二次全体会议，庄严地通过了这个决议。班禅代理主任委员主持了这天的会议，并致闭幕词。他说：这次会议，事先了做了长期准备，会议期间又经过反复协商，充分讨论，对所有的政策问题，取得了一致的认识，决议中所规定的事项，是完全符合西藏广大人民利益的。

于是，万里高原很快燃烧起熊熊的革命烈火，万恶的封建农奴制度，将要在这场革命的烈火中被彻底埋葬。

民主改革前的西藏社会，是一个领主庄园制的农奴社会。主要的生产资料——全部土地、牧场和绝大部分牲畜都属于三种领主，也就是农奴主，一般称作三大领主，即：官家（封建政府）、寺院和贵族。据当时有关方面公布的统计数字，这三种领主包括他们的家属子女，只占西藏120万人口中的百分之五左右，即6万人左右。在农村中，人口不到2%的农奴主占有几乎全部的土地和农奴、奴隶，占人口不到3%的农奴主代理人，代表农奴主直接统治广大农奴；占人口95%以上的农奴，没有土地所有权，人身依附于农奴主，劳动收入的一半，甚至70%以上被农奴主剥削去；占人口5%左右的奴隶，人身完全为农奴主所占有。所有的农奴都没有自己的土地，大部分牧民都没有自己的牲畜，只能为农奴主和牧主劳动。贫苦农奴悲愤地唱道："太阳照到的地方，是三大领主的土地；河水流到的地方，是三大领主的土地；山影遮到的地方，是三大领主的土地。苦命的农奴啊，连一块脚板大的土地也没有！"

在牧区，领主以"如瓦"、"学卡"（通常译为"部落"）等为单位经营其领地，领主用"计美其美"（意为"不生不死"，即领主将牲畜租给牧奴，不论牲畜生死，都永远按定额向牧奴收取畜租）、"计约其约"（意为"有生有死"，即按存活牲畜数收取畜租）等形式进行剥削。加之基本靠天养畜的生产方式，至1952年，全区牲畜总头数仅为974万头（只）。

旧西藏，大体来说，可分为两个阶级、四个阶层，即：农奴主和农奴（牧奴）两个阶级。在农奴主阶级里，又分为农奴主和代理人两个阶层；在农奴里，有一种叫"差巴"的自由民和叫"堆穷"的农奴两个阶层。还有一种叫"朗生"的家奴，他们一无所有，命运更为悲惨。"朗生"的存在，实际上是奴隶制的残余。广大农奴连同他们的子女，没有人身自由，他们世世代代分别隶属于不同的农奴主。这种人身依附关系把广大农奴紧紧束缚在庄园里。这种社会制度，正如毛主席指出的那样，近似于我国内地春秋战国时期的制度。

农奴每年要用绝大部分时间在农奴主的土地上劳动，并且要为农奴主做各种无偿劳役，加上各种名目繁多的赋税，农奴百分之八十左右的劳动收入都成为农奴主的剥削收入。"地不无差，人不无主"，这便是民主改革前西藏社会的真实写照。贫苦农牧民这样揭露名目繁多的赋税给他们带来的沉重负担：没有头发的汉子要缴辫子税，没有毛发的鱼儿要缴羊毛税。

就是说，土地没有不支差的，农奴没有无主人的。农奴的人身为农奴主所占有，世世代代束缚在差地上。农奴主可以把农奴用于租让、转让、赌博、抵押债务、赠送或出卖给其他领主，不少农奴一生被转让、出卖过多次，一家人就这样生离死别。

西藏农奴主对农奴的剥削，主要形式是"差"。"差"是一个包括徭役、赋税、地（畜）租等在内的含义十分广泛的差税总称，统称"乌拉差役"。西藏的乌拉差役分为两大类，一类叫"刚捉"，意为"用腿走路的差"，即劳役差，包括人、驮牛、马驴所支应的劳役；一类叫"拉顿"，意为"用手拿出去的差"，包括实物、货币。

西藏农奴负担的乌拉差役十分沉重，名目繁多，通常在二三十种以上，主要有以下几项：

（一）各种土地税，包括萨差、包细、居波税、差索等。

（二）各种专项差地的差税。西藏的专项差地有"马岗差地"（军差地）、"驿差地"、"共同差地"、"敬神差地"等数种，是地方政府为某种特殊需要专门拨出的土地。种这种土地的差巴户只交专项差，不支其他杂差。

（三）其他名目的乌拉差役。除上述专项赋税差役外，农奴主阶级还规定有名目繁多的其他种种乌拉差役。在形式上，这些乌拉差役又有内、外差之分。

（四）牧区的乌拉差役。牧区的基层行政单位是"部落"。牧区各部落分别属于地方政府、寺院和贵族三大领主。所有部落都要向地方政府支应乌拉差役。牧区的乌拉差役与农区有所不同，绝大多数是按牲畜的数量征收，以酥油、牛羊肉、皮张、羊毛和牧区其他土特产品等实物为主，兼派劳役。三大领主定期或不定期清点、登记牧民的牲畜，并将各类牲畜折合成一种计征单位，以此来摊派各种税收和杂差。无畜户要交一定数额的货币，类似人役税。

三大领主在牧区的剥削，有两种租最普遍，也最苛重。一种叫"计美其美"，意为"不生不死"租。领主将一定数量的牲畜租给牧奴，牧奴每年向领主交纳畜产品，而牲畜的数量必须永远保持原来的数目，不生也不死，即使牲畜因病老淘汰或遭其他意外损失，领主的租税也不减少。"计美其美"租是三大领主利用封建特权强行摊派的，摊派给谁，谁就必须接受，不能违抗。凡接受了这种畜租的，永远不能退租，即使这批牲畜全死光了，牧奴的子孙后代也要按原定数额向领主交租。如果这户人家死绝，其所承担的"计美其美"租要转嫁到他们的亲戚、邻居身上。"计美其美"租，地方政府可以在全区所有部落牧奴中强迫摊派，寺院和贵族只能在自己所属部落、庄园里摊派。

由于农奴主实行掠夺式的超经济剥削，农奴的收入一般都难于维持最起码的生活，因此不得不向农奴主借高利贷。高利贷实行利滚利的累计法，大批农奴所欠的债务根本无法偿还，有许多所谓的"子孙债"，父债子还，子债孙还，以致有拖欠好几代人、数百年的债务。

政治上的人身依附，繁重的"乌拉差役"，经济上的掠夺式盘剥及高利贷，像三条凶恶的毒蛇，紧紧缠绕在广大农奴身上，吮吸着他们的血汗。广大农奴一贫如洗，正如一首古老的民歌所述说的那样："能带走的只有自己的身影，能留下的只有自己的脚印。"三大领主把广大农奴和奴隶当做"会说话的牲畜"，他们被剥夺了起码的做人的权利，没有起码的人身自由，更谈不上什么基本的人权。在野蛮的封建农奴制度下，广大藏族劳动人民过着暗无天日、贫穷悲惨的生活。

西藏的贵族实行世袭制，据 1959 年上半年的统计，全西藏有 250 多家贵族，1500 余人。其中大贵族的总数为十分之一，即 25 家。而最大的世袭贵族只有七八家。西藏封建政府的权力始终掌握在这极少数贵族手中。

　　藏族是个全民信教的民族。寺院在社会生活中占有重要地位。寺院的正当宗教活动和人民的宗教信仰按照宪法规定，无论在什么时候，都是必须加以保护和尊重的。但是，过去寺院的最高统治者几乎都是农奴主。寺院在高利贷的商业方面对于农奴的剥削，比官家和贵族更为苛刻。

　　寺院占有的诸城园分为两类：一类是寺院的公产，其租税收入作为寺院的公用经费；一类是活佛和上层喇嘛的私产，有的大活佛的私人庄园和大贵族不相上下。据1959年民主改革时的统计，在西藏属于寺院领主的大小活佛约有5000名，在全区2676座寺院中，握有经济实权的上层僧侣有4000余人。

　　寺院内还设有各种刑具和牢狱，对农奴和贫苦喇嘛可以任意施刑，其残酷程度同别的农奴主没有什么区别。一个大的寺院集团，就是一个小社会，以拉萨哲蚌、色拉、甘丹三大寺为例，据当时《西藏日报》公布的调查材料，它们共占有339个庄园，412个大小牧场，174000多克（一克相当于一亩）土地，15万头牲畜，拥有75800多农奴和奴隶。三大寺每年从贫苦农奴中收取地租约934万斤粮食。他们还拥有自己的武装。三大寺不仅能左右西藏的政局，还能控制经济命脉，集政治、经济、宗教三者为一体，形成强大的势力集团，是旧西藏政教合一的封建农奴制的社会基础。

　　有谁能说得清，千百年来，在金碧辉煌的神殿里，在庄严华丽的法幢下，在悠扬悦耳的诵经声中，残害了多少贫苦农奴！制造了多少人间悲剧！掩盖了多少血迹斑斑、触目惊心的罪行！

　　按1959年的统计，西藏共有耕地300万克（亩），其中官家（政府）占36%、寺院占34%、贵族占30%，牧场的占有情况也大体相同。在三大领主中，贵族是核心，他们又是联结官府和寺院的枢纽。他们结成一体，构成了政教合一的统治集团。农奴主倚仗封建特权私设公堂和监狱，草菅人命，把广大农奴和奴隶当做会说话的牲畜，随意对他们施行鞭打、挖眼、抽筋、断脚等酷刑。

概括起来讲，旧西藏实行的是以封建庄园制经济为基础，贵族农奴主和上层僧侣对广大劳动人民实行联合专政的政教合一的政治制度。它有一套不同于中国其他地方的政权机构，有自己的法典、法庭、军队、监狱、货币等。其法典和刑罚，大多数是沿用吐蕃王朝时期的《十六条法典》，又与封建迷信和原始的"神判"制度相结合，和欧洲中世纪的农奴制度和沙皇俄国的农奴制度一样黑暗和落后，残忍和反动。

旧西藏的法典，具有政教合一制度的鲜明特点，是维护封建农奴制度的重要工具。三大领主统治农奴是神的意志，农奴受苦是命中注定，不能反抗。法律规定："勿与贤哲贵胄相争"，要"效法前王"，"言语行为，要合于佛法"；农奴只能"言语忠实"，"行为笃厚"，"知足钱财"，"戒绝恶行"，"勿作侵害"。

为了保护农奴主阶级的利益，法律规定："凡偷王之财物者，偷一罚百倍；偷寺院僧侣之财物者，偷一罚八十倍；偷平常人的财物者，偷一罚八倍"。法律还规定："要如期还债"，"不听头人命令，拖延不交清应纳之租税者，收债人之费用，由该民负担"。

法律还规定："人有上、中、下三等，每等人又分上、中、下三级。"把人分为三等九级，下等人不得触犯上等人，否则要处以各种刑罚。"不受主人约束者逮捕之，侦察主人要事者逮捕之，百姓碰撞官长者逮捕之"，"下打上者，小官与大官争执者犯重罪，均应拘捕"。法律甚至规定："向王宫喊冤，不合体统，应逮捕鞭击之"，农奴连喊冤都有罪。法律还规定："杀人者以大小论抵"，仆人反抗主人，而使主人受伤较重的，要砍掉仆人的手或脚；如主人打伤仆人，延医治疗即可；如打伤活佛，则犯了重罪，要挖眼、剁脚、断手或处以各种各样的死刑。在杀人赔偿命价的法律中规定："人有等级之分，因此命价也有高低"，上等上级的人，如贵族、活佛等的命价金与尸体等重，而下等下级人，命价仅为一根草绳。犯上作乱，反抗农奴主统治，是绝对不允许的。法律规定："民反者均犯重法"，不但本人要处死，而且家产全部没收，妻子要沦为奴隶。

在旧西藏，还有很多不成文的法律。三大领主既是法律的制定者，又是法律的执行者，农奴主的意志就是法律。①

这种黑暗、落后的社会种族制度，严重地阻碍着藏族社会的发展，不但经济衰敝、文化落后，连人口也在逐年下降。而极少数农奴主，吮吸着广大劳动人民的血汗，过着骄奢淫逸、腐朽糜烂的寄生生活。列宁曾经指出："农奴制的特点：世世代代的停滞，劳动者的闭塞无知、劳动生产率很低。"② 这是千真万确的真理，也完全符合西藏的实际。

在旧西藏，人口始终没有完整的、精确的统计。据有的历史文献记载，1765 年以前，仅怒江以西的西藏本土，有人口 200 多万，100 年间，减少了 100 多万；1951 年西藏解放时，这一地区只剩下 100 多万。吐蕃王朝时期，藏族人口有 1,000 多万；可是到新中国成立前夕，全国藏族人口只有 400 万左右。历史上曾经强盛一时，演出过威武雄壮的历史活剧的藏族，已濒临消亡的悲惨境地。

废除封建农奴制度，建设民主自由的新西藏，促进藏族社会的发展，使西藏人民过上民主自由、美好幸福的新生活，完全符合广大藏族人民的心愿和根本利益，也是历史发展的必然趋势，是任何反动势力也阻挡不了的。

假若把藏民族形成和发展的历史，比作一艘航行在历史长河中的巨轮，在野蛮而残酷、腐朽而黑暗的封建农奴制桎梏下，行将沉没、覆灭。共产党、毛主席派来人民解放军——藏族人民亲切地称他们为"金珠玛咪"，即"砸碎锁链的人"，解放了藏族人民，经过民主改革，

---

① 关于西藏政教合一的政治制度，参看《当代中国的西藏》上册，第 75～117 页。
② 《列宁选集》第 20 卷，第 297 页。

废除封建农奴制度，使西藏人民获得新生。这艘巨轮在共产党、毛主席指引下，扬帆起航，破浪前进，使藏民族走上复兴和强盛的新的历史航程。

改革旧的社会制度，是一场严重的阶级斗争，要具备各方面的条件，要经历一个酝酿和准备的过程。从 1951 年进军西藏到 1959 年的 8 年时间里，进藏部队和进藏职工修筑公路，兴办学校，送医送药，免费治疗，发放农贷，传授技术，培养干部，保护喇嘛寺院，尊重藏胞的宗教信仰和风俗习惯，遵照党中央、毛主席的指示，为藏族人民做了许多好事，深受藏族人民的爱戴和拥护。他们说：我们看了 8 年，比了 8 年，想了 8 年，最后得出这样一个结论：共产党好，解放军好，新社会好；农奴制不好，三大领主不好，旧社会不好。

西藏和平解放，尤其是康藏、青藏公路通车之后，贫苦农奴中要求实行民主改革的人日益增多。那些参加过修路和其他工程，同解放军和进藏的汉族职工幸福地生活一段时间之后，又回到各自的庄园、在农奴主的皮鞭下，重新过着暗无天日的悲惨生活的农奴，他们更感到共产党、解放军可亲可爱，十分怀念解放军，强烈地向往能过上自由幸福的新生活。他们编唱新民歌，表达自己的心愿：

高不过银色的雪峰，

解放军的功劳比雪峰还高；

暖不过春天的太阳，

毛主席的光辉比春天还温暖！

何时乌云吐红日？

何时雪山红花开？

苦难的岁月哪天尽？

毛主席的队伍哪天来？

当时在西藏进行民主改革，在某些方面条件还不具备，缺乏一定数量的干部，政治上、业务上都强的领导骨干更少，民族宗教界的一些上层人士还有顾虑，甚至反对。但就总的形势来讲，是受到了广大藏族人民，尤其是受苦最深、处于社会最底层的广大农奴和牧奴的拥护和欢迎的。他们应该是这场伟大革命斗争的坚决拥护者、直接参加者和实际受益者。因此，一小撮反动农奴主发动的反革命叛乱很快就被平息下去。极少数叛乱分子和被欺骗、被裹胁的群众聚集拉萨，喧嚣数年，精心策划，解放军仅仅用46个小时就将它平息了。群众很快发动起来，开展了轰轰烈烈的民主改革运动，百万农奴站起来，要在世界屋脊上摧毁黑暗、落后、残酷的封建农奴制度，建设民主、自由、幸福的新西藏。喜饶嘉措大师热情歌颂要在雪域之邦建设人间乐园。

为了顺利进行平叛斗争和民主改革，中央和西藏工委、自治区筹委会，制定了一系列方针、政策和具体规定，根据农村、牧区、寺院、城镇和边境地区的不同情况提出不同要求。

在农村，民主改革分两步走。第一步以"三反双减"为主要内容，即反叛乱、反乌拉差役、反人身依附，减租减息。第二步，废除农奴主土地所有制，将土地分给广大农奴，实行农民个体土地所有制。

在牧区，鉴于牲畜既是生产资料，又是生活资料，一旦遭到损失就很难恢复的特殊情况，学习内蒙古的经验，实行"不分、不斗、不划阶级和牧工牧主两利"的政策。没收叛乱农奴主及其代理人和叛乱牧主的牲畜，分给原放牧者和其他贫苦牧民。开展以"三反"、"两利"（牧工牧主两利）为内容的民主改革，废除人身依附制度。

寺院的民主改革，以"三反"（反叛乱、反封建特权、反剥削）和"三算"（算政治迫害账、算阶级压迫账、算经济剥削账）为主要内容。

废除寺院占有的庄园、牧场和农奴、牧奴，废除一切封建特权。让宪法进寺院，进行爱国守法教育。同时又明确规定，必须保护宗教信仰自由，保护爱国守法的寺庙和有历史意义的文物古迹。对于爱国守法的寺庙的土地和其他生产资料，实行赎买。对于喇嘛的生活，由政府统筹安排，寺庙的收入不够正当开支时，采取补贴的办法予以解决。

由于实行这些正确的方针、政策的结果，民主改革运动取得了重大成绩。1959 年 11 月，全区有 68 个县、67 万人口的农业区完成了"三反双减"，广大贫苦农奴和牧奴得到了实际的好处。同年 12 月，牧业区有 12 个县、7 万人口的地区开展了"三反"、"两利"运动，将参叛农奴主、牧主的 23 万头牲畜分给了原放牧者和其他贫苦牧民。解放了 2 万多处于人身依附状态、自身一无所有的奴隶。

到了 1960 年 10 月，全区基本完成土地改革，共没收和赎买了农奴主阶级占有的耕地 280 多万克（亩），分给 20 万户、80 多万名无地的农奴和奴隶所有。为了赎买未参叛的农奴主、牧主的庄园和牛羊，国家花了 6000 多万元。在寺院也开展了民主改革运动。

所有这一切，受到西藏人民，首先是广大贫苦农牧民和贫苦僧侣（他们实际上是穿着袈裟的贫苦农牧民）的衷心拥护和热烈欢迎。一首新民歌在万里高原广泛传唱：

> 喜马拉雅山，
> 再高也有顶；
> 雅鲁藏布江，
> 再长也有源；
> 藏族人民再苦也有边。
> 共产党来了苦变甜！

1959 年国庆之夜，在祖国首都新落成的十大建筑之一的人民大会堂，当农奴出身的藏族歌唱家才旦卓玛满怀激动的心情，用她那悠扬圆润、金唢呐般的声音，高唱《共产党来了苦变甜》这首民主改革后出现的新民歌时，赢得了全场一万多各民族观众经久不息的热烈掌声。才旦卓玛不愧为藏族人民的优秀歌手。她唱出了藏族人民的心声，唱出了藏族人民的欢乐，也唱出了藏族人民的希望。人民大会堂里经久不息的热烈掌声，充分体现了全国各族人民对苦难深重的藏族人民的深切关怀，也表达了各族人民对藏族人民获得美好生活的真诚祝福！

因此，对这场深刻的社会变革的重大现实意义和深远历史意义，无论怎样评价，都不过分。

第十一章
西藏自治区正式成立

西藏自治区筹备委员会的成立，反映了西藏人民要求建立统一的西藏自治区的愿望，反映了反帝爱国力量的发展壮大，是西藏地区实施民族区域自治的一个重大步骤。

西藏自治区筹委会成立后，做了大量工作。为了密切与各地政权机构的关系，以便使自治区筹委会所通过的决议和决定能够有效地传达和执行，1956 年 7 月 6 日举行的筹委会第六次常委会，讨论并通过了关于在各地建立各级办事处的决议。办事处分为基巧（相当于专署）和宗（相当于县）两级。接着，在拉萨、山南、江孜、日喀则、塔工、阿里、黑河等七地区建立了办事处；后来又在各宗建立办事处。西藏自治区筹委会在培养民族干部、发展经济和文化教育事业等方面，也做了大量有益的工作。

正当西藏民族区域自治工作顺利开展的时候，1959 年 3 月 10 日，西藏上层反动集团在拉萨策动武装叛乱，公然撕毁十七条协议，反对中央，背叛祖国，并劫持自治区筹备委员会主任达赖喇嘛到国外。鉴于这种情况，3 月 28 日，周恩来总理颁布命令，解散西藏地方政府，由西藏自治区筹备委员会行使西藏地方政府职权。命令指出：

查西藏地方政府多数噶伦和上层反动集团，勾结帝国主义，纠集叛乱分子，进行叛乱，残害人民，劫持达赖喇嘛，撕毁关于和平解放西藏办法的《十七条协议》，并且于3月19日夜间指挥西藏地方军队和叛乱分子向驻拉萨的人民解放军发动全面进攻。这种背叛祖国、破坏统一的行为，实为国法所不容。为维护国家统一和民族团结，除责成中国人民解放军西藏军区彻底平息叛乱外，特决定自即日起，解散西藏地方政府，由西藏自治区筹备委员会行使西藏地方政府职权。在自治区筹备委员会主任委员达赖喇嘛·丹增嘉错（措）被劫持期间，由班禅额尔德尼·却（确）吉坚赞副主任委员代理主任委员职务。任命自治区筹备委员会常务委员帕巴拉·格列朗杰为副主任委员；常务委员兼秘书长阿沛·阿旺晋美为副主任委员兼秘书长。

经过改组后的西藏自治区筹备委员会，为在西藏地区全面实行区域自治、正式成立西藏自治区，积极创造条件，做了大量工作，取得了显著成绩。在平息叛乱、进行民主改革的过程中，建立了各级地方人民政府。从西藏的实际出发，1959年7月，自治区筹委会通过了《西藏地方各县、区、乡农民协会的组织章程》，规定区、乡两级农民协会代行基层政权的职权。

同年10月26日，自治区筹委会讨论通过了《关于建立一个直属市和七个专署的决议》。

1960年1月，经国务院批准，将西藏原有的83个宗和64个相当于宗的独立"溪卡"（即庄园）合并，划分为一个拉萨市城关区、72个县，设立7个专署和1个市，即：昌都、林芝、山南、江孜、日喀则、那曲、阿里和拉萨市。接着，在各地开展建政工作。到1960年4月，上述7个专署和1市以及72县的人民政府全部建立起来，还建立了20个区和300个乡的人民政府。与此同时，还成立了西藏地区和各专区级的政治协商会议，团结了广大爱国进步的上层人士，进一步巩固和扩大了人民民主统一战线。

为了进一步实行民族区域自治，使广大翻身农奴真正实现当家做主的民主权利，中共西藏工委和自治区筹委会决定实行基层普选。1961年8月2日，筹委会通过了《关于进行民主选举试点工作的决议（草案）》，决定从1961年第三季度开始，根据中华人民共和国选举法和中央有关基层选举工作的指示精神，结合西藏的实际情况，在全区进行民主选举的试点。1962年3月，筹委会又发出《关于在全区开展基层选举工作的指示（草案）》。

由于采取了较为正确的方针和政策，基层普选工作进展顺利，为开展县级选举创造了条件。到1965年7、8月，全自治区乡、县选举工作基本完成，有1359个乡、镇进行了基层选举，另有567个乡、镇召开人民代表会议，代行人民代表大会职权。两项合计占西藏全区乡、镇总数的92%，建立了以贫苦农奴和奴隶占绝对优势的基层人民政权。全区有54个县召开了第一届人民代表会议，选出了正副县长，建立了县人民委员会。同时，选出了301名出席自治区人民代表大会的代表。

在民主改革前，没有任何政治权利、没有人身自由、被农奴主当做"会说话的牲口"的贫苦农牧民，十分珍惜自己当家做主的政治权利。他们把西藏历史上第一次选举看做一件大喜事，满怀热情而又严肃认真地参加选民资格审查和人民代表的选举工作。在投票时，他们穿着鲜艳的服装，载歌载舞，把选举日当做一个盛大的节日，充分表现了广大贫苦农牧民获得翻身解放的喜悦和当家做主、实现民族区域自治的自豪。这种热烈隆重的气氛，在内地并不多见。

经过长期的准备，正式成立西藏自治区的各项条件成熟了。经中央批准，西藏自治区第一届人民代表大会第一次会议于1965年9月1日至9日在拉萨隆重举行。这次会议是在西藏完成民主改革和进入社会主义时期的形势下召开的，是百万翻身农奴当家做主的大会。出席大会的代表301名，其中藏族代表226人，门巴族、珞巴族、回族、纳西族、怒族和其他少数民族代表16人，占代表总数的80％以上。藏族和其他少数民族代表中，绝大多数是翻身农奴和奴隶，同时也有一部分是爱国进步的上层人士和宗教界人士。

阿沛·阿旺晋美作为自治区人民政府主席，在回忆当时的情况时说：

　　1962年8月25日，经国务院批准的西藏自治区选举委员会正式成立，并举行了第一次全体委员会议，决定建立西藏各级选举机构。此后，从基层开始，逐级选出人民代表，召开人民代表大会，建立人民政权的工作，经过试点，有准备，分步骤地展开。到1965年8月下旬，据自治区选举委员会统计，在全区90％的乡完成基层选举，召开乡人民代表大会或乡人民代表会议，建立了翻身农奴和奴隶占绝对优势的乡人民政权的基础上，全区有54个县召开了第一届人民代表大会第一次会议，有16个县召开了人民代表会议，选出了正副县长，建立了县人民委员会，并选出了自治区第一届人民代表大会代表。召开自治区人民代表大会，正式成立自治区的条件已经成熟。

　　1965年7月24日，自治区筹备委员会向国务院呈送了《关于正式成立西藏自治区的请示报告》。这个报告是我以自治区筹备委员会代理主任委员名义主持讨论通过后签发的。8月23日，国务院全体会议举行第一五八次会议，讨论了自治区筹委会的报告，同意于1965年9月1日召开西藏自治区第一届人民代表大会，正式成立西藏自治区。8月25日，第三届全国人大常委会第十五次会议根据国务院议案，讨论了成立西藏自治区的问题。会议通过决议，批准国务院提出的成立西藏自治区的议案。

　　中共中央和国务院对正式成立西藏自治区十分重视和关心，派出以中共中央委员、国务院副总理谢富治为团长，中央人民政府驻西藏代表张经武、国家民委副主任刘春为副团长，包括中央各部、27 个省市自治区、16 个少数民族自治地方的代表共 76 人组成的代表团，到拉萨祝贺西藏自治区成立。代表团于 8 月 29 日抵达拉萨，受到各族各界人士和 12000 多名人民群众隆重热烈的欢迎。

1965 年 9 月 1 日至 9 日，西藏自治区第一届人民代表大会第一次会议在新落成的拉萨劳动人民文化宫隆重开幕。这次会议是在西藏完成民主改革和进入社会主义时期的形势下召开的，是百万翻身农奴当家做主的大会，也是西藏各民族共同团结奋斗的大会。出席大会的代表 301 名，其中藏族代表 226 人，门巴族、珞巴族、回族、纳西族、怒族和其他代表 16 人，占代表总数的 80% 以上。各民族代表中绝大多数是翻身农奴和奴隶，也有一部分是爱国进步的上层人士和宗教界人士。代表们怀着胜利的喜悦心情参加大会，以主人翁的态度，共议维护祖国统一，进一步增强民族团结，建设社会主义新西藏的大事。

9 月 1 日的开幕会上，谢富治团长发表讲话。他代表中共中央、国务院、毛泽东主席、刘少奇主席，热烈祝贺西藏历史上第一次人民代表大会召开，祝贺西藏自治区成立。9 月 2 日，中共西藏自治区委员会第一书记张国华在会上做了《高举毛泽东思想的伟大红旗，为争取社会主义革命的伟大胜利，为建设社会主义的新西藏而奋斗》的政治报告，总结了西藏和平解放后 15 年来的工作，提出了今后的主要任务。9 月 3 日，中央人民政府驻西藏代表、中央代表团副团长张经武讲话，表达了他对西藏人民的浓厚感情，提出了对今后工作的期望和祝愿。这也是他辞别西藏的讲话。我以西藏自治区筹备委员会代理主任委员的身份，做了自治区筹备委员会工作的报告，回顾了在筹备西藏自治区成立过程中所经历的斗争，回顾了筹委会成立之后，特别是在贯彻执行国务院责成筹委会行使西藏地方政府职权以来，在平叛改革和人民政权建设中所做

的工作和取得的主要成绩。9 月 8 日，大会投票选举，产生了西藏
自治区人民委员会。我当选为自治区人民委员会主席，周仁山、帕
巴拉·格列朗杰、郭锡兰、协绕顿珠（杨东生）、朗顿·贡噶旺
秋、崔科·顿珠才仁、生钦·洛桑坚赞为副主席，达瓦、仁钦索
朗、扎西平措等 37 人当选为自治区人民委员会委员。9 日上午，
大会通过了向毛主席的致敬电，通过了《西藏自治区各级人民代
表大会组织条例和各级人民委员会组织条例》后，我致了闭幕词，
大会闭幕。

　　1965 年 9 月 14 日，我主持西藏自治区人民委员会首次会议，
正式履行自己的职权。会议讨论了西藏自治区第一届人民代表大
会第一次会议的传达贯彻问题，要求各级人民委员会（或人民政
府）和各级干部大力宣传会议精神，推动西藏社会主义建设有重
点地积极进行；进一步巩固和加强祖国的西南边防；加强区内各民
族的团结和同全国各兄弟民族的团结；进一步开展互助合作运动，
发展农牧业生产。①

　　西藏自治区的面积为 120 多万平方公里；据 2005 年 9 月统计，全
区人口为 270 万人。

　　自治区的行政机构，几经调整，现在下辖 1 个市——拉萨市，6 个
地区——日喀则地区、山南地区、昌都地区、那曲地区、阿里地区、林
芝地区。拉萨市下设 1 个市辖区——城关区，日喀则地区下设 1 个县级
市——日喀则市，71 个县。

　　拉萨，藏语意为"圣地"，是西藏自治区的首府，全区政治、经
济、文化、宗教和交通中心。它是一座有 1300 多年历史的文化名城。
公元 7 世纪，松赞干布统一西藏后，从雅隆部落迁都逻娑（即拉萨），

---

① 《见证西藏》，中国藏学出版社，2005，第 51~55 页。

建立了强盛一时的吐蕃王朝。相传文成公主进藏时，这里还是一片荒草沙滩，后来在此建造了大昭寺和小昭寺。由于前来朝佛的人增多，围绕大昭寺便先后建起了不少旅店和居民房屋，形成了以大昭寺为中心的旧城区雏形。同时松赞干布又在红山扩建宫室（即今布达拉宫），于是拉萨河谷平原上陆续兴建了许多寺院、贵族官邸和商店，显赫中外的高原名城从此形成。1994 年，联合国教科文组织将布达拉宫作为世界文化遗产，列入《世界遗产名录》。这是对布达拉的文化价值和历史地位的充分肯定，是藏族人民的光荣和骄傲，是中华民族的光荣和骄傲。同时，也赋予我们更大的责任、更多的义务去保护它。噶丹寺、哲蚌寺、色拉寺等著名寺院，为这座古城增添了光彩，使得它所蕴藏的文化内涵更加深厚、多彩。

1959 年西藏民主改革后，原拉萨地区的 28 个宗合并为拉萨市，随后历经几次行政区划调整；时至今日，拉萨市辖 1 区 7 县，分别是城关区、墨竹工卡县、达孜县、堆隆德庆县、曲水县、尼木县、当雄县、林周县。

日喀则地区因地处雅鲁藏布江上游，藏语称作"藏"，传统上称为"后藏"，以区别于以拉萨为中心的"前藏"。现在指喜马拉雅山西麓的大部、雅鲁藏布江上游的大片土地，下辖日喀则市和南木林、江孜、定日、萨迦、拉孜、昂仁、谢通门、白朗、仁布、康马、定结、仲巴、亚东、吉隆、聂拉木、萨嘎、岗巴 18 个市、县。2000 年第五次人口普查数据为 63.52 万人。这里南与尼泊尔、不丹、锡金接壤，西衔阿里，北靠那曲，东邻拉萨与山南，全地区面积 18.2 万平方公里，边境线长 1507 公里。地区首府日喀则市，位于雅鲁藏布江和年楚河交汇处。日喀则有著名的扎什伦布寺，是历代班禅的住锡地。

山南地区位于西藏南部，地处冈底斯山脉和喜马拉雅山脉之间的河谷地带，雅鲁藏布江由西向东横贯全境，有"藏南谷地"之称。全地区有藏、汉、门巴、珞巴等 14 个民族，总人口 30.80 万，其中藏族占 97.7%。面积 7.93 万平方公里，平均海拔 3700 米。下辖乃东、扎囊、贡嘎、桑日、琼结、洛扎、加查、隆子、曲松、措美、错那、浪卡子 12 个县。首府为泽当镇。

山南地区地处西藏腹心，南与印度、西南与不丹接壤，北邻拉萨，东连林芝，西接日喀则，边境线长达 630 公里，战略地位十分重要。这里土地肥沃，物产丰富，风景秀丽。早在远古时期，藏族先民就在这里的雅砻河谷寻穴而居，野果为食，树叶为衣，经历了漫长的原始生活。后来，传说中的第一代赞普聂赤赞普成为雅砻部落的第一个首领，并在这里建立起西藏的第一座宫殿雍布拉康。从他开始，到第 32 代藏王朗日松赞，这里一直是西藏的政治经济文化中心。松赞干布在此建基立业，并由此迁都拉萨，建立吐蕃王朝。帕竹政权时期，这里再次成为全藏的中心。山南是藏族文化的发祥地之一，这里有大量的文物古迹。藏族历史上的第一座宫殿雍布拉康、第一座寺院桑耶寺，都在山南地区。

昌都地区位于西藏的东部，面积 10.86 万平方公里。整个地区处于横断山脉的金沙江、澜沧江、怒江三江流域的中上游，山高谷深，水流湍急，是典型的高山峡谷地区，平均海拔 3500 米。全地区辖左贡、芒康、洛隆、边坝、昌都、江达、贡觉、类乌齐、丁青、察雅、八宿 11 个县。总人口 58.61 万人，其中农牧区人口占 90% 以上，居有藏、汉、回、纳西、门巴、珞巴等 21 个民族，藏族占 98%。昌都地区被称为"西藏的门户"，是与内地联系的交通要道，也是连接安多地区和康区的重要枢纽。解放初期，昌都地区先后成立了解放委员会和支援西藏委员会，为大军进藏做出了重要贡献。

那曲地区位于西藏自治区北部，北与新疆维吾尔自治区和青海省交界，东邻昌都地区，南接拉萨、林芝、日喀则三地市，西与阿里地区相连。下辖那曲、安多、聂荣、比如、嘉黎、巴青、索县、班戈、申扎、尼玛 10 个县，1 个双湖特别行政区。全地区总人口为 36.62 万人，其中藏族占总人口的 98% 以上。

那曲，藏语意为"黑河"，地处唐古拉山脉、念青唐古拉山脉和冈底斯山脉怀抱之中，西边的达尔果雪山、东边的布吉雪山，形似两头猛狮，守护着这块宝地。这片总面积约 40 多万平方公里的土地，就是人们常说的羌塘。羌塘草原呈西高东低倾斜，平均海拔在 4500 米以上。中西部地形辽阔平坦，多丘陵盆地，湖泊星罗棋布，河流纵横其间，东部属河谷地带，多高山峡谷，是藏北仅有的农作物产区，并有少量的森林资源和灌木草场，其海拔高度在 3500～4500 米之间，气候好于中西部。那曲地区属亚寒气候区，高寒缺氧，气候干燥，多大风天气，年平均年温为 -0.9℃～3.3℃，年相对湿度为 48%～51%，年降水量 380 毫米，年日照时数为 2852.6～2881.7 小时，全年无绝对无霜期。每年的 11 月至次年的 3 月间，是干旱的刮风期。这期间气候干燥，温度低，缺氧，风沙大，延续时间又长。5 至 9 月相对温暖，是草原的黄金季节，这期间气候温和，风和日丽，降水量占全年的 80%。绿色植物生长期全年为 100 天左右，全部集中在这个季节。这时的草原一片青绿，万物茂盛，人欢畜旺。

青藏公路翻越唐古拉山，经那曲地区进入西藏。这条大动脉，半个多世纪以来，连接着西藏与内地，为西藏的革命与建设，做出了重要贡献，密切了西藏与内地的联系。

阿里地区，地处西藏最西端，为喜马拉雅山脉和冈底斯山脉诸峰所环抱，平均海拔在 4500 米左右，被称为"世界屋脊的屋脊"。下辖措勒、改则、革吉、噶尔、杞达、普兰和日土 7 个县，面积约 30 多万平方公里，全地区总人口仅 7.73 万人。是中国地理面积最大的地区级行政区，也是世界上人口密度最小的地区。

阿里是一块神奇的土地，那里的山水、历史、古迹都笼罩着神秘的气氛。神山冈仁布钦是冈底斯山的主峰，被称作"万山之王"；圣湖玛旁雍错则是神山冰雪融化而成，被称为"万水之源"。从遥远的象雄时代，苯教和后来的佛教徒，都把这里的神山圣湖看做圣地，每年都有成千上万的人前来朝拜。已有700多年历史的古格王朝遗址位于扎达县象泉河南岸，一座座宫殿、寺庙的断墙残壁顺着山势直抵山顶，其恢弘气势依然让人能看到古格王朝昔日的辉煌。古格王朝遗址被国务院命名为全国重点文物保护单位。

林芝位于西藏东南部喜马拉雅、念青唐古拉与横断山三座山脉的怀抱之中。它的东面是昌都，北面是那曲，西部和西南部分别与拉萨市、山南地区相邻，南部与印度、缅甸两国接壤，边境线长达1006.5公里。林芝地区总面积11.7万平方公里，人口15.92万。西藏民主改革以后，于1966年1月成立塔工专署，同年2月改成林芝专署。1964年5月林芝专署撤销，波密县划归昌都地区，林芝、工布江达、米林、墨脱4个县划归拉萨市管辖，林芝地区不复存在。1986年2月1日，林芝地区行署再次正式成立，下辖林芝、米林、工布江达、墨脱、波密、查隅、朗县7个县，行署所在地为八一镇。

林芝地区平均海拔3100米，雅鲁藏布江在奔腾1000多公里后，从朗县进入林芝地区，绕南迦巴瓦峰做奇特的马蹄形回转，在墨脱县境内向南奔泻而下，经印度注入印度洋。这种北高南低的走势，造成了林芝地区的热带、亚热带、温带及寒带气候并存的多种气候带，形成了这里奇特的雪山与森林的世界。林芝地区最高的山是南迦巴瓦峰，海拔7780米，为世界第十五高峰。与南迦巴瓦峰北面隔江相望的拉加白垒峰，海拔7234米，为一鞍形双峰山，也是终年云遮雾锁。雅鲁藏布江在其西行之中，切开喜马拉雅山脉，从南迦巴瓦峰和加拉白垒峰之间穿过，形成著名的雅鲁藏布江大峡谷。大峡谷的平均深度为5000米，最深处达到5382米。这段峡谷长度为490多公里，最险峻处也有240多公里，是世界最大的峡谷。从谷底到山顶的垂直自然带，是一片片人迹罕至的原始森林，里面蕴藏了丰富的自然资源。正是这种特殊的地理特征形成了林芝独特的气候条件和自然环境。这里温暖湿润，年降雨量

650 毫米左右，年平均日照为 2022.2 小时，无霜期为 180 天，土地地肥沃，资源丰富。森林面积约为 264 万公顷，森林覆盖率为 46.1%，为中国第三大林区，西藏森林的 80% 都集中在这里。广袤的原始森林蕴藏了丰富的林业资源、林木产品及珍奇动物资源。林芝地区被称为青藏高原上的"绿色明珠"。

第十二章
艰难的历程，曲折的道路

西藏自治区成立不久，便发生了"文化大革命"，使民族区域自治政策的实施，经历了艰难的历程。"文革"，对于包括西藏人民在内的全国各族人民来说，都是一场空前的大灾难、大浩劫。

原中央统战部部长、中央人民政府与西藏地方政府进行和谈时担任中央人民政府首席代表的李维汉，在纪念西藏和平解放30周年时，于1981年5月23日，在《人民日报》发表题为《西藏民族解放的道路》的长文，满怀深情地回顾了30年来西藏发生的巨大而深刻的变化，正如文章的题目所揭示的那样，论述了"西藏民族解放的道路"。

在回顾十年动乱这一特殊时期的历程时，痛定思痛，以十一届三中全会精神和六中全会《关于建国以来若干历史问题的决议》为指导，做了认真的总结。他说：

在十年浩劫中，由于林彪、"四人帮"的破坏，"左"的错误发展到了极点。其主要表现如：（一）搞了一大批冤假错案，伤害和牵连了大量的干部和群众。（二）在人民公社化和学大寨运动中，不顾西藏实际情况，要求过急，并照搬追求大、公、平均主义、穷过渡、割尾巴、单一搞粮食、硬性推行多种冬小麦、少种青稞，以及高指标、高估产、高征购等一套做法，严重束缚和挫伤了群众的积极性，破坏了西藏农牧结合的经济结构，使群众生活遭到困难。（三）党的民族政策、宗教政策和统一战线政策遭到诋毁和否定。民族区域自治流于形式。群众的宗教活动被禁止，绝大多数寺庙被拆毁，重要文物大量散失、破坏。爱国上层人士受到迫害。（四）基本建设战线过长，投资多，效益差，甚至搞无米之炊，造成巨大浪费。所有这些都使西藏人民遭受了苦难，给汉、藏之间的民族关系造成严重创伤。这种种"左"的做法一直延续到粉碎"四人帮"以后两年，甚至在三中全会后，在一段时期内，也还没有根本转变。当然，在这十几年中，西藏的党政军和广大干部还是做了许多工作，付出了辛勤的劳动。他们的大多数是忠心耿耿，为西藏人民服务的。这是不可磨灭、不容抹煞的。只是由于指导思想"左"的错误，特别是由于林彪、"四人帮"的反革命破坏，他们的辛劳没有取得应有的成果。

建国以后我们党在西藏工作中，在民族工作中，都实行了一套合乎马克思主义原理和中国国情的行之有效的政策，走出一条中国式的解决民族问题的路子。但是，后来遭到"左"倾思想的干扰和否定，特别是林彪、"四人帮"的大破坏。①

国家民委主持编纂的《当代中国的民族工作》在谈到"文化大革命"对民族工作的干扰和破坏时说：

"文化大革命"一开始，林彪、江青等就打着反对"投降主义"、"修正主义"的幌子，全盘否定新中国成立以来统战、民族、宗教工作取得的成就。1966年8月，在中共八届十一中全会期间，

---

① 中共中央文献研究室、中共西藏自治区委员会编《西藏工作文献选编》，中央文献出版社，2005，第331～332页。

陈伯达、江青在全会小组会上向中共中央统战部开刀，声称要"炮打统战部"。从此，中央统战部就被打成了"修正主义司令部"，全国统战、民族、宗教工作部门都被扣上了"执行投降主义路线"的帽子。林彪、江青及其在各地的追随者大肆诬蔑统战、民族、宗教工作部门是"牛鬼蛇神的庇护所"、"资本主义的复辟部"；广大民族工作干部被攻击为"资产阶级的代理人"和"反革命修正主义分子"，遭受了残酷的打击、迫害；各级民族工作机构，实际上都被撤销。

在十年动乱中，林彪、江青两个反革命集团，把五十年代后期在民族工作指导思想上出现的"左"的错误进一步推向极端，把民族问题完全混同为阶级和阶级斗争问题，根本否认社会主义时期还有民族问题存在。从而使新中国的民族政策和少数民族地区推行的其他各项特殊政策遭到严重践踏。

林彪、江青及其追随者，任意侵犯少数民族的平等权利和自治权利，诬蔑一些少数民族是所谓"黑线"制造的"假民族"，诬蔑民族区域自治是"搞分裂"、"搞独立王国"。在他们的极"左"路线支配下，有的地方竟不经过任何法律程序，任意撤销一些民族自治地方。

书中同时指出：

他们扼杀少数民族的教育事业，不仅民族学院多数被迫停办，而且各民族自治地方的民族中、小学也大多停办或改为普通学校，所有大中小学都一度停了课。

他们诬蔑宗教信仰自由政策和尊重少数民族风俗习惯的政策是"保护落后"，蛮横禁止少数民族宗教职业者和信教群众的正当宗教活动，甚至把大批寺庙和宗教设施加以毁坏、关闭或改作他用。对于少数民族的风俗习惯以及生产生活的特殊需要，则当作"四旧"加以横扫，甚至强迫少数民族改变其风俗习惯。

对于少数民族中的上层爱国人士，则统统被当作"牛鬼蛇神"予以打击，其中有些人含冤而死。

总之，十年动乱期间，一整套被实践证明行之有效的民族政策，如民族区域自治、发展民族教育和培养民族干部、少数民族语言文字的使用和发展、宗教信仰自由、尊重少数民族风俗习惯、民族上层的统一战线政策，以及少数民族特需商品的生产和供应政策等，都遭到了严重的破坏。①

西藏与全国的民族地区一样，不但遭到严重破坏，而且是重灾区，造成的损失更为巨大。民族区域自治政策也遭到严重破坏，自治区人民政府被撤销，成立"革命委员会"，领导一切，指挥一切，从内容到形式，民族自治机关被撤销。

即使在这种严峻的形势下，周总理依然关怀着西藏的工作，惦记着西藏人民的疾苦。1975 年 8 月，身患重病的周总理对西藏工作做了重要指示。

1965 年 9 月，西藏自治区正式成立，1975 年，是西藏自治区成立10 周年，中央派出以国务院副总理兼公安部部长华国锋为团长的中央代表团到西藏祝贺。代表团带来了毛主席、党中央和国务院对西藏各族人民的亲切关怀和慰问，也带来了周总理对西藏人民的深切关怀。华国锋对任荣、阿沛和天宝等自治区的领导同志说：离京前，他专门到医院去看望总理，总理对西藏工作十分关心，躺在病床上，做了许多重要指示。总理的指示没有文件，华国锋是口头传达的。

原西藏自治区党委第一书记、自治区革命委员会主任任荣在《西

① 《当代中国的民族工作》上册，当代中国出版社，1993，第 147~148 页。

藏人民永远怀念周总理》一文中回忆周总理当时指示说：

你们到西藏，要多鼓励在那里工作的各级干部和职工，解放军全体指战员，他们很辛苦。这几年的工作搞得不错嘛，是很有成绩的。告诉在那里工作的同志们，要特别注意执行党的民族、宗教政策，注意培养民族干部，使大批民族干部尽快成长起来。要搞统一，搞民族大团结，军政、军民和各民族之间，要互相支持、互相学习、互相尊重。只有增强团结，才能安定，才能发展经济，才能改善和提高物质文化生活条件。要注意保护好森林和各种自然资源，要造福于我们的子孙后代。

天宝回忆当时的情形说：9月10日，华国锋接见区党委常委，转达周总理对西藏人民的亲切关怀和对西藏工作的重要指示。华国锋说：中央代表团离京之前，到医院去总理那里请示，当时已经是晚上12点钟了。总理对西藏人民十分关心，虽然身体不好，但仍然作了很重要的指示。华国锋将周总理的指示概括为以下几点：

第一，委托代表团带去科教片《养蜂促农》，作为给西藏人民的节日礼物。总理嘱咐，不要讲是他个人送的。

第二，在西藏工作的同志很艰苦，这几年工作不错，去了要多加鼓励。

第三，要注意培养少数民族干部，西藏在这个问题上是注意了的，也是有成绩的，但不能满足，这个问题在民族地区工作是十分必要的。培养干部，不仅要看数量，而且要注意质量，要把真正懂马列主义、毛泽东思想的人提起来。

第四，领导班子要坚决按照毛泽东思想办事，老、中、青都要有，同时要有战斗力，要'敢'字当头、团结战斗的班子。总之，在少数民族地区，民族政策要执行好，干部要培养好，人民要团结好，生产建设要发展好，物质生活要搞好，工作就能搞起来。

华国锋接着说：总理还交给我一部纪录片，说是他给西藏人民的节日礼物。这是中央新闻电影制片厂拍摄的关于农业科技的纪录片，片名叫《养蜂促农》。

天宝接过纪录片，双手捧着，禁不住热泪盈眶，半晌说不出话。等心情稍微平静一点，对华国锋说："国锋同志，这里没有别人，就我们几个，我们保证遵守党的纪律，不向外透露一个字。请您说句实话，总理的身体究竟怎么样？"

这也是任荣和其他同志十分关心的事，大家立即把目光转向华国锋。华国锋沉默了一会儿，用他素有的严肃态度说："本来中央不让对外讲，在北京、在内地，要求绝对保密。但你们远在西藏，大家又十分关心总理，我就说实话吧。"华国锋略一停顿，怀着沉痛的心情，低声说："总理的身体很不好，癌细胞已经扩散。动了几次手术，手术是成功的，效果也不错，但病情很难控制。"任荣和天宝都沉默不语。华国锋继续说："总理对西藏工作十分关心，对西藏人民怀着深厚感情。总理多次说，他一生最大的遗憾是没有能到西藏来。总理好像有很多话要对藏族同胞讲，我也想尽可能聆听总理的指示，但总理的身体十分虚弱，我传达的那些话，总理断断续续讲了几次才讲完。医务人员要治疗，一再暗示我们快离开。我们只好向总理告辞。请他多保重。"华国锋又说："我们走到病房门口，护士把我叫回去，说总理好像还有话要说。我又走到总理身边，总理吃力地抬起枯瘦的手，对我说：'告诉西藏同志，一定要记住毛主席的指示，一定要把西藏的事情办好。祝愿西藏一天天好起来！'说完放下手，疲倦地闭上了眼睛。护士赶紧挥手，让我离开。"

天宝清楚地看到，说到这里，华国锋的眼里噙着泪花。而他自己则禁不住热泪夺眶而出。天宝说，当小喇嘛、当战士出身的他，什么样的苦都受过，俗话说，"男儿有泪不轻弹"，我也不是爱哭，爱动感情的人。但听了华国锋的话，实在忍不住流下了眼泪。

天宝说：这是周总理对西藏工作最后一次指示。他认为，总理指示，"在少数民族地区，民族政策要执行好，干部要培养好，人民要团结好，生产建设要发展好，物质生活要搞好，工作就能搞起来。"这"五好"，具有长久的普遍的指导意义，只要遵照总理指示，把这五件事搞好，西藏就有希望，就一定能像期望的那样，把西藏的事情办好。

第十三章
拨乱反正，开创新局面

　　西藏自治区成立不久，便发生了席卷全国的"文化大革命"，由于"左"的错误思潮的泛滥，民族区域自治政策受到严重干扰和破坏，西藏人民与全国人民一样，遭受了苦难。

　　1976年10月，"四人帮"反革命集团被粉碎，终于结束了给中国各族人民造成深重灾难的十年动乱。具有历史意义的中国共产党十一届三中全会的召开，使中国进入改革开放的新时期。民族区域自治制度的建设，也开始了一个新的发展阶段。在民族工作方面，重新肯定民族区域自治是解决中国民族问题的基本政策，巩固和发展民族区域自治制度，是国家建设中的一项长期的重要任务。

　　1978年召开的第五届全国人民代表大会第一次会议决定恢复中华人民共和国国家民族事务委员会，并批准任命杨静仁为主任。1979年召开的五届人大二次会议，决定恢复全国人大民族委员会，由全国人大常委会副委员长阿沛·阿旺晋美兼任主任委员。各地各级民族事务委员会及其他民族工作机构也陆续恢复。同时，中央任命乌兰夫为中央统战部部长，主管统战民族工作。

　　在恢复民族工作机构的同时，中央在重申民族政策、进行拨乱反正方面，采取了一系列重大措施。

1979 年 2 月，中共中央批准了中央统战部《关于建议为全国统战、民族、宗教工作部门摘掉"执行投降主义路线"帽子的请示报告》，撤销了 1964 年对李维汉的所谓"长期以来在统一战线、民族、宗教工作方面坚持一条反党、反中央、反毛主席的修正主义路线，反对无产阶级专政，反对社会主义革命，向资产阶级和封建农奴主投降，严重地损害了党的事业"的指责，并明确指出，给统一战线工作和民族、宗教工作扣上"执行投降主义、修正主义路线"的罪名，是完全没有根据的，应一律推倒。

中共中央的这一措施，使广大民族工作者卸掉了思想包袱，为彻底清算林彪、"四人帮"破坏民族政策的罪行，在民族工作方面拨乱反正，扫清了障碍。

1979 年 4 月，由中共中央主持召开的全国边防工作会议，重申党的民族政策，对于民族工作方面的拨乱反正，起了重要作用。

这次会议的目的，是为了巩固祖国边防，搞好边防建设，为实现中共十一届三中全会提出的把中国建设成为社会主义现代化国家的目标，提供一个政治上安定团结的环境。由于中国边疆绝大多数是少数民族聚居地区，要巩固边防，发展安定团结的政治局面，必须做好民族工作。因此，这次会议的主要内容之一是讨论新的历史时期的民族工作任务。在会议上，中共中央政治局委员、中央统战部部长乌兰夫代表中共中央做了报告，他在报告中除针对林彪、"四人帮"对民族政策和民族工作的破坏而重申了一系列已被历史证明是正确的民族、宗教、统战政策外，着重就新中国成立以来民族工作的实践，总结了四条经验教训：

第一，必须坚持理论联系实际，一切从实际出发的原则。边疆少数民族地区情况复杂，贯彻执行党的总路线和总政策，实现新时期的总任务，都必须同边疆、少数民族地区的民族特点和地区特点很好地结合起来。

第二，必须坚持民族问题长期存在的观点。社会主义阶段是各民族共同发展、共同繁荣的时期。在整个社会主义历史阶段，民族工作的任务还是很艰巨的，必须重视民族问题，认真贯彻执行党的民族政策，切实尊重少数民族的平等权利和自治权利。

第三，必须坚持无产阶级的民族观点，在巩固工农联盟的基础上，不断加强各民族人民大团结。巩固国家的统一和国内各民族的团结，是加速实现新时期总任务的基本保证。

第四，必须坚持国家帮助和自力更生相结合的方针，加速边疆少数民族地区的经济文化建设。经验证明，发展边疆、少数民族地区的经济建设和文化建设要靠当地各族人民发扬艰苦奋斗、自力更生的革命精神，同时国家必须采取积极扶持、重点照顾的政策，诚心诚意地积极帮助少数民族发展经济建设和文化建设。这是国家在民族工作方面的重大任务。

7 月 31 日，中共中央批转了乌兰夫的报告，要求全党全军必须十分重视民族工作，进行民族政策的再教育，结合检查民族政策的执行情况，切实解决存在的问题。乌兰夫的报告是粉碎"四人帮"后第一个系统地重申中国共产党的民族政策，在民族工作方面拨乱反正、正本清源的文件。

1980 年，是改革开放的历史进程中一个关键的时刻。无论就全国的局势来讲，还是就西藏和其他藏区来讲，乃至整个民族工作来讲，都是一个重要的、具有历史意义的转折。

这一情况再一次生动有力地表明：历史早已把我国各族人民的命运紧密地联系在一起，说明我国各族人民历史命运和根本利益的一致性和共同性，休戚相关，荣辱与共。

在民族工作方面，新年伊始，就有一个好的兆头。中央决定公开发表周总理 1957 年 8 月 4 日在青岛民族工作座谈会上的重要讲话，借以推动当前的民族工作。元旦那天，国家民委举行新年茶话会，在京的各民族代表 400 多人出席会议。乌兰夫、李维汉、阿沛、班禅等领导人都讲了话。这也是李维汉同志被"解放"以后，中央统战部的两位新老部长同时公开露面。乌兰夫要求各族人民和民族工作者认真学习周总理讲话，为积极发展民族地区经济文化建设事业，为建设祖国边疆做出新贡献。

1月7日，阿沛就公开发表周总理在青岛民族工作座谈会上的讲话，对新华社记者发表谈话。阿沛说："这个讲话，是我们党和政府在社会主义时期解决民族问题的纲领性文件。它的发表，对于进行民族政策再教育，加强民族工作，促进各族人民团结起来搞四化，必将产生巨大的影响。"

1980年2月23日至29日，十一届五中全会在京举行。继十一届三中全会之后，五中全会是改革开放时期中央召开的一次十分重要的会议。会上增选胡耀邦、赵紫阳同志为中央政治局常委；决定重新设立中央书记处，选举胡耀邦为总书记。

新的书记处成立之后，抓的第一件大事就是讨论西藏工作；第二件事是讨论北京市的工作，并做出四项重要决定。北京是首都，是党中央、国务院所在地，是人民共和国的心脏，是各族人民向往的地方，关系全局，影响巨大；但在工作顺序上，经中央政治局常委批准，把西藏工作放在第一位。

经中央批准，由胡耀邦同志亲自主持的西藏工作座谈会，正是在这样的背景下召开了。

3月14日至15日，会议共举行两天，出席会议的有中央书记处的成员，西藏自治区的主要负责人以及中央有关部门的负责人。会前经过充分的准备，会议经过认真的讨论，最后形成《西藏工作座谈会纪要》。4月7日，经中央批准，作为中央正式文件，转发有关省和自治区，参照执行。

中共中央在转发《西藏工作座谈会纪要》的通知里，首先指出西藏所处的重要的战略地位，接着指出："西藏是祖国神圣领土不可分割的一部分，是政治、经济、文化和自然条件都具有特殊重要性的民族自治区。藏族人民勤劳、朴实、智慧、勇敢，热爱祖国、热爱共产党、热爱解放军。西藏人民在历史上，对整个中华民族的形成和发展，曾起过重要作用。"同时充分肯定了自解放以来西藏在各方面所取得的巨大成绩："近30年来，在党中央领导下，自治区党委和各级党组织，带领全区藏汉等各族广大党员、干部、驻藏解放军，发动和组织藏族和其他各族人民群众，团结藏族爱国民主人士，建设西藏，保卫边疆，维护民族团结，捍卫祖国统一，取得了很大成绩，作出了很大贡献。"

《通知》也严肃地指出："但也应指出，由于林彪、'四人帮'极左路线对于党的民族政策、经济政策、宗教政策、统战政策、干部政策等方面的严重破坏，西藏人民和全国其他地方的人民一样遭受了苦难。中央对于西藏各族同胞表示亲切的关怀和慰问。"

《通知》还澄清了一个长期模糊不清的理论问题，指出：

> 各民族的存在，多数是千百年来历史形成的，在今后很长时间也将继续存在。在我国各民族都已实行了社会主义改造的今天，各民族间的关系都是劳动人民间的关系。因此，所谓"民族问题实质是阶级问题"的说法是错误的（马恩列斯和毛主席都没有说过这样的话。毛主席在支持美国黑人斗争时所说"民族斗争，说到底，是一个阶级斗争问题"是指美国广大黑人同美国垄断集团和反动派之间的矛盾是阶级矛盾，广大黑人同白人劳动者联合起来，才能实现自己的解放。毛主席这个论断，完全不能适用于我国解放后的民族关系），这种宣传只能在民族关系上造成严重误解。如果进藏干部和解放军在帮助藏族人民完成社会改革以后，以"恩人"和当然的"领导者"自居，不努力培养本地干部并帮助他们真正当家作主和正确处理民族关系（即反对大汉族主义也反对地方民族主义，巩固祖国各民族的民主平等的团结统一），轻率地把历史上遗留下来的民族隔阂说成是阶级斗争，那么我们就不但不能加

强民族团结，而且必然要给内外敌人以可乘之机。这是所有进藏同志都必须充分了解，万万不可粗心大意的。

这一论述十分重要，不但在指导西藏工作方面，而且在指导全国民族工作方面，具有重要的理论意义和实践意义。

《通知》指出，在新的历史条件下，西藏自治区的中心任务和奋斗目标是："以藏族干部和藏族人民为主，加强各族干部和各族人民的团结，调动一切积极因素，从西藏实际情况出发，千方百计地医治林彪、'四人帮'造成的创伤，发展国民经济、提高各族人民的物质生活水平和文化科学水平，建设边疆，巩固国防，有计划有步骤地使西藏兴旺发达、繁荣富裕起来。这对于逐步实现藏汉各族人民在经济和文化上的事实上的平等、进一步密切党和藏族人民的关系，建设社会主义现代化强国，胜利地进行国防斗争，都具有极其重要的意义。"

《通知》针对西藏的特殊情况，总结过去的经验，提出了指导今后西藏工作的八项方针。

《通知》特别强调了加强民族团结、做好民族工作的极端重要性。"中央郑重指出，巩固汉族同藏族、维族、蒙族和其他边疆以及内地的各少数民族的团结，改善各少数民族的政治经济文化状况，是一个具有伟大历史意义和战略意义的重要任务。由于林彪、'四人帮'的十年浩劫，我们党的民族政策（包括宗教政策）受了很大摧残，汉族和许多少数民族之间又产生了相当的隔阂，必须用极大的努力才能恢复各族间的相互信任和团结。我们建国已经 30 多年了，加以目前国际形势复杂，我们如再不抓紧时间迅速大力改善民族关系，就将犯极大的错误，全党对于这个问题的严重性必须有统一的充分的认识。"

《通知》最后指出："中央认为，本通知的基本精神，同样适用于全国其他民族自治区和自治州、县。由于各民族自治地方又各有自己的特殊情况，所以《西藏工作座谈会纪要》的各项具体内容，只供参考。"

　　这是一个十分重要的文件，它用马克思主义关于民族问题的理论为指导，密切结合西藏的实际，制定了正确的方针和政策，第一次比较全面、比较系统地指出了西藏工作中"左"的错误，具有拨乱反正的意义，把西藏工作推向一个新的阶段。

第十四章
进一步完善民族区域自治制度

　　1984 年 5 月 31 日，第六届全国人民代表大会第二次会议通过的《中华人民共和国民族区域自治法》，是民族区域自治法制建设和民族区域自治制度进一步完善的一个重要成果，是实行民族区域自治的仅次于宪法的一部基本法。它的颁布实施，标志着中国的少数民族实行区域自治以及国家机关对民族自治地方的工作，已经进入有法可依、依法办事的阶段。为各民族真正实行区域自治，使民族区域自治制度健康发展，提供了法律保证。

　　1981 年，中国共产党十一届六中全会通过的《关于建国以来党的若干历史问题的决议》指出："必须坚决实行民族区域自治，加强民族区域自治的法制建设，保障各少数民族地区根据本地实际情况贯彻执行党和国家政策的自主权。"

　　1982 年颁布的宪法，不仅恢复了 1954 年宪法中关于民族区域自治的一些重要原则，而且在总结三年多实行民族区域自治正反两个方面的经验的基础上，增加了新的内容。宪法明确规定：民族自治地方人民代表大会常务委员会中，应当有实行区域自治民族的公民担任主任或副主任。自治区主席、自治州州长、自治县县长由实行区域自治的公民担任。在民族自治地方的人民代表大会中，除实行区域自治的民族代表外，其他居住在本行政区域内的民族也应当有适当名额的代表。宪法还规定，国家从财政、物资、技术等方面帮助各少数民族加速发展经济建设和文化建设事业，大力培养干部，尤其要注重培养各类专业人才和技术工人。对于民族自治地方的自治机关的自治权利，从经济建设、财政、教育、科学、文化、卫生、体育、使用民族语言文字等方面都做了明确规定。

1984年5月31日，第六届全国人民代表大会第二次会议通过的《中华人民共和国民族区域自治法》，是民族区域自治法制建设和民族区域自治制度进一步完善的一个重要成果，是实行民族区域自治的仅次于宪法的一部基本法。它的颁布实施，标志着中国的少数民族实行区域自治以及国家机关对民族自治地方的工作，已经进入基本上有法可依、必须依法办事的阶段。为各民族真正实行区域自治，使民族区域自治制度健康发展，提供了法律保证。

《民族区域自治法》在《序言》中明确指出：

中华人民共和国是全国各族人民共同缔造的统一的多民族国家。民族区域自治是中国共产党运用马克思列宁主义解决我国民族问题的基本政策，是国家的一项基本政治制度。

民族区域自治是在国家统一领导下，各少数民族聚居的地方实行区域自治，设立自治机关，行使自治权。实行民族区域自治，体现了国家充分尊重和保障各少数民族管理本民族内部事务权利的精神，体现了国家坚持实行各民族平等、团结和共同繁荣的原则。

实行民族区域自治，对发挥各族人民当家作主的积极性，发展平等、团结、互助的社会主义民族关系，巩固国家的统一，促进民族自治地方和全国社会主义建设事业的发展，都起了巨大的作用。今后，继续坚持和完善民族区域自治制度，使这一制度在国家的社会主义现代化建设进程中发挥更大的作用。

实践证明，坚持实行民族区域自治，必须切实保障民族自治地方根据本地实际情况贯彻执行国家的法律和政策；必须大量培养少数民族的各级干部、各种专业人才和技术工人；民族自治地方必须发挥自力更生、艰苦奋斗精神，努力发展本地方的社会主义建设事业，为国家建设作出贡献；国家根据国民经济和社会发展计划，努力帮助民族自治地方加速经济和文化的发展。在维护民族团结的斗争中，要反对大民族主义，主要是大汉族主义，也要反对地方民族主义。①

民族自治地方的各族人民和全国人民一道，在中国共产党的领导下，在马克思列宁主义、毛泽东思想、邓小平理论的指引下，坚持人民民主专政，坚持改革开放，沿着建设有中国特色社会主义的道路，集中力量进行社会主义现代化建设，发展社会主义市场经济，加强社会主义民主与法制建设，加强社会主义精神文明建设，加速民族自治地方经济、文化的发展，建设团结、繁荣的民族自治地方，为各民族的共同繁荣，把祖国建设成为富强、民主、文明的社会主义国家而努力奋斗。

《中华人民共和国民族区域自治法》是实施宪法规定的民族区域自治制度的基本法律。

根据《中华人民共和国宪法》和《中华人民共和国民族区域自治法》，西藏全面实行民族区域自治，建立自治机关，使藏族和区内其他少数民族行使当家做主、管理本民族内部事务的权利，保障各民族的平等地位，使过去处于社会最底层的贫苦农奴翻身获得解放，成了新社会的主人，充分享受着当家做主的民主权利。一大批贫苦农奴出身的干部迅速成长起来，担任了各级领导职务。他们过去被压抑、被埋没的聪明才智，得到了施展的机会，在建设社会主义新西藏的伟大事业中，发挥

———————————

① 民族出版社，1985。

着越来越重要的作用。

从西藏自治区成立迄今，先后六任自治区人民代表大会常委会主任和七任自治区主席均为藏族公民。据统计，目前藏族和其他少数民族人士在自治区人大常委会主任、副主任中占71.4%，在自治区人大常委会委员中占80%，在自治区主席、副主席中占77.8%。1993年全区乡（镇）、县、地（市）和自治区四级换届选举后，藏族和其他少数民族人士占四级国家机关组成人员的93.2%，分别占当选的乡镇长和县长的99.8%和98.6%，分别占自治区、地（市）、县三级人民法院院长和人民检察院检察长的96%和89%。据1996年统计，西藏自治区全区藏族和其他少数民族干部占干部总数的73.88%。

建立各级人民代表大会制度，是藏族和区内其他少数民族人民当家做主、行使民族区域自治权利的重要形式，也是根本的制度保障。西藏自治区人民代表大会既是实行区域自治的民族享受自治权利的法定机关，同时也是本区域内所有人民行使民主权利的法定机关。按照中国宪法和民族区域自治法的规定，实行民族区域自治的地方除享有国家机关的职权外，还享有管理本地区内部事务的权利，这些权利涉及政治、经济、文化和社会发展的其他方面。

民族区域自治制度的贯彻实施，保障了西藏人民的政治权利，凡年满18周岁的公民，不分民族、种族、性别、职业、家庭出身、宗教信仰、教育程度、财产状况和居住期限，都有选举权和被选举权。他们选举自己的代表，并通过选举产生各级人民代表大会，行使管理国家和地方事务的权力。据统计，在1993年进行的西藏乡（镇）、县、地（市）、自治区四级人民代表大会换届选举中，全区共有选民1311085名，占18岁以上公民的98.6%，其中91.6%的选民参加了选举，有些地方选民参选率达到100%。

作为民族区域自治权力机关的组成人员，西藏各级人民代表大会的代表，30年来历经六届选举。1993年全国五级人民代表大会换届选举后，全区有自治区人民代表大会代表 450 名，地市级人民代表大会代表 2220 名，县级人民代表大会代表 6411 名，乡（镇）人民代表大会代表 31650 名。

各级人民代表大会代表的构成，也体现了民族区域自治的特点。自治区和地市两级的人大代表中，藏族和区内其他少数民族代表占代表总数的 80% 以上，而县、乡（镇）两级则占 90% 以上。西藏的门巴、珞巴等少数民族虽然人口极少，但在全国人大及西藏各级人大中也均有自己的代表。这种结构，既表明西藏各族人民当家做主的主渠道畅通，也充分体现了各民族平等的原则。

各级自治机关的组成人员，能够以主人公的姿态恪尽职守，行使当家做主的自治权利和民主权利。自西藏自治区第一届人民代表大会以来，自治区人大代表在历届历次会议期间，共提出了近 4000 件提案、建议和有关方针政策性的重要意见，充分表达了各族人民群众的意志、愿望和要求。

1987 年 7 月，西藏自治区四届人大五次会议听取了阿沛·阿旺晋美和班禅大师《关于西藏自治区学习、使用和发展语文的建议》。《建议》指出：认真学习、使用和发展藏语文，关系到藏族人民充分行使宪法赋予的当家做主的自治权利，关系到提高藏族的科学文化素质和藏民族的发展进步。与会代表认真讨论了这个建议，并一致通过了《西藏自治区学习、使用和发展藏语文的若干规定》，明确规定在西藏自治区藏、汉语文并重，以藏语为主。藏语言文字是西藏全区通用的语言文字，人民代表大会通过的决议、法规、法令，各级政府下达的正式文件、发布的公告，都使用藏、汉两种文字。在司法诉讼活动中，对藏族诉讼参与人，都使用藏语文审理案件，法律文书都使用藏文。西藏的报刊、广播、电视均使用藏、汉两种语言文字，机关、街道、路标和公共设施一律使用藏、汉两种文字标记。藏族的学术、文化艺术工作者，都有权使用本民族语言文字撰写和发表学术成果和艺术作品。《规定》

颁布后，得到西藏人民的衷心拥护和热烈响应，有力地推动了学习、使用和发展藏语文的工作。

各级人民代表还就弘扬优秀民族文化传统，提出过不少议案和建议。1983年，自治区四届人大一次会议期间，人民代表提出有关民族文化方面的议案和建议51件，占当时会议所提议案和建议总数的21.4％。1985年，一些代表提出《关于建议建立西藏图书馆案》和《关于成立西藏藏医学院案》，1987年，一些代表提出关于进一步修复藏王墓的议案，所有这些提案都得到自治区人民政府有关部门的高度重视，现在都已得到落实。

民族自治地方权力机关一项重要的自治权，表现在立法权限方面。中华人民共和国宪法规定："民族自治地方的人民代表大会有权依照当地民族的政治、经济和文化的特点，制定自治条例和单行条例。"此外，中国的婚姻法、继承法、刑法、民法通则、民事诉讼法、森林法、收养法等许多法律，还专门授权民族自治地方的人民代表大会及其常务委员会，可根据这些法律的基本原则和当地实际情况，制定变通规定或补充规定。这就是说，根据宪法和国家法律，西藏自治区既享有普通行政区的立法权，即地方性法规的制定权，又享有自治法规的自治权，即享有双重立法权。从自治法规根据国家基本法律的授权可以变通基本法律的某些条款这一特征来看，它的法律效力仅次于宪法，而高于地方性法规。

根据这些规定，据不完全统计，从1965年西藏自治区成立到现在，自治区人民代表大会及其常务委员会已制定、颁布地方性法规和具有法律效力的决议和决定共80多项，内容涉及政权建设、经济发展、文化教育、语言文字、司法、文物保护、野生动物和自然资源保护等许多方面；其中包括《西藏自治区环境保护条例》、《西藏自治区乡镇人民代表大会工作条例》、《关于加强对法律法规实施情况检查监督的若干规定》等，对加快新西藏的建设步伐，起到了法律保证作用。在执行全国性法定节日的基础上，西藏自治区立法和行政机关还将"藏历新年"、"雪顿节"等藏民族的传统节日列入自治区的节假日。根据西藏特殊的自然地理因素，自治区把职工的工作时间定为每周 35 小时，比全国性法定职工周工作时间少 5 个小时。中央政府还决定，在遵守中华人民共和国宪法、维护祖国统一和民族团结的大前提下，西藏自治区有权结合西藏的实际，变通执行国家有关的法律和法规。这样的权力，不但别的省、市没有，就是别的自治地方也没有。

根据这种变通执行有关法律和法规，1981 年 4 月 18 日，西藏自治区第三届人民代表大会常务委员会第五次会议通过了《西藏自治区施行〈中华人民共和国婚姻法〉的变通条例》。考虑到藏族在历史上就形成了一妻多夫和一夫多妻的婚俗，且有一定的群众性，《条例》坚持了《婚姻法》的基本原则，实行婚姻自由，一夫一妻，明文规定废除一妻多夫和一夫多妻的旧婚俗；同时，又从西藏的实际出发，对执行变通条例之前已经形成的上述婚姻关系，凡不主动提出解除婚姻关系者，准予维持。在实际执行过程中，对于个别继续按照传统的习惯，自愿采取一妻多夫和一夫多妻的人，主要进行说服教育，劝其解除婚约，实行一夫一妻；但不定为重婚罪。这也是与国内其他地方不同的一个重要特点。这样的规定，既维护了《婚姻法》的严肃性，坚持了婚姻自由、一夫一妻的基本原则，坚决废除封建落后的婚姻形式，又考虑了历史的因素和一部分藏族群众的习惯。

在旧西藏，广大贫苦农奴没有人身自由，没有基本的人权，生活在社会的最底层。广大妇女的命运，则更为悲惨。旧西藏实行了 1000 多年的基本法典《十三法典》和《十六法典》，将人分为三等九级，妇女被列为最低等级的人。如在"杀人赔偿价律"中明确规定："下等下级的人如妇女、屠夫、猎户、铁匠等，其命价为草绳一根。"旧西藏还从法律上排斥妇女参政的权利。《六大法律》规定："不与女议。"《人法十六净法》规定："莫听妇人言。"其他的法律中还规定："勿与妇女议论国事"，"奴隶与妇女不许参与军政事宜"。

新中国成立后，尤其在西藏实行民主改革以后，这种情况得到了彻底改变。为了保护广大藏族妇女的平等权利，西藏自治区从西藏的实际出发，先后制定了十多种与保护妇女权益相关的地方性法规和条例，以明确的法律形式，切实保障了西藏妇女的地位。这些规定，在西藏地方具有强烈的现实针对性和重要的政治历史意义。现在，西藏妇女和全国其他各民族的妇女一样，与男子一样享有充分的民主权利。这些权利包括：政治权利、文化教育权利、劳动权利、财产权利、人身权利、婚姻家庭权利等。据 1996 年统计，西藏自治区人民代表大会中的妇女代表占代表总数的 20%，全西藏有县级以上妇女干部 573 人，并在历史上第一次有了藏族的女法官、女检察官、女警官、女律师、女企业家、女科技工作者，在大洋彼岸留学生队伍中也出现了藏族女性。

旧西藏的封建农奴制度严重束缚了社会生产力的发展，使西藏经济长期处于极其落后的状态。民族区域自治制度的建立，为西藏人民的发展进步，开辟了广阔的道路。由于西藏经济和社会发展的起点低，严寒和缺氧的自然条件制约着经济的发展，所以经济和社会发展的水平仍然不高。西藏自治区成立 30 多年来，尤其是实行改革开放以来，西藏的经济建设取得了令人瞩目的成就。国民经济快速发展，经济实力不断增强，各族人民的生活不断得到改善和提高。

发展农牧业在西藏的经济生活中处于最重要的地位。从 1980 年开始，政府对农牧民实行免征免购，不收任何农业税。1984 年，除对农牧业继续提供免息贷款外，对 1980 年以前用于兴修水利、购买农牧业机械等项集体贷款免于归还。农牧区实行了以家庭经营为主的各种形式的生产责任制，发展农家副业，恢复集市贸易，并开展了大规模的农田、草场基本建设。西藏和平解放前没有农业机械和化肥，现在拖拉机已成为农户自买的农具，科学种田、科学养畜受到普遍重视和欢迎。生产工具的进步和科学技术的应用使生产得到全面的发展。

与此同时，西藏自治区还加快了与人民群众日常生产、生活有密切关系的交通、能源、通讯等基础设施的建设和建筑业、建材业、轻纺业、食品业、民族手工业的发展，使城乡居民改善了生活条件，提高了生活质量。

社会事业长足发展，基本满足了人民群众日益增长的文化生活需求。政府优先发展教育，建立起了包括幼儿教育、中小学教育、特殊教育、职业教育、高等教育和成人教育在内的较为完善的社会主义现代教育体系。到 2004 年底，全区共有各级各类学校 1010 所，每万人中各类在校学生数达到 1801 人；小学学龄儿童入学率达 94.7%。同时大力发展医疗卫生事业，医疗服务水平大幅度提高。到 2004 年底，全区拥有各类医疗卫生机构 1326 个，每千人有卫生技术人员 3.13 人，每千人拥有病床 2.34 张。以免费医疗为基础的农牧区医疗制度覆盖了所有农牧民。优生优育和妇幼保健工作成绩斐然。

从 1965 年至今，西藏自治区人民代表大会根据《宪法》和《民族区域自治法》所赋予的权力，制定了 200 多项符合西藏实际情况、维护西藏人民利益的地方性法规、条例、决定和决议，内容涉及政治、经济、文化、教育等各个方面。1999 年，西藏自治区人民政府做出了《关于加强依法行政的决定》，使区内各项事务的管理进一步走向了依法行政、依法管理、依法办事的轨道。自治区七届人大四次会议审议通过的《西藏自治区立法条例》，对地方立法的基本原则、立法权限、立法程序、拉萨市地方性法规的批准程序、自治条例、单行条例等做了具体的规定，使西藏地方立法工作进一步走上制度化、规范化轨道。近年来，采取巡回宣讲、问答、说唱诗歌等形式，在人民群众特别是广大农牧民群众中进行了较为深入和全面的普法教育。全区已有超过 200 万群众接受了普法教育，青少年在校学生普法率达到 93% 以上，全区各族人民的法律意识空前提高。

2005 年 5 月，党中央、国务院召开中央民族工作会议暨第四次全国民族团结进步表彰大会。5 月 27 日，胡锦涛总书记出席会议，并发表重要讲话，全面总结新中国成立以来我们党和国家从事民族工作的经验，提出新形势下做好民族工作的指导原则和主要任务。锦涛同志说：

> 我们党在长期实践中积累了处理民族问题的丰富经验。毛泽东同志、邓小平同志、江泽民同志都对正确处理民族问题、切实做好民族工作作出了深刻论述，提出了一系列重要思想，指导我们党形成了解决民族问题、做好民族工作的基本理论和基本政策。党的三代领导核心关于正确处理民族问题、切实做好民族工作的重要思想，我们党长期形成的关于民族问题、民族工作的基本理论和基本政策，是我们的宝贵精神财富，必须始终坚持和全面贯彻，并结合新的实际不断丰富和发展。我们要始终坚持和贯彻以下重要指导原则。

> ——坚持从实际出发，充分认识我国多民族的国情和民族问题的长期性、复杂性，根据我国民族问题的特点和规律，着眼于党和人民事业发展的全局，正确处理我国的民族问题，做好民族工作，促进各民族共同团结奋斗、共同繁荣发展。

> ——坚持巩固和发展平等、团结、互助、和谐的社会主义民族关系，大力弘扬爱国主义精神，牢固树立汉族离不开少数民族、少数民族离不开汉族、各少数民族之间也相互离不开的思想观念，促进各民族互相尊重、互相学习、互相合作、互相帮助，始终同呼吸、共命运、心连心。

> ——坚持和完善民族区域自治制度，切实贯彻民族区域自治法，充分保证民族自治地方依法行使自治权，切实尊重和保障少数民族的合法权益。坚持因地制宜、因族举措、分类指导，制定并实施符合少数民族和民族地区实际的政策措施。全面贯彻党的宗教

政策，尊重少数民族的宗教信仰。

——坚持把加快少数民族和民族地区经济社会发展作为解决我国民族问题的根本途径，坚持国家帮助、发达地区支援、民族地区自力更生相结合，不断改善各族群众的生产生活条件，不断提高各族群众的思想道德素质、科学文化素质和健康素质。

——坚持维护法律尊严，维护各族人民利益，依法妥善处理影响民族关系的各种矛盾和问题，依法打击民族分裂主义势力及其活动，坚决反对境内外敌对势力利用民族问题进行的渗透、破坏活动，坚决维护民族团结、祖国统一、国家安全、社会稳定。

现阶段民族工作的主要任务是：坚持以邓小平理论和"三个代表"重要思想为指导，以科学发展观统领经济社会发展全局，围绕全面建设小康社会的宏伟目标，牢牢把握各民族共同团结奋斗、共同繁荣发展的主题，全面贯彻执行党和国家的民族政策和民族法律法规，坚持和完善民族区域自治制度，巩固和发展社会主义民族关系，大力培养少数民族干部和各类人才，加快少数民族和民族地区经济社会发展，为我国社会主义物质文明、政治文明、精神文明与和谐社会建设全面发展作出贡献。

在谈到今后的任务时，锦涛同志强调指出：

民族区域自治制度，是我国的一项基本政治制度，是发展社会主义民主、建设社会主义政治文明的重要内容，是党团结带领各族人民建设中国特色社会主义、实现中华民族伟大复兴的重要保证。在国家统一领导下实行民族区域自治，体现了国家尊重和保障少数民族自主管理本民族内部事务的权利，体现了民族平等、民族团结、各民族共同繁荣发展的原则，体现了民族因素与区域因素、政治因素与经济因素、历史因素与现实因素的统一。实践证明，这一制度符合我国国情和各族人民的根本利益，具有强大生命力。民族区域自治，作为党解决我国民族问题的一条基本经验不容置疑，作为我国的一项基本政治制度不容动摇，作为我国社会主义的一大政治优势不容削弱。

坚持和完善民族区域自治制度，必须全面贯彻落实民族区域自治法。民族区域自治法是国家保障少数民族和民族地区各项权利的基本法律，是我国民族工作走上法制化、规范化轨道的重要保障。要大力加强民族区域自治法的学习、宣传、教育，使各族干部群众特别是各级领导干部进一步提高对民族区域自治法重要性的认识，不断增强遵守执行这部法律的自觉性。中央和国家机关各部门，地方各级党委和政府，要带头学习贯彻、模范遵守执行民族区域自治法，把遵守执行民族区域自治法作为自己必须履行的职责。要抓紧制定配套的法律法规、具体措施和办法，制定或修订自治条例和单行条例，逐步建立比较完备的具有中国特色的民族法律法规体系。要经常检查民族区域自治法贯彻执行的情况，有针对性地研究和解决存在的问题。民族自治地方既要保证党和国家大政方针在本地区的贯彻执行，又要从本地实际出发，充分行使好宪法和民族区域自治法赋予的各项自治权利。

锦涛同志的重要讲话，为进一步完善民族区域自治制度，指明了方向。

第十五章
"共同团结进步，共同繁荣发展"

　　人们有理由相信：无论需要经历怎样艰难曲折的道路，在以胡锦涛同志为总书记的党中央坚强领导下，经过西藏人民和全国各族人民的共同努力，毛主席关于"一定要把西藏的事情办好"的谆谆教导和殷殷期望，一定会得到全面的贯彻落实，变成光辉的现实；在祖国神圣领土——西藏这片热土上，民族区域自治制度将进一步显示出巨大的优越性和强大的生命力；西藏人民与全国各族人民亲密团结，共同团结进步，共同繁荣发展；社会主义新西藏，将不是帝国主义和国外敌对势力分化和西化社会主义中国的突破口，而将成为展示社会主义制度优越性的一个窗口。一个民族团结、社会安定、国防巩固、经济发展、文化繁荣、人民幸福的新西藏，一定会出现在世界屋脊之上。

　　西藏和平解放 60 年了，西藏自治区成立 45 周年了。这期间，西藏社会发生了深刻变化，腐朽的、黑暗的、落后的政教合一的封建农奴制度被彻底埋葬，西藏人民从黑暗走向光明，从贫穷落后走向初步繁荣昌盛。

　　作为历史见证人，在西藏自治区成立 40 周年庆典时，阿沛满怀深情地说：

西藏自治区已经走过了为时 40 年的风雨和阳光的历程，藏族人民正在朝向文明的、小康的、和谐的社会迈进。在这样的一个庆典的时刻，回首往事，可谓感慨万千。作为一个土生土长在西藏的藏族人，我的人生历尽沧桑。从 1910 年出生至今的将近一个世纪里，我从一个贵族少爷到西藏地方政府的高级官员，又从一个贵族高官成为新中国的国家高级领导干部，亲历了西藏历史的重大转折，参与了西藏乃至全国伟大变革的每一发展时段，见证了历史潮流的一往无前。这种亲历和参与极大地丰富壮阔了我的人生。回首历史转折的紧要关头，西藏面临着抉择，个人面临着抉择，当我义无反顾地作出当年选择的时候，其实就是选择了顺应历史潮流，就是选择了与西藏人民站在一起、与全国人民站在一起的立场。从此我个人的一切就与国家的利益、民族的利益融合为一，我个人的人生道路就与中华民族的发展进步轨迹重叠为一。从西藏的和平解放，到民主改革，到筹建自治区，直到今天的改革开放时代，一步步走来，我亲眼看到了长达千余年的封建农奴制度的黑暗和落后，及其最后阶段和消亡过程；亲眼看到了一个从积贫积弱中走出的新中国日益繁荣富强，而今巍然屹立于世界民族之林；亲眼看到了西藏人民物质生活的提高和精神面貌的改观；看到了中国共产党所代表的先进生产力、先进文化和最广大人民群众的利益在西藏和在全国的光辉实践；看到了体现着党的民族平等团结、共同繁荣政策的民族区域自治制度，已经深深地植根于西藏人民心中，这一切使我在回首往事的时候，内心充满了欣慰和自豪，虽历尽沧桑而无怨无悔。

在这样一个庆典的时刻，我祝愿西藏人民在以胡锦涛同志为总书记的党中央领导下，与全国各族人民一道，把智慧和力量凝聚到全面建设小康社会上来，凝聚到建设中国特色社会主义上来，凝聚到实现中华民族的伟大复兴上来，共同团结奋斗，共同繁荣发展，把西藏建设得更加幸福美好。①

　　胡锦涛同志曾经在西藏工作，对西藏这片热土，对西藏各族人民，有着特殊深厚的感情。以胡锦涛同志为总书记的党中央，高度重视西藏工作，对西藏人民给予特殊深厚的关怀。在庆祝自治区成立40周年的喜庆日子里，在胡锦涛总书记主持下，中共中央政治局于8月26日召开会议，研究进一步做好新世纪新阶段的西藏工作。

　　会议指出，西藏工作在党和国家全局工作中具有重要地位。新世纪新阶段，牢牢把握和切实用好重要战略机遇，进一步做好西藏发展稳定工作，建设团结、民主、富裕、文明、和谐的社会主义新西藏，对于实现全面建设小康社会的宏伟目标、维护祖国统一和国家安全、推动我国各民族共同团结奋斗、共同繁荣发展，具有十分重要的意义。

　　会议认为，长期以来，在中央的正确领导下，在国家和全国各地大力支持下，西藏各族人民团结一心、艰苦奋斗，使西藏的面貌发生了翻天覆地的变化。现在，西藏经济快速发展，城乡人民生活显著改善；民族区域自治制度不断巩固和完善，各族人民充分享有当家做主的权利；优秀传统文化得到保护和弘扬，群众宗教信仰自由权利受到尊重和保障。西藏正在从加快发展走向跨越式发展，从基本稳定走向长治久安。要坚持以邓小平理论和"三个代表"重要思想为指导，坚持中国共产党的领导，坚持社会主义制度，坚持民族区域自治制度，树立和落实科学发展观，以经济建设为中心，紧紧抓住发展和稳定两件大事，确保西藏经济社会跨越式发展，确保国家安全和西藏长治久安，确保西藏各族人民生活水平不断提高。

　　会议强调，要坚持以科学发展观统领经济社会发展全局，坚持中央关心、全国支援和西藏艰苦奋斗相结合，加快西藏全面建设小康社会的

────────

① 《见证西藏》，中国藏学出版社，2005，第55~56页。

步伐。要保持西藏经济较快发展，不断优化经济结构，提高发展的质量和效益，注重加强文化建设和发展教育、卫生等社会事业，走出一条符合西藏实际、具有区域特色的生产发展、生活改善、生态良好、资源节约、全面协调可持续的发展道路。要把改善农牧民生产生活条件、增加农牧民收入作为西藏经济社会发展的首要任务，把体现农牧民利益的各项政策落到实处，使他们充分享受到经济发展和社会进步的成果。要全面做好民族工作和宗教工作，坚决反对各种分裂破坏活动，维护祖国统一，维护西藏稳定。要全面加强党的执政能力建设和先进性建设，加强党的基层组织建设，加强领导班子和干部队伍建设，加强人才队伍建设，切实提高各级党组织的创造力、凝聚力、战斗力，为西藏的发展稳定提供坚强保证。

会议指出，要认真做好西藏自治区成立 40 周年庆祝活动，体现中央对西藏的关怀，反映西藏 40 年来的发展进步，进一步增强西藏各族人民在全面建设小康社会的进程中实现跨越式发展和长治久安的信心和决心，不断开创西藏工作的新局面。①

在西藏自治区成立 40 周年之际，中共中央、全国人大、国务院、全国政协、中央军委联名发出贺电，表示热烈祝贺。贺电说：

中共西藏自治区委员会、西藏自治区人大常委会、西藏自治区人民政府、西藏自治区政协、西藏军区：

值此西藏自治区成立 40 周年之际，中共中央、全国人大常委会、国务院、全国政协、中央军委向西藏自治区各族工人、农牧民、知识分子、干部和各界爱国人士，向人民解放军驻藏部队指战员、武警西藏部队官兵和公安民警，向援助西藏发展经济和各项社会事业的全体同志，致以热烈的祝贺和亲切的慰问！

---

① 2005 年 8 月 27 日《人民日报》第 1 版。

1965年西藏自治区成立，掀开了西藏历史的新篇章。40年来，在中央和各地大力支持下，在西藏各族干部群众共同努力下，雪域高原发生了举世瞩目的巨大变化。民族区域自治制度更加完善，社会生产力空前解放和提高，各项社会事业全面进步，优秀传统文化进一步繁荣，人民物质文化生活水平显著提高，民族团结和军政军民团结切实增强，少数民族干部队伍和各类人才队伍建设不断加强，同全国其他地区的联系更加紧密。今天的西藏，政治稳定，经济发展，社会安定，民族团结，边防巩固，人民幸福，呈现出一派生机勃勃、欣欣向荣的景象。

西藏自治区成立40年来取得的伟大成就充分表明：中国共产党的民族政策是完全正确的，社会主义民族区域自治制度具有巨大优越性，全国各族人民大团结是推动我国各项事业胜利发展的伟大力量。

只有坚持中国共产党的领导，坚持走中国特色社会主义道路，坚持民族区域自治制度，才能实现西藏的全面发展进步，实现西藏各族人民的根本利益，实现我国各民族的共同发展繁荣。

当前，我国进入了全面建设小康社会、加快推进社会主义现代化的新的发展阶段，西藏正处于实现跨越式发展和长治久安的关键时期。党和国家将继续坚持"中央关心西藏、全国支援西藏"的方针，中央和各地将继续帮助西藏发展经济和各项社会事业。希望西藏各族人民坚持以邓小平理论和"三个代表"重要思想为指导，坚持中国共产党的领导，坚持社会主义制度，坚持民族区域自治制度，坚持以科学发展观统领经济社会发展全局，团结一心，开拓进取，为实现全面建设小康社会的宏伟目标而不懈奋斗。我们相信，有以胡锦涛同志为总书记的党中央的坚强领导，有全国人民的大力支援，有西藏各族干部群众的奋发努力，西藏的明天一定会更加美好。

祝西藏自治区繁荣昌盛！

祝西藏各族人民吉祥如意！

中共中央　全国人大常委会　国务院　全国政协　中央军委

2005 年 9 月 1 日

西藏自治区的成立，在西藏民族发展的历史上，具有十分重要的意义，它标志着一个时代的结束，同时也标志着一个崭新的时代的开始。黑暗的、腐朽的、落后的、政教合一的社会被彻底埋葬，世世代代备受压迫和奴役、过着暗无天日悲惨生活的广大农奴和奴隶，获得翻身解放，成了新社会的主人。根据宪法规定，在党的民族政策光辉照耀下，实行民族区域自治，充分享受着本民族人民管理本民族事务的自治权利。

胡锦涛总书记赠送给西藏人民的贺幛上书写的两句话："共同团结奋斗，共同繁荣发展"，为今后西藏自治区的工作，指明了方向。西藏和平解放以后，尤其是自治区正式成立以来，在社会主义祖国大家庭中，在中国共产党的领导下，西藏走过了艰难曲折的道路，经过西藏各族人民艰苦卓绝的努力，取得了举世瞩目的辉煌成就。

源远流长、骨肉情深的汉、藏两个兄弟民族的关系，发展到一个崭新的阶段，"汉族离不开藏族，藏族离不开汉族，藏族与其他少数民族也相互离不开"的"三个离不开"思想，更加深入人心，成为西藏各族军民自觉遵守的原则和努力奋斗的目标。

党中央、国务院对西藏工作一贯非常关心和重视，在庆祝西藏自治区成立 40 周年之后，也就是 2005 年以后，西藏工作又有新的发展和进步。这期间，正值具有承前启后意义的"十一五"规划全面贯彻落实阶段，西藏社会的各个方面得到全面发展和进步。

2010 年 1 月 8 日，在中共中央总书记胡锦涛亲自主持下，中共中央政治局召开会议，研究新形势下推进西藏跨越式发展和长治久安工作。

会议认为，中央第四次西藏工作座谈会以来，在党中央、国务院领导下，在全国各族人民特别是中央各有关部门、对口援藏省市和中央重要骨干企业大力支援下，西藏自治区党委和政府团结带领全区各族干部群众坚定不移抓发展，千方百计惠民生，经济社会持续快速发展，各族人民生活水平日益提高，各项事业不断推进，全面建设小康社会迈出坚实步伐。认真总结西藏工作的宝贵经验，深入分析西藏发展面临的新情况新问题，进一步研究和部署推进西藏跨越式发展和长治久安工作，对保证西藏同全国一道实现全面建设小康社会奋斗目标，具有十分重要的意义。

会议强调指出：做好西藏工作事关全面建设小康社会全局，事关国家安全，事关中华民族根本利益和长远发展。必须以邓小平理论和"三个代表"重要思想为指导，深入贯彻落实科学发展观，坚持中国共产党的领导，坚持社会主义制度，坚持民族区域自治制度，坚持走有中国特色、西藏特点的发展路子，以经济建设为中心，以民族团结为保障，以改善民生为出发点和落脚点，紧紧抓住发展和稳定两件大事，确保西藏经济社会跨越式发展，确保国家安全和西藏长治久安，确保西藏各族人民物质文化生活水平不断提高，确保西藏生态环境良好，努力建设团结、民主、富裕、文明、和谐的社会主义新西藏。

会议强调，要坚持中央关心、全国支援和西藏广大干部群众艰苦奋斗相结合的方针，加大支援西藏工作力度，完善经济援藏、干部援藏、人才援藏、技术援藏相结合的工作格局。西藏各族干部群众要紧紧抓住机遇，充分发挥积极性、主动性、创造性，深化改革、扩大对内对外开放，优化发展环境，不断开创西藏跨越式发展新局面。要深入学习贯彻党的十七届四中全会精神，认真总结运用学习实践科学发展观活动的成功经验，以改革创新精神加强和改进党的建设，为西藏实现跨越式发展和长治久安提供坚强有力的政治和组织保证。

为了在新的形势下，进一步推动西藏工作，2010 年 1 月 18 日至 20日，在胡锦涛总书记主持下，中央第五次西藏工作座谈会在北京举行。

胡锦涛在会上发表重要讲话，强调做好西藏工作，是深入贯彻落实科学发展观、全面建设小康社会的迫切需要，是构建国家生态安全屏障、实现可持续发展的迫切需要，是维护民族团结、维护社会稳定、维护国家安全的迫切需要，是营造良好国际环境的迫切需要。推进西藏跨越式发展和长治久安，把雄伟辽阔的青藏高原建设得更加美丽富饶、安定祥和，是全党全国各族人民的共同心愿。全党同志一定要站在党和国家工作全局的战略高度，进一步认识做好西藏工作的重要性和紧迫性，认真落实中央关于西藏工作的一系列方针政策，不断开创西藏工作新局面。

胡锦涛在讲话中指出，2001 年召开中央第四次西藏工作座谈会以来，在党中央、国务院正确领导下，在全国各族人民特别是对口援藏省市、中央和国家机关以及有关单位大力支援下，西藏自治区党委和政府团结带领全区各族干部群众顽强奋斗，西藏经济持续快速发展，综合交通和能源体系建设成效明显，文化建设富有成效，社会事业全面进步，生态环境保护加快实施，各族群众生活显著改善，民族团结不断加强，民族区域自治制度得到坚持和完善，反分裂斗争取得重大胜利，经济建设、政治建设、文化建设、社会建设以及生态文明建设和党的建设取得显著成就。

胡锦涛强调，实践充分证明，中央关于新时期西藏工作的方针政策是完全正确的，是符合我国国情、西藏实际和西藏各族人民根本利益的。在总结运用以往西藏工作成功经验的基础上，我们又积累了新的重要经验。做好新形势下西藏工作，必须以邓小平理论和"三个代表"重要思想为指导，深入贯彻落实科学发展观，正确处理经济发展、社会稳定、民生改善、生态保护的关系；必须统筹国内国际两个大局，增强工作的战略性、预见性、主动性；必须把党的理论和路线方针政策同西藏具体实际紧密结合起来，始终坚持新时期西藏工作指导方针；必须把中央关心、全国支援同西藏各族干部群众艰苦奋斗紧密结合起来，推进西藏跨越式发展；必须把维护稳定作为硬任务和第一责任，深入持久开展反分裂斗争；必须凝聚人心、汇聚力量，切实做好民族宗教工作；必须加强各级领导班子和干部队伍、基层组织、党员队伍建设，不断提高党组织的创造力、凝聚力、战斗力。

胡锦涛指出，经过民主改革 50 年特别是改革开放 30 多年来的不懈努力，西藏已经实现了基本小康，西藏发展已经站在新的历史起点上。同时，我们也要清醒地看到，西藏发展稳定仍然面临不少困难和挑战，也出现了许多新情况新问题。综合起来看，当前西藏的社会主要矛盾仍然是人民日益增长的物质文化需要同落后的社会生产之间的矛盾。同时，西藏还存在着各族人民同以达赖集团为代表的分裂势力之间的特殊矛盾。西藏存在的社会主要矛盾和特殊矛盾决定了西藏工作的主题必须是推进跨越式发展和长治久安。总结历史经验，根据新形势新任务，当前和今后一个时期西藏工作的指导思想是：高举中国特色社会主义伟大旗帜，以邓小平理论和"三个代表"重要思想为指导，深入贯彻落实科学发展观，坚持中国共产党领导，坚持社会主义制度，坚持民族区域自治制度，坚持走有中国特色、西藏特点的发展路子，以经济建设为中心，以民族团结为保障，以改善民生为出发点和落脚点，紧紧抓住发展和稳定两件大事，确保经济社会跨越式发展，确保国家安全和西藏长治久安，确保各族人民物质文化生活水平不断提高，确保生态环境良好，努力建设团结、民主、富裕、文明、和谐的社会主义新西藏。

胡锦涛强调，这个指导思想，突出强调要推进西藏跨越式发展。西藏要实现全面建设小康社会的奋斗目标，必须推动经济社会更好更快更大发展，夯实建设社会主义新西藏的物质基础，同时必须把中央关于加快西藏发展的决策部署同西藏实际紧密结合起来，转变发展观念、创新发展模式、提高发展质量，充分发挥自身优势和潜力，使跨越式发展建立在科学发展的基础之上。

胡锦涛指出，推进西藏跨越式发展，要更加注重改善农牧民生产生活条件，更加注重经济社会协调发展，更加注重增强自我发展能力，更加注重提高基本公共服务能力和均等化水平，更加注重保护高原生态环境，更加注重扩大同内地的交流合作，更加注重建立促进经济社会发展的体制机制，实现经济增长、生活宽裕、生态良好、社会稳定、文明进步的统一，使西藏成为重要的国家安全屏障、重要的生态安全屏障、重要的战略资源储备基地、重要的高原特色农产品基地、重要的中华民族特色文化保护地、重要的世界旅游目的地。西藏经济社会发展的主要目标是：到2015年，农牧民人均纯收入与全国平均水平的差距显著缩小，基本公共服务能力显著提高，生态环境进一步改善，基础设施建设取得重大进展，全面建设小康社会的基础更加扎实。到2020年，农牧民人均纯收入接近全国平均水平，人民生活水平全面提升，基本公共服务能力接近全国平均水平，基础设施条件全面改善，生态安全屏障建设取得明显成效，自我发展能力明显增强，社会更加和谐稳定，确保实现全面建设小康社会的奋斗目标。

胡锦涛强调，要大力推进经济建设，从西藏资源条件、产业基础和国家战略需要出发，统筹规划，科学布局，着重培育具有地方特色和比较优势的战略支撑产业，稳步提升农牧业发展水平，做大做强做精特色旅游业，支持发展民族手工业，加强基础设施建设和能源资源开发，深化改革开放，增强自我发展能力。大力加强社会建设，突出重点，加大投入，把更多财力投到公共服务领域、落实到重大公益性项目上，把政策资金更多向广大农牧区和边远地区倾斜，推进基本公共服务均等化，提高教育信息化、现代化水平，加快建设覆盖城乡居民的社会保障体系和社会救助体系，加快发展医疗卫生事业，完善社会管理，大幅提高社会事业发展水平。坚持把生态保护作为西藏生态文明建设的基础，把建设资源节约型、环境友好型社会放在西藏发展的突出位置，按照保护优先、综合治理、因地制宜、突出重点的原则，统筹生态环境保护和经济发展、社会进步、民生改善，促进生态保护和经济建设协调发展、环境优化和民生改善同步提升，实现西藏生态系统良性循环。

胡锦涛强调，要大力保障民生，切实把保障和改善民生作为西藏经济社会发展的出发点和落脚点，继续实施"富民兴藏"战略，提高各族群众生活水平和质量，把更多关怀和温暖送给广大农牧民和困难群众，着重解决他们迫切需要解决的问题特别是农牧区条件艰苦、农牧民增收困难等问题。继续推进以安居工程为突破口的社会主义新农村建设，加快农村水、电、路、气、房和通信等设施建设。完善和落实各项增收政策，千方百计增加各族群众特别是农牧民收入。加大中央扶贫资金投入力度，重点向农牧区、地方病病区、边境地区倾斜。健全公共文化服务网络，完善公共文化机构运行保障机制，推进基本文化设施建设，提高精神文化产品供给能力，丰富各族群众精神文化生活。

胡锦涛强调，要毫不动摇地坚持和完善党的民族理论和民族政策，坚持和完善民族区域自治制度，把有利于民族平等团结进步、有利于各民族共同繁荣发展、有利于民族交往交流交融、有利于国家统一和社会稳定作为衡量民族工作成效的重要标准，推动各民族和睦相处、和衷共济、和谐发展。全面贯彻落实党的宗教工作基本方针和国家管理宗教事务的法律法规，切实维护藏传佛教正常秩序，引导藏传佛教与社会主义社会相适应。深入开展社会主义核心价值体系宣传教育，弘扬社会主义先进文化，普及科学知识，使各族干部群众不断增强中华民族意识、国家意识、法制意识、公民意识。高举维护社会稳定、维护社会主义法制、维护人民群众根本利益、维护祖国统一、维护民族团结的旗帜，切实防范和打击"藏独"分裂势力的渗透破坏活动。

胡锦涛同志强调指出：要深入贯彻党的十七届四中全会精神，认真总结运用深入学习实践科学发展观活动成功经验，全面提高党的建设科学化水平。扎实加强思想理论武装，扎实加强基层党组织和政权建设，大兴密切联系群众之风，大兴求真务实之风，大兴艰苦奋斗之风，大兴批评和自我批评之风，弘扬"老西藏"精神，努力建设一支政治坚定、作风优良、纪律严明、勤政为民、恪尽职守、清正廉洁的干部队伍，为推进跨越式发展和长治久安提供坚强有力的政治和组织保证。①

中共中央政治局常委、国务院总理温家宝也在会议上发表了重要讲话，温家宝指出，西藏正在从加快发展转向跨越式发展，从相对封闭转向全面开放，从单一农牧业转向多元经济共同发展，从自然保护为主转向全面加强生态环境建设，从解决温饱转向全面建设小康社会。同时，西藏发展还面临许多特殊困难和问题。要坚持用科学发展观统领西藏经济社会发展全局，推动西藏实现跨越式发展和长治久安。当前和今后一个时期，要重点抓好几方面工作：一是切实保障和改善民生。大力改善农牧民生产生活条件，解决好零就业家庭和困难群众就业问题，建设覆盖城乡居民的社会保障体系，2012 年以前基本实现新型农村社会养老保险制度全覆盖。二是加快发展社会事业。优先发展教育，义务教育和高中阶段农牧民子女全部实行"三包"政策。进一步完善以免费医疗为基础的农牧区医疗制度，逐步提高国家补助标准和保障水平。扶持优秀藏语文图书、音像制品出版，加强西藏物质和非物质文化遗产保护和传承。三是加强基础设施建设。完善综合交通运输体系，加强能源建设、水资源利用和保护，加快提升信息化水平。四是加快发展特色产业，增强自我发展能力。五是加强生态环境保护，特别是重点地区生态环境建设，加快建立生态补偿长效机制，让西藏的青山绿水常在，积极构建高原生态安全屏障。

温家宝强调，要继续保持中央对西藏特殊优惠政策的连续性和稳定性，进一步加大政策支持和资金投入力度。继续执行并完善"收入

---

① 2010 年 1 月 29 日《人民日报》第 1 版。

全留、补助递增、专项扶持"的财政政策，加大专项转移支付力度，对特殊民生问题实行特殊政策并加大支持。继续实行"税制一致、适当变通"的税收政策。加大金融支持力度，继续维持西藏金融机构优惠贷款利率和利差补贴等政策。加大中央投资力度，继续扩大专项投资规模，中央投资要向民生领域倾斜，向社会事业倾斜，向农牧业倾斜，向基础设施倾斜。加大人才培养力度，培养更多当地急需的各类专业人才。落实西藏干部职工特殊工资政策，完善津贴实施办法，并按全国规范津贴补贴的平均水平相应调整西藏特殊津贴标准。加大对口支援力度，继续坚持分片负责、对口支援、定期轮换的办法，进一步完善干部援藏和经济援藏、人才援藏、技术援藏相结合的工作格局。①

会议强调，四川、云南、甘肃、青海省党委和政府要切实把本省藏区工作摆到重要议事日程，作为本省经济社会发展的重点任务来抓，动员全省各方面力量支持这些地区发展。中央要加大政策支持力度，推动四省藏区发展迈出新步伐。集中解决制约经济社会发展最突出最紧迫的问题，把民生改善、社会事业发展、生态环境保护、基础设施建设作为主攻方向，并取得重大突破。着力改善农牧民生产生活条件，解决农牧业生产力水平低下和农牧民饮水难、行路难、用电难、就业难、通信难等突出问题，优先发展各级各类教育，提高医疗卫生服务能力，加强社会保障体系建设。着力提高农牧业发展水平，培育优势特色产业，加强基础设施建设，保护高原生态环境，推进社会主义先进文化建设，确保四省藏区到2020年实现全面建设小康社会目标。

这次会议是在我国全面建设小康社会进入关键时期、西藏跨越式发展进入关键阶段召开的。会议全面总结西藏发展稳定取得的成绩和经验，深刻分析西藏工作面临的形势和任务，明确了当前和今后一个时期做好西藏工作的指导思想、主要任务、工作要求，对推进西藏实现跨

---

① 2010年1月29日《人民日报》第1版。

越式发展和长治久安做出了战略部署。会议还对加快四川、云南、甘肃、青海省藏区经济社会发展做出全面部署。

西藏各界干部群众从中央第五次西藏工作座谈会深切地感受到中央对西藏人民的关怀，感受到了全党以及全国各族人民对西藏的大力支持和无私援助，使他们深受鼓舞，认为第五次西藏工作座谈会是为西藏的腾飞插上了翅膀。他们表示，几年来，"西部大开发"让西藏插上了腾飞的翅膀，中央第五次西藏工作座谈会更是为西藏今后的发展指明了正确的方向。近年来，西藏各地的经济社会发展和变化是日新月异的，这发展和变化我们是能看得见、感受得到的，我们应该非常珍惜这样稳定、向上的社会环境和平安、和谐的社会生活。

有的群众深有感触地说：西藏民主改革 50 年来，特别是改革开放以后，西藏在党和国家的许多优惠政策的扶持下，广大农牧民的生活发生了翻天覆地的变化。比如，教育的"三包"政策，不仅减轻了农牧民的经济负担，而且普遍提高了农牧民的文化素质；青藏铁路的成功修通，把内地的物资运送到西藏，带动了西藏的大发展。还有西藏海拔最高、气候最恶劣、条件最差的藏北那曲等地的养殖、鲜花培育技术的成功引进等等都反映了西藏未来的发展。此次座谈会强调了西藏要转变经济增长的方式，这样西藏才能更好地与全国各省一同走上自力更生、繁荣富强的道路。

一位老同志激动地说：中央第五次西藏工作座谈会的召开，充分体现了以胡锦涛同志为总书记的党中央对西藏人民的深切关怀，体现了全党以及全国各族人民对西藏的大力支持。这次会议对进一步推动西藏经济社会跨越式发展和长治久安有着重要意义，我们深受鼓舞、倍感振奋。大家纷纷表示，一定要学习好、宣传好、贯彻好这次会议精神，为全面推进西藏跨越式发展、实现全面建设小康社会的奋斗目标而努力奋斗。

他们表示，一定要紧紧围绕会议内容，充分发挥自身优势，全方位、多角度、高密度、分层次地开展各种形式的宣传活动，把会议精神宣传到千家万户，做到家喻户晓、人人皆知，引导全区各族人民把思想和行动统一到会议精神上来，为构建小康西藏、平安西藏、和谐西藏、生态西藏，实现我区更好更快更大发展全面营造良好的思想环境、舆论氛围。

一些来自基层的干部，在学习会议精神后，联系基层工作的实际，深有感触地说：此次会议把改善民生确定为西藏工作的"出发点和落脚点"，说明党中央把改善民生放到了西藏工作的大局和重要目标中去考虑和部署，这给西藏今后改善民生工作提供了根本保障，明确了工作方向。同时，大家也深感责任重大，不能有丝毫懈怠。相信在自治区党委、政府的坚强领导下，大家有决心、有信心攻坚克难，做好改善民生工作，为全区各族群众谋取最大的福祉。

有的干部激动地说："中央第五次西藏工作座谈会是西藏各族人民政治生活中的一件大事。会议的召开，体现了党中央、国务院对我区各族人民的关心与支持。交通运输管理部门的干部职工，将进一步认真学习领会会议精神，并以会议精神为指导，扎扎实实做好本职工作。"

自2001年中央召开第四次西藏工作座谈会以来，西藏各族人民群众生活水平有了大幅提高，全区各项基础设施不断完善，经济社会发生了巨大的变化，西藏的改革开放和现代化建设取得了显著成就。这次中央召开第五次西藏工作座谈会，确定了西藏经济发展、社会稳定、民生改善、生态环境良好等各项事业跨越式发展的目标，并出台了很多优惠政策，同时，大大加强了投资力度。这次会议又是一个具有里程碑意义的重大会议。对推动西藏社会的跨越式发展，必将产生深远影响。

在第十一个五年（2006～2010）计划期间，西藏社会经济得到巨大发展，有两个指标对西藏来说，都是前所未有的：西藏生产总值年均增长12.4%，2009年首次突破400亿元，地方财政一般预算收入连续4年保持20%以上的增长速度。2010年生产总值已超过500亿元，也就是说，超过了历史上最高水平。

农牧民人均纯收入年均增长 14.2%，比"十五"时期高出 4.9 个百分点。2010 年，农牧民人均纯收入已超过 4000 元，同比增长 13%，连续 7 年保持两位数增长。

自 2006 年开始，西藏的基础设施建设又写下了许多令人欢欣鼓舞的篇章。青藏铁路建成通车；林芝机场、阿里昆莎机场相继顺利通航；巴河雪卡水电站、藏中电网应急电源全部投产发电；青藏铁路那曲物流中心建成；拉萨贡嘎机场助航灯光改造完成，结束了西藏机场无夜航的历史，等等。

总投资达 1378 亿元的西藏"十一五"规划 188 个重点项目全部开工建设，这些项目覆盖了西藏经济社会发展的各个方面。其中，突出改善农牧民生产生活条件的项目有 33 个；重点支持交通、能源、水利、通信等基础设施建设的项目共 65 个；加快公共服务能力建设，促进经济与社会协调发展的项目共 34 个；加强环境保护与生态建设，积极推进西藏生态安全屏障建设的项目共 23 个。

这些重点项目的建设，给西藏人民最直接的感受就是：自己美丽的家乡正发生着日新月异的变化，人们出行方便了，就业机会多了，融入市场的距离短了。

截至 2010 年底，全区公路通车总里程达到 5.36 万公里，比 2005 年底增加 3.05 万公里，国省干线公路技术等级明显提高，青藏、川藏两条重要入藏公路基本实现黑色化；全区用电人口比重达到 76%；乡乡通光缆（宽带）率达到 81%，行政村通电话率达到 85%。预计到 2010 年底，82% 的县通油路，实现"十一五"规划确定的目标；全区用电人口比重将达到 82%，比 2005 年底提高 22 个百分点；乡乡通光缆（宽带）、行政村通电话率都将达到 100%；新增水库库容 1209 万立方米，新增和改善灌溉面积 32.51 万亩，新增草场灌溉 0.41 万亩。

农牧业、优势矿产业、旅游业是西藏的三大特色产业，5 年中西藏加大了对特色产业的扶持力度，真正把西藏丰富的资源优势转化为经济优势。

在农业项目的开发上，"十一五"以来，国家共投入31.4亿元实施西藏农业开发项目，比"十五"时期增长10倍。5年中西藏共建成农作物良种繁育基地11万亩，新增蔬菜温棚200多万平方米，新增牲畜暖圈400多万平方米，新增特色农牧业生产基地250余个。2010年，西藏粮食生产在大旱之年再获丰收，预计全年粮食总产量将达91万吨以上。

西藏的工业领域紧紧抓住发展机遇，以结构调整为主线，依托优势资源，着力实施重点工业项目和工业园区建设，实现了"十一五"规划中提出的"二产占GDP总量每年增加一个百分点"的目标任务。与此同时，第二产业增加值占地区生产总值的比重首次超过30%，提前一年完成"十一五"规划目标。"5100"矿泉水、林芝松茸、拉萨青稞啤酒等大批特色产品逐步走出高原，打入国内外市场。

青藏铁路开通后，2007年，全区旅游人数达到400万人次；2009年，旅游人数达到561万人次。2010年1至9月，西藏接待国内外游客超过580万人次，同比增长22.6%；实现旅游总收入55亿多元，同比增长40.3%。

5年来，西藏公共财政在社会福利、公共卫生、教育投入、扩大就业等项目上的投入力度不断加大。2010年，西藏用于保障和改善民生的资金超过了23亿元。

"十一五"期间，西藏城镇新增就业10.1万人，比"十五"时期增加34.2%，完成"十一五"规划目标的126.25%；农牧区劳动力转移就业累计371万人次，比"十五"时期增加34.9%；高校毕业生就业率始终保持在83%以上，城镇登记失业率控制在4.3%以内，圆满完成"十一五"规划"城镇登记失业率控制在5%以内"的目标。2010年前三季度西藏自治区累计购买公益性岗位1.57万个，新增就业1.75

万人。城镇登记失业率控制在 4% 以内。就业局势保持基本稳定。

西藏 7 地（市）所在地和 74 个县（市、区）已建和在建廉租房共 10800 余套，总建筑面积 72.42 万平方米。预计到 2010 年底，将通过廉租住房实物配租等方式解决城镇低收入家庭 10800 多户、近 4 万人的住房困难问题。同时，通过发放租赁住房补贴的方式，解决城镇低收入家庭 1.35 万人的住房困难问题。

西藏医疗卫生工作始终坚持将保障广大农牧民群众的健康放在首位，从 2003 年开始逐步建立了以免费为基础的农牧区合作医疗制度。到 2009 年底，全区各级各类医疗卫生机构发展到 1329 个，参加自筹医疗基金的农牧民占到 90% 以上。

从 1985 年起，西藏对农牧民子女在义务教育阶段实行了"三包"政策，即包吃、包住、包学习费用。"三包"经费标准在 2009 年进行了第 8 次提高，小学生年均达到 1750 元、初中生年均达 1850 元，受益学生达 27 万人；边境县乡中小学每名学生每学年最高保障经费达到 1950 元。免除了农牧民子女中职教育学费和住宿费，受益学生达 2.9 万人。2009 年，全区所有县（市、区）"普九"任务全面完成，已实现基本普及九年义务教育，基本扫除青壮年文盲，"两基"人口覆盖率达到 100%。

农牧民安居工程建设是西藏"十一五"期间最引人注目的亮点之一。从 2006 年开始，西藏计划用 5 年时间新建改造 22 万户民房，使全区 80% 居住条件较差的农牧民住上安全、适用的房屋。"十一五"末，西藏有 27.48 万户、140 万农牧民住进安全适用的房屋，20 万户农牧民用上清洁卫生的沼气能源，解决 153 万人的饮水安全问题。与"安居"相对应的是"乐业"。百姓是否"乐业"，关键就看钱包鼓不鼓。"十一五"前 4 年，全区农牧民人均纯收入年均增长 14.2%，比"十五"时期高出 4.9 个百分点。预计 2010 年，农牧民人均纯收入将超过 4000 元，同比增长 13%，连续 7 年保持两位数增长。

也许数字是抽象而枯燥的，但它却真实地记录着种种实惠：仅 2010 年，全区用于社会事业发展的资金就达 69.73 亿元，增长 6.8%。整体推进农村水、电、路、通信、气、广播电视、邮政和优美环境"八到农家"工程，安排 5.27 亿元，实施 500 个行政村的村容村貌整治工程，新解决农村 17.95 万人用电和 31 万人的饮水安全问题。农村最低生活补助年标准提高到 1300 元；城市居民最低生活月补助标准提高到 330 元；企业职工基本养老保险月人均达到 2165 元，比全国人均水平高 845 元。

"十一五"以来，西藏认真落实科学发展观和环境保护基本国策，大力实施可持续发展战略，使西藏的环境保护进入了一个崭新的历史时期。

按照"清洁水源、清洁能源、清洁家园、清洁田园"的要求，结合农牧民安居工程建设，自治区通过加强村容村貌整治，开展规模化畜禽养殖污染、农业源污染和土壤污染防治以及传统能源替代工程的实施等多项措施，确保了农牧区群众饮水安全，有效保护了区域生态环境。积极的生态环境保护与建设，取得了显著的生态效益。经过多年的植树造林，拉萨至山南至日喀则地区雅江防护林体系基本建成，有效保护了沿江一线数万亩农田、草场。拉萨、山南和日喀则地区大风天气明显减少，城镇环境质量明显改善。据最新监测结果显示：西藏目前的水环境、大气环境仍基本没有受到污染，全区没有发生过大的环境污染事故，主要江河湖泊大多仍处于原生状态。西藏的生态环境在发展中得到有效保护，仍是世界上环境质量最好的地区之一。

"十一五"以来，西藏的野生动植物保护成效同样显著，绝大多数保护物种得到了恢复性增长。目前，我区共建立各级各类自然保护区 47 个，其中国家级 9 个、自治区级 14 个、地县级 24 个，保护区面积达到 41.37 万平方公里，占全区国土面积的 34.47%，居全国之首。在藏羚羊栖息地之一的藏北草原，藏羚羊种群数量逐年增加，已达到 15 万只。那曲地区野牦牛由保护前的 6000 多头恢复到 9000 多头，藏野驴由保护前的 5 万多匹恢复到 8 万多匹，其他野生动物种群数量也呈现出逐年递增趋势。

此外，为了确保生态环境良好目标的实现，在加强全区环境综合整治的同时，自治区进一步规范了矿产资源开发环境保护工作。"只要是影响生态环境的开发项目，哪怕是挖金子我们也不干。"自治区党委、政府多次这样表态。2005 年，自治区发出公告，宣布自 2006 年 1 月 1 日起在全区全面禁止开采砂金矿；2008 年 1 月 1 日起，自治区又全面禁止了开采砂铁（含其他重砂矿物）资源。

西藏位于青藏高原的主体，地势高峻，地理特殊，野生动物资源、水资源和矿产资源丰富，素有"世界屋脊"和"地球第三极"之称。这里不仅是南亚、东南亚地区的"江河源"和"生态源"，还是中国乃至东半球气候的"启动器"和"调节区"。半个多世纪以来，西藏的生态建设与环境保护作为西藏现代化建设的一项重要内容，与经济发展、社会进步、人民生活的提高同步推进，取得了重大成就。

西藏地区生态系统十分脆弱，抗干扰能力低，自我更新能力差，一旦遭到破坏，在很长时间内难以恢复。西藏解放 60 多年来，始终坚持可持续发展战略，坚持生态建设、环境保护和经济建设紧密结合、协调发展，在推动经济快速发展、人民生活水平稳步提高的同时，使生态环境也得到了有效保护。西藏的天然草地得到合理利用，草原生态得到积极保护。在保护天然林资源的同时，积极开展植树造林，改善生态环境。为保护生物的多样性建立自然保护区，是西藏加强生态建设与环境保护、实施可持续发展战略的重要举措。截至 2008 年底，西藏地区共有自然保护区 20 个，其中，区级自然保护区 11 个，国家级自然保护区 9 个，总面积达 4126.3 万公顷，占西藏自治区国土面积的 34.8%。西藏已建立各类生态功能保护区 21 个（包括 1 个国家级生态保护区），初步形成了一个门类齐全、分布合理、可持续发展的自然保护区网络。

在举世瞩目的青藏铁路建设中，仅环保投资就达 15.4 亿元，青藏铁路建设还填补了我国大型工程建设中环保建设领域的多项空白：首次为野生动物修建迁徙通道；首次成功在高海拔地区移植草皮……现在，走一趟青藏铁路已被国内外游客称为"生态之旅"。毫无疑问，西藏人民在未来的发展中将创造更加和谐的生态环境，享受更加幸福、美好的生活。

人们有理由相信：无论需要经历怎样艰难曲折的道路，在以胡锦涛同志为总书记的党中央坚强领导下，经过西藏人民和全国各族人民的共同努力，坚决贯彻胡锦涛总书记提出的"共同团结奋斗，共同繁荣发展"的方针，毛主席关于"一定要把西藏的事情办好"的谆谆教导和殷殷期望，一定会得到全面的贯彻落实，变成光辉的现实；在祖国神圣领土——西藏这片热土上，民族区域制度将进一步显示出巨大的优越性和强大的生命力；西藏人民与全国各族人民亲密团结，共同团结进步，共同繁荣发展；社会主义新西藏，将不是帝国主义和国外敌对势力分化和西化社会主义中国的突破口，而将成为展示社会主义制度优越性的一个窗口。一个民族团结、社会安定、国防巩固、经济发展、文化繁荣、人民幸福的新西藏，必将以更加辉煌的成就展现在世界屋脊之上。

2006 年 4 月于北京

2011 年 5 月 1 日修改定稿

本书参考书目

《马克思恩格斯选集》1~4卷，人民出版社，1972。

《毛泽东选集》1~5卷，人民出版社，1980。

《毛泽东军事文集》，军事科学出版社、中央文献出版社，1993。

《建国以来毛泽东文稿》1~6册，中央文献出版社，1996~1998。

《当代中国的民族工作》上、下册，当代中国出版社，1993。

《当代中国的西藏》，当代中国出版社，1991。

《见证西藏——西藏自治区政府历任现任主席自述》，中国藏学出版社，2005。

中共中央文献研究室、中共西藏自治区委员会编《西藏工作文献选编》(1949~2005)，中央文献出版社，2005。

中共西藏自治区委员会党史研究室编著《中国共产党西藏历史大事记》1~2卷，中共党史出版社，2005。

图书在版编目（CIP）数据

民族区域自治政策在西藏的成功实践/降边嘉措著. —北京：
社会科学文献出版社，2011.8（2015.9 重印）
（中国社会科学院老年学者文库）
ISBN 978-7-5097-2540-5

Ⅰ.①民…　Ⅱ.①降…　Ⅲ.①民族区域自治-民族政策-研
究-西藏　Ⅳ.①D633.2

中国版本图书馆 CIP 数据核字（2011）第 143719 号

·中国社会科学院老年学者文库·

民族区域自治政策在西藏的成功实践

著　　者／降边嘉措

出 版 人／谢寿光
项目统筹／宋月华　魏小薇
责任编辑／高世瑜

出　　版／社会科学文献出版社·人文分社（010）59367215
　　　　　地址：北京市北三环中路甲 29 号院华龙大厦　邮编：100029
　　　　　网址：www.ssap.com.cn
发　　行／市场营销中心（010）59367081　59367090
　　　　　读者服务中心（010）59367028
印　　装／北京京华虎彩印刷有限公司

规　　格／开　本：787mm×1092mm　1/16
　　　　　印　张：16　字　数：261 千字
版　　次／2011 年 8 月第 1 版　2015 年 9 月第 2 次印刷
书　　号／ISBN 978-7-5097-2540-5
定　　价／69.00 元